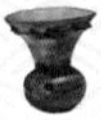
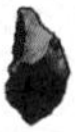
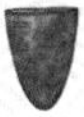
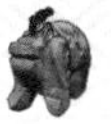

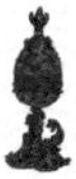
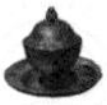
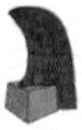
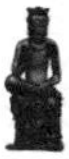

역사가 쉬워지는
박물관 답사여행

역사가 쉬워지는
박물관 답사여행

발행일   2025년 6월 20일 초판 1쇄 발행
지은이   이연민
발행인   방득일
편 집   박현주, 강정화
디자인   강수경
마케팅   김지훈

발행처   맘에드림
주 소   서울시 도봉구 노해로 379 대성빌딩 902호
전 화   02-2269-0425
팩 스   02-2269-0426
e-mail   momdreampub@naver.com

ISBN 979-11-992808-1-6 44910
ISBN 979-11-89404-03-1 44080(세트)

유물로 읽는
참 쉬운
한국사

역사가 쉬워지는
박물관 답사여행

이 연 민 지음

맘에 드림

박물관을 여행하는 기쁨

▎ 회복한 일상, 다시 떠난 답사여행

코로나19가 전 세계를 덮친 후 수년간 평범한 일상이 멈췄습니다. 특히 사회적 거리두기로 가까운 여행조차 쉽지 않았죠. 답사를 통해 시간과 공간, 인간에 대한 사색을 즐기던 사람으로서 발이 묶인 듯 답답한 시간을 보내야 했습니다.

어느새 일상을 회복한 지금, 묶여 있던 그 시간 덕분인지 어디든 마음대로 갈 수 있다는 것만으로도 크나큰 행복을 느끼게 됩니다. 다시 전국의 박물관을 답사하게 된 기쁨에 몸은 한결 가벼워지고, 아름다운 우리 문화유산을 직접 보니 눈이 절로 즐거워지는 경험 속에 이 책을 쓰게 되었습니다.

▎직접 보고 느끼며 배우는 살아있는 역사 공부

때론 혼자, 또 때론 함께 떠났습니다. 이미 여러 번 갔던 곳인데 새로운 눈으로 다시 보게 된 곳도 있죠. 특별히 2024년에 만난 우리 반 친구들 몇몇과 '박물관에서 놀자'라는 답사프로그램으로 함께 다닌 일이 기억에 남습니다. 쏟아지는 빗속을 뚫고 홀딱 젖은 채 선정릉을 걷기도 했고, 꼭두새벽 고속열차에 피곤한 몸을 싣고 국립 광주박물관으로 떠나기도 했습니다. 궂은 날씨와 이른 시간 이동하는 고된 일정에도 아랑곳없이 우리의 유물보기를 즐거워했던 사랑하는 제자 주온, 선욱, 수민, 승환, 윤하, 채미에게 이 자리를 빌려 감사의 인사를 전합니다. 좋아하는 사람들과 함께하는 박물관 여행이 얼마나 기쁨을 주는지 다시금 깨달은 시간이었습니다.

이 책은 선사시대부터 조선시대의 몇몇 주요 유물들로 역사를 되짚어본 박물관 답사기입니다. 애써 외우려 하지 말고, 유물이 들려주는 이야기에 귀를 기울였으면 합니다. 마음 깊이 느끼는 동안 저절로 살아있는 역사 공부가 될 테니까요. 직접 박물관에 가서 왜 이곳에 이런 유물이 있는지를 따지고 들어가는 것만큼 좋은 역사 공부는 없습니다. 박물관은 미술관이나 과학관, 기술관, 공립 기록 보존소, 나아가 사적 보존 지역까지도 폭넓게 포함됩니다. 이처럼 넓은 의미로 박물관을 바라봄으로써 훨씬 더 풍성한 역사 이야기를 전하고 싶었습니다. 부족한 글이지만 이 여정을 함께하며 우리 역사를 한층 다층적으로 만날 수 있기를 바랍니다.

▌유물들이 들려주는 역사 이야기

이 책은 크게 5부로 구성됩니다. 1부는 '선사시대부터 삼한시대'를 아우릅니다. 먼저 우리나라 국가대표 박물관이라 할 수 있는 국립중앙박물관을 찾아 한반도에서 시작된 역사와 문화의 흔적을 발견하고, 예술적 관점에서도 유물을 탐구하였습니다. 또 국립광주박물관으로 가서 영산강 유역에서 나온 일본식 무덤인 장고분 출토 유물을 통해 한일 고대사에 대한 개인적인 생각도 풀어보았습니다.

2부는 '삼국시대'로, 웅진백제의 전성기를 이룬 무령왕에 대해 국립공주박물관의 왕릉 출토 유물을 통해 살펴보았습니다. 또 웅진에서 사비로의 천도와 전쟁 중 비극적 결말을 맞은 성왕에 대해서는 그 아들 위덕왕이 만든 석조사리감과 백제금동대향로가 전시된 국립부여박물관을 답사하며 알아보려 합니다.

3부는 '(통일)신라시대'로, 천년의 역사를 품은 경주 곳곳을 왕릉 중심으로 둘러봅니다. 또한 온갖 보물이 가득한 국립경주박물관에서는 우리만의 독특한 멋을 담아낸 불교 문화재들을 만나볼 것입니다.

4부는 '고려시대'입니다. 언제나 '나'를 위로해 줄 것 같은 창령사지 나한상과 '나'를 지켜줄 것 같은 강인한 철불이 있는 국립춘천박물관을 둘러봅니다. 다시 국립중앙박물관을 찾아 세계에 자랑할 만한 고려청자부터 순수한 조선백자를 세심히 살펴보았습니다.

마지막 5부는 '조선시대'로, 조선이 시작된 한양의 이모저모를 담은 서울역사박물관, 하늘의 때를 살펴 백성을 다스려야 했던 임금의 노력을 발견할 수 있는 국립고궁박물관, 조선의 르네상스를 장식한 정조와 화성 이야기가 담긴 화성박물관, 걷다 보면 어느새 역사의 아픔을 공유하게 되는 창경궁도 둘러보았습니다.

본문 속 몇몇 박물관 유물로 우리의 기나긴 역사를 모두 아우를 순 없겠지만, 부디 박물관 답사의 기쁨만큼은 꼭 발견했으면 합니다. 휘리릭 지나치지 않고, 잠시 멈춰 찬찬히 들여다보는 것만으로도 분명 숨겨진 오래전 이야기를 듣는 희열을 경험할 테니까요.

(사)모아재 선생님들과 오랫동안 함께 답사하며 나눴던 이야기가 이 책의 시작이었습니다. 답사 전 공부하고, 답사하며 토의한 이야기들이 제 안에 머물다 이렇게 글이 되어 나왔으니, 선생님들과 함께 썼다고 할 수 있지요. 함께 전국 방방곡곡을 다니며 답사의 기쁨을 누렸던 모아재 선후배 선생님들 모두 감사합니다. 책을 엮는 데 도움을 준 맘에드림 출판사에도 감사를 전합니다. 특히 이 책이 나오기까지 옆에서 힘을 주며 물심양면 도와준 아내 이유진과 이제는 성인이 되어 진짜 '나'를 찾아가는 큰딸 수린이, 어린 나이에 가족과 떨어져 지내면서도 자신의 꿈을 찾기 위해 애쓰는 작은딸 예린이, 사랑하는 가족들에게 감사하고 사랑한단 말을 전하고 싶습니다.

답사할수록 유구한 역사 속 먼지처럼 작은 나의 존재를 돌아보게 됩니다. 켜켜이 역사를 쌓아온 수많은 이들의 노고와 애씀을 기리며 좀 더 겸손하고 부지런하게 살겠다고 다짐해 봅니다.

이연민

1부 선사~삼한

#국립중앙박물관 #국립광주박물관 #국립나주박물관

이곳에서는 구석기와 신석기부터 삼한시대에 이르는 흥미로운 문화유산 몇 가지를 살펴보려고 합니다. 소위 문자가 없었던 시기를 가리켜 '선사시대'라고 합니다. 인류는 청동기시대에 이르러 비로소 문자를 발명하면서 역사시대를 열었습니다. 다만 청동기시대 유물 일부는 문자가 등장하기 전에 만들어진 것으로 추정되어 선사시대 이야기에서 소개하였음을 밝힙니다. 문자 기록이 남아있지 않는 만큼 좀 더 상상력을 발휘할 수 있는 점에서 유물을 보는 색다른 재미가 있습니다. 또한 한반도는 삼한시대에 이르러 본격적으로 청동기 문화로 진보하게 되는데, 아쉽게도 우리 역사책에서 삼한시대에 대한 기록을 찾아보기 어려운 관계로 중국의 사서에 나온 내용과 함께 발굴된 유물을 통해 유추할 수밖에 없죠. 이 장에서는 주로 국립중앙박물관과 국립광주박물관 등의 유물을 중심으로 답사 여행을 떠나보겠습니다.

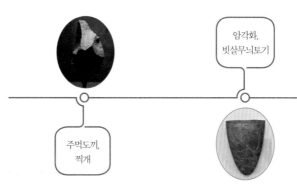

암각화,
빗살무늬토기

주먹도끼,
찍개

1부

선사~삼한

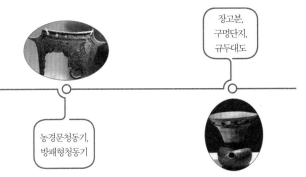

장고분,
구멍단지,
규두대도

농경문청동기,
방패형청동기

첫 번째 이야기

문자가 없다고
예술을 모를쏘냐?

▋예술은 어떻게 시작되었을까?

여러분은 혹시 인류가 언제부터 예술을 향유하기 시작했는지 궁금하지 않은가요? 세계적인 미술사가 에른스트 곰브리치(Ernst Gombrich)는 《서양미술사》(2017, 예경)에서 선사시대 예술에 관한 이야기를 시작하며 이렇게 말합니다.

> "우리는 언어가 어떻게 시작되었는지 모르는 것과 마찬가지로 예술(Art
> 미술)이 어떻게 시작되었는지에 대해서도 아는 바가 없다."

● 그들은 왜 이런 이미지와 무늬를 만들었을까?

역사시대가 시작되기 전의 까마득한 옛날을 우리는 **선사시대**라고 부릅니다. 역사시대와 선사시대를 구분하는 가장 일반적인 기준은 '문자'입니다.[1] 세계에서 가장 일찍 역사시대를 열었다고 알려진 것은 수메르(지금의 메소포타미아지역)인데, 기원전 3000년경 사용하던 문자가 발견되었지요. 그러니까 기원전 3000년경 이전의 시대를 선사시대로 부를 수 있겠습니다.

문자가 없다 보니 선사시대에 만들어진 것으로 추정되는 유물들은 그 용도를 정확히 알 수가 없습니다. 구석기시대 동굴 벽에 자세히 그려진 들소의 모습, 신석기시대의 빗살무늬토기, 청동기시대 청동거울을 보면 도대체 왜 이런 이미지와 무늬를 만들었는지에 물음표를 던질 수밖에 없습니다. 그저 아무 생각 없이 그려 넣었을까요? 아니면 특정한 쓰임새가 있었다거나, 그것도 아니면 미적으로 아름답게 표현하려 했던 결과일까요?

● 선사시대 유물을 보려면 어디로 가야 할까?

선사시대에도 '예술'이 존재했는지는 정확히 알 수 없습니다. 하지만 그 시대의 유물을 살펴본다면 우리에게 뭔가 힌트를 줄지도 모르지요. 그러면 어디로 가면 좋을까요? 먼저 구석기시대 유물은 공주 석장리 유적지와 연천 전곡리 선사박물관에서 볼 수 있습니다.

....
1. 국립중앙박물관에서 선사시대와 역사시대를 구분하는 기준은 문자의 사용 여부다.

또한 신석기시대 하면 서울 암사동 선사유적지도 빼놓을 수 없죠. 하지만 우리나라 선사시대 최고의 유물이 전시된 곳을 딱 한 군데만 꼽으라고 한다면 그곳은 바로 국립중앙박물관입니다. 이곳에는 워낙 다양하고 방대한 유물들이 전시된 만큼 한꺼번에 다 소개하기는 어렵습니다. 이번에는 석기시대부터 청동기시대까지 대표유물을 몇 가지 골라서 살펴보면서 선사시대의 '예술과 미술'에 대해 생각해 볼까요?

국립중앙박물관[2]
서울 용산구 서빙고로에 위치한 국립중앙박물관에 가면 구석기시대의 토기부터 조선시대에 이르기까지 시대를 넘나드는 시간여행을 할 수 있다. 특별전시를 제외한 상설전시관의 관람료는 무료이다. 혹시 놀라운 인간의 역사와 미래에 대해서 생각해 보고 싶다면 유발 하라리의《사피엔스》를 읽고 '선사시대 전시실'을 찾는다면 좋겠다.

....
2. 우리나라 정림건축에서 설계했다. 한국의 전통적인 자연관과 건축정신을 현대적으로 재해석한다는 입장에서 설계의 기본 개념을 설정하였다고 한다.(https://junglim.info/archives/121 중에서)

▌구석기[3]의 최고봉, 주먹도끼

국립중앙박물관(이하 중박) 구석기
전시실을 들어서려면 녹색 바탕의
유리관에 나 홀로 전시되어 있는
주먹도끼를 볼 수밖에 없습니다.
강렬한 녹색도 시선을 끌지만, 전
시실로 향하는 바로 정면에 있다
보니 도저히 그냥 지나칠 수가 없
죠. 이런 배치를 통해 박물관 사람
들의 의도를 확인할 수 있습니다.

주먹도끼 ┃ 전곡리 출토_국립중앙박물관
전곡리에서 나온 주먹토끼는 세계 고학
계의 지형을 바꿔놓을 만한 중대한 발견
이다.

'엄청 중요한 유물입니다.

놓치지 말고 꼭 보고 가세요!'

주먹도끼는 우리나라 구석기 문화를 대표할 수 있는 유물입니다.
사진에서 볼 수 있는 것처럼 윗부분은 뾰족하고 아래로 내려갈수록
넓어지는 모양이에요. 발견된 주먹도끼 대부분은 한 손으로 쥘 수
있는 크기입니다. 동물의 뼈에서 살을 떼어내거나 나무를 깎는 등
다양한 용도로 사용했다고 추정합니다.

....
3. 인류가 처음으로 나타난 시기부터 약 1만 년 전에 신석기시대가 시작되기 전까지 돌을 깨뜨려
  도구를 만들어 사용하던 시기_한국민족문화대백과사전

고고학계에서 이러한 유형의 주먹도끼를 **아슐리안 도끼**라고도 부르는데, 프랑스의 '아슐'에서 발견되어 붙여진 이름입니다.

찍개 | 광주 삼리 출토_전곡선사박물관
전곡리에서 주먹도끼가 발굴되기 전까지
동아시아는 찍개 문화권으로 규정되었다.
사진은 전곡선사박물관소장품이다.

1940년대 하버드대학교 고고학과 모비우스(Hallam L. Movius) 교수는 아프리카·유럽·인도 일대는 아슐리안 주먹도끼 문화권으로, 동아시아는 찍개 문화권으로 규정했고, 이것이 학계의 정설로 통했습니다. 여기서 '찍개'란 큰 돌에서 일부분을 떼어내 한쪽 면만 날이 있도록 가공한 뗀석기입니다(위 사진 참조). 찍개는 한쪽 면만 사용하고, 주먹도끼는 양면을 다 사용하기 때문에 아슐리안 문화권 구석기인이 찍개 문화권 구석기인보다 문화적으로나 인종적으로 우수하다는 주장이 나왔고, 세계 고고학계에서도 이를 동조해 왔죠.

하지만 1978년 동아시아인 우리나라 전곡리에서 주먹도끼가 발견되며 학계를 발칵 뒤집어놓습니다. 이 발견으로 정설로 여겨진 모비우스의 이론은 수정이 불가피한 처지가 되었고, 세계 고고학계의 지형을 뒤바꾸어 놓게 됩니다. 전곡리에서의 주먹도끼 발견은 그야말로 '대발견'인 셈이었죠.

● 우연에 또 우연이 겹친 대단한 발견

이 '대발견'에는 매우 흥미로운 숨은 이야기가 있습니다. 당시 우리 나라에 와 있던 미국인 병사 그렉 보웬(Greg L. Bowen)은 한탄강으로 산책을 갔다가 우연히 발에 치인 돌 하나를 발견합니다. 일반인 이라면 무심히 지나쳤겠지만, 우연히도 그는 캘리포니아 빅터밸리 대학에서 고고학을 공부했고, 그냥 '돌'이 아님을 직감했죠.

보웬은 이 범상치 않은 돌에 관한 간략한 보고서를 작성해서 구석기 권위자인 프랑스의 프랑수아 보르드(Bordes, Francis) 교수에게 보냈습니다. 보고서를 받아 본 보르드 교수는 그렉 보웬에게 서울대학교 김원룡 교수를 소개했고, 대대적인 발굴 작업이 진행되었죠. 만약 보웬이 한국에 오지 않았다면, 만약 한탄강으로 놀러 가지 않았다면, 만약 돌부리에 걸리지 않았다면, 만약 보웬이 고고학을 전공하지 않았다면 그리고 이 모든 우연이 겹치지 않았다면 전곡리에서의 주먹도끼 발견은 훨씬 늦춰지거나 어쩌면 지금도 한탄강 주변을 굴러다니고 있을지 모르죠.

● 이것은 도끼인가 예술품인가?

전곡리에서 주먹도끼가 발견되며 동아시아도 구석기 문화가 상당 수준 발달했음이 증명되었죠. 하지만 일각에서는 전곡리 주먹도끼 의 투박한 모습을 트집 잡아 유럽보다 수준이 떨어진다고 주장합 니다. 유럽 주먹도끼의 모양이 좀 더 가늘며, 날이 뾰족하고 날카로 운 점에서 더 섬세한 기술력이 엿보인다는 거죠. 물론 이에 대한 반론도 있습니다. 메트로폴리탄미술관 소장 주먹도끼인 아슐리안 도끼를 보면 재료가 다릅니다. 유럽의 주먹도끼는 각암(角巖)과 수석(燧石)으로 만들었지만, 전곡리 주먹도끼는 우리나라에서 흔한 화강암 등으로 만들었습니다. 화강암은 각암이나 수석보다 강도가 훨씬 세기 때문에 날카로운 날을 만들기 어렵죠. 재료인 돌의 특성을 감안할 때, 오직 만듦새의 정도에 따라

아슐리안 도끼[4] ㅣ메트로폴리탄미술관 소장 기원전 70만년~20만년으로 추정된다. 크기는 10.8×24×4.1㎝에 무게는 1,029g이다. 실용적인 면에서 봐도 뛰어나지만, 좌우대칭으로 만들어진 모습에서 구석기인들의 예술혼이 느껴진다.

문화 수준을 가늠하는 것은 성급하다고 할 수 있습니다.

　이 아슐리안 도끼는 170만 년 동안 사용된 것으로 기록되어 있습니다. 실용적인 면에서도 뛰어나지만, 면과 모서리를 좌우 대칭으로 만든 모습에서 예술성도 느껴집니다. 잘은 모르지만, 구석기인들도 아름다움을 추구한 게 아니었을까요? 또 어떤 아슐리안 도끼는 양손으로도 사용할 수 없을 만큼 아주 커서 실제 사용보다는 제작을 위한 제작, 즉 우리가 박물관에서 예술품을 감상하듯 전시 목적으로 만들어진 것이 아닌가 추측해 보게 됩니다.

....
4. 퍼블릭 도메인 라이선스(메트로폴리탄미술관에서 내려받음)

▌암각화와 빗살무늬토기로 보는 신석기[5] 시대

구석기시대 주먹도끼를 통해 실용성을 넘어선 예술적 아름다움을 엿보았죠? 그런데 이어서 살펴볼 우리나라 신석기시대를 대표하는 유물들에서는 구석기시대보다 한층 뚜렷해진 예술성을 느낄 수 있을 거예요. 지금부터 하나씩 만나볼까요?

● 신석기시대의 삶과 문화가 생생하게 담긴 암각화

과거 중박 선사시대 전시관 입구 쪽에는 눈에 띄는 커다란 사진이 하나 있었습니다. 바로 울산 반구대 암각화(이하 반구대 암각화)로 실물 못지않게 자세히 들여다볼 수 있어 좋았는데, 지금은 사라져 조금 아쉽습니다. 신석기~청동기시대 초기까지 그려진 것으로 추정되며, 당시 사람들의 생활 모습과 문화를 엿볼 수 있죠.

반구대 암각화에 가장 많이 보이는 것은 고래입니다. 대부분 위쪽으로 헤엄치는 고래를 하늘에서 내려다본 것 같은 모습으로 그렸습니다. 엄마 고래와 함께 헤엄치는 새끼고래도 있고, 물 위로 뛰어오르는 큰 고래도 있는데, 볼수록 생동감이 절로 느껴집니다. 또 그림을 자세히 들여다보면 고래 주변으로 사람들이 등장하는데, 망을 보는 사람도 있고, 배에 타고 있는 사람도 여러 명 있습니다. 고래

---

5. 우리나라의 경우는 일반적으로 전신세로 이행하는 과정에 빗살무늬토기(또는 즐문(櫛文)토기)를 중심으로 마제석기와 궁시를 사용하고 정주 생활을 통해 수렵, 어로, 채집, 농경으로 생업 경제를 유지한 시기(서기전 10000년 전후)부터 청동기시대 민무늬[무문]토기 문화가 출현하는 서기전 1500년 전후한 시기_한국민족문화대백과사전

울산 반구대 암각화 | 국립중앙박물관

문자가 아직 없던 신석기시대 사람들은 후대에 자신들의 경험적 지식을 암각화에 새긴 것으로 추정된다. 암벽에 새겨진 동물들의 모습은 현대의 시각에서 봐도 정확하게 파악할 수 있을 만큼 사실적이고 섬세하게 묘사되어 있다. 중박에서 전시 중일 때 촬영한 사진으로 지금은 볼 수 없다.

등에 작살이 꽂힌 모습으로 보아 신석기 사람들이 고래잡이를 그림으로 남긴 것 같습니다. 이 반구대 암각화는 세계에서 가장 오래된 고래잡이 그림으로 알려져 있습니다. 그려진 시기를 추정하면 대략 기원전 4000년에서 기원전 3000년까지로 보고 있죠.

다만 반구대 암각화는 바다로부터 25㎞ 정도나 떨어져 있어 어떻게 이곳에서 고래를 잡을 수 있었을까 싶지만, 신석기시대에는 현재의 지형과 달리 한반도 내륙 깊숙이 바닷물이 들어왔다고 합니다. 그리고 이곳 울산에서는 오랫동안 고래잡이가 성행했습니다. 지금도 고래 고기 식당이 영업 중[6]이라고 하니 가히 고래 힘줄만큼 질긴 인연이라 할 만하군요.

● 신석기 사람들은 왜 암각화를 그렸을까?

암각화에는 고래뿐만 아니라 호랑이, 사슴, 표범, 멧돼지 등 육지 동물도 보이는데 얼마나 특징을 잘 잡아냈는지, 슬쩍 봐도 쉽게 알아볼 정도입니다.

신석기 사람들이 어떤 방법으로 돌에 동물 그림을 그렸는지도 살펴볼까요? 암벽에 새겨진 모습으로 미루어 쪼기, 갈기, 긋기 등의 다양한 방법을 섞어 사용했음을 알 수 있습니다. 고래를 사냥하는 모습이나 작은 동물들은 주로 쪼기 방법으로 그린 것으로 보이는데, 가장 먼저 새겼다고 짐작됩니다. 지금의 우리도 어떤 기술을 오랜 시간 연마할수록 실력이 느는 것처럼 신석기 사람들도 그랬던 것 같습니다. 시간이 지남에 따라 그림 그리는 방법이 발달했을 뿐만 아니라, 갈기와 긋기 방법까지 더해져 한층 더 사실적이고, 정확하게 묘사하려 했던 흔적을 엿볼 수 있습니다. 이 유물이 신석기 사람들의 예술적 노력이 응집된 작품처럼 느껴지는 이유죠.

그렇다면 신석기 사람들은 왜 바위에 아름답게 그림을 그렸을까요? 몇 가지 이유를 추측해 볼 순 있을 것 같습니다. 우선 신석기시대는 아직 문자가 없던 만큼 그림을 통해서라도 사냥하는 방법을 후대 사람들에게 전달하려고 했을 것입니다. 바다로 나가기에 앞서 암각화를 보면서 고래잡이 시뮬레이션을 통해 안전하면서도 확실한 사냥의 방법을 터득할 수 있도록 말이지요. 실제로 암각화에는

....

6. 우리나라는 1986년 이후 고래잡이를 불법으로 하고 있으나 우연히 그물에 걸려 집힌 고래는 유통할 수 있다.

도구도 나오기 때문에 그림을 참고한다면 당연히 도구 제작도 좀 더 수월했을 거라고 짐작합니다. 구석기시대 유물이기는 하지만, 스페인 알타미라 동굴벽화에 보면 사실적인 동물 그림에 돌이나 창 자국이 난 것도 볼 수 있습니다. 구석기 사람들이 돌이나 창을 그림에 던져 보면서 사냥에 성공하길 바랐던 것이겠죠. 마찬가지로 이곳 암각화에서도 비슷한 바람이 느껴집니다.

신석기시대 암각화는 단순한 그림이나 장식이 아니라 제사를 지내기 위한 신성한 대상이었던 거죠. 신석기 후기부터 원시 농경과 목축을 발전시키기는 했지만, 그전까지 동물 사냥은 사람들의 중요한 생존 전략이었을 것입니다. 더 많은 동물을 잡기를 간절히 바랐던 신석기 사람들이 제사를 지내는 곳에 풍요의 마음을 담아 암각화를 새긴 것은 아니었을까요?

● 획기적인 발명품이자 아름다움이 집약된 빗살무늬토기

우리나라 신석기시대를 대표하는 또 다른 유물로는 기원전 4500년경의 암사동 빗살무늬토기를 꼽을 수 있습니다. 바닥이 뾰족하고 둥근 아가리를 가지고 있어 마치 고깔모자를 거꾸로 엎어놓은 듯한 모습이지요. 겉면에 '빗' 같은 무늬 새기개로 찍거나 그어서 만들었다고 해서 '빗살무늬'란 이름이 붙여졌습니다. 토기 제작 방법은 흙으로 빚고, 어느 정도 굳어지고 나면 무늬를 찍고 600도 정도 온도의 한데[7]에서 굽습니다. 빗살무늬토기가 너무 유명하다 보니 신석기 토기는 모두 '뾰족'하고 '빗살무늬'가 새겨져 있다고 오해하기 쉬운데, 꼭 그렇지는 않습니다. 예컨대 춘천에서 발굴된 토기는 같은 빗살무늬이지만 바닥 모양이 뾰족하지 않고 납작합니다. 또 부산에서는 바닥은 뾰족하지만, 빗살무늬가 아닌 토기 겉면에 진흙으로 띠를 두른 덧무늬토기를 만들었습니다. 그리고 제주도 한경면 고산리에서는 흙에다가 풀을 함께 넣고 무늬 없이 만든 고산리식 토기(기원전 8000년경)가 나오기도 했습니다.

빗살무늬토기_서울

빗살무늬토기_춘천

덧무늬토기_부산

고산리식 토기(깊은 바리)_제주

신석기시대의 다양한 토기들[8]

가장 널리 알려진 빗살무늬토기 외에도 우리나라 곳곳에서 신석기시대의 토기들이 출토되었다. 사진에서 보듯 모두 바닥이 뾰족한 형태는 아니다. 토기의 발명으로 액체를 저장하거나, 불 위에 직접 먹거리를 익히는 방식에서 그릇에 음식물을 담아서 불 위에 올리는 등으로 조리 방법도 변화하게 되었다.

....
7. 도자기는 구덩이 모양의 사방이 꽉 막힌 가마에서 굽는 데 반해, 토기는 땅위에서 그대로 구웠다. 그곳을 '한데'라고 한다.
8. 공공누리 제1유형(e뮤지엄에서 내려받음)

신석기 사람들의 토기 발명은 획기적이었습니다. 구석기 사람들은 음식을 날로 먹거나, 먹거리째 직접 불에 굽는 방식으로만 먹을 수 있었죠. 하지만 신석기 사람들은 토기 덕분에 액체를 담고, 또 토기를 불 위에 올려 끓이거나 삶는 방법으로 음식을 조리할 수 있게 되었으니까요. 창녕 부곡면 비봉리에서는 식량을 저장했던 유적지가 발굴되었는데, 거기에는 음식을 조리해서 먹었던 흔적이 남은 신석기 토기도 발견되었습니다. 아마도 토기를 활용해 곡식류를 삶아 먹거나 조개나 생선을 끓여 먹은 것으로 추정됩니다.

● 왜 바닥을 뾰족하게 만들었을까?

빗살무늬토기의 뾰족한 바닥에 관해 많은 책에서 "강이나 바다의 모래밭에 꽂아놓고 사용했다."고 설명하죠. 하지만 강이나 바다에 모두 모래밭이 있는 것도 아닌데, 굳이 뾰족하게 만들 이유가 있을까요? 식량을 저장할 때도 바닥이 뾰족하면 움막 안에 땅을 파서 묻어야 하니 번거롭습니다. 게다가 습기에 약한 토기를 굳이 땅에 묻어 사용했다는 것도 선뜻 납득하기 어렵죠. 또 불 위에 조리하기에도 뾰족한 바닥은 여간 불편한 게 아닙니다. 빗살무늬토기를 쓰러지지 않게 세우려면 보통 네 군데 돌을 받쳐야 하는데 바닥이 넓적한 토기에 비해 상당히 성가시지 않았을까요?

지금까지 발굴된 끝이 뾰족한 빗살무늬토기에서는 음식을 조리했던 흔적이 발견되지 않았다[9]는 점에 주목해야 합니다. 그렇다면 뾰족한 빗살무늬토기를 만든 데에는 다른 특별한 이유가 있지 않을까 추측해 볼 수 있습니다. 초기 인류의 유물을 연구하는 선사고고학에서는 '낯설게 하기(Defamiliarization)'가 정말 중요합니다. 이는 러시아의 문예 비평가인 빅토르 슈클로프스키가 주장한 것으로 "일상화한 대상을 다른 양상으로 제시함으로써 새롭게 인식시키는 문학적 수법"을 뜻하지요. 우리도 혹시 빗살무늬토기에 대해 확실한 증거가 없는 것을 사실처럼 말하다 보니 새로운 것을 발견하지 못한 채 무심코 지나쳐버린 것이 없는지 돌아봐야 합니다. 빗살무늬토기를 '낯설게' 바라보면 새로운 생각이 나오지 않을까요?

● 빗살무늬토기를 자세히 들여다보니…

토기 윗부분의 빗살무늬는 하늘에 가득 차 있던 비가 내려 땅속으로 스며드는 신석기인의 세계관을 형상화했다고 해석하기도 합니다. 신석기시대에는 원시 농경이 시작된 만큼 물이 매우 소중했을 것입니다. 비가 제때 내려야 풍요로운 수확이 가능했을 테니 '비'에 대한 마음을 담아 '빗살무늬토기'를 만들었다는 거죠. 단지 추상무늬로만 설명하는 것보단 좀 더 설득

빗살무늬토기[10]
위치에 따라 빗금 모양에 차이가 있다. 빗금으로 뭔가를 묘사했음을 짐작할 수 있다. 하단의 구멍에서도 그저 음식물을 담는 용도가 아니었음을 추론해 볼 수 있다.

9. 김찬곤, 《한국미술의 기원 빗살무늬토기의 비밀》, 뒤란, 2021, p.522.
10. 공공누리 제1유형(e뮤지엄에서 내려받음, ©한국학중앙연구원)

력 있는 설명이지 않나 싶습니다(하늘 속 물은 짧게 빗금을 긋고 빗줄기는 지그재그로 길게 새겨 놓은 것으로 보고 있다).

빗살무늬토기를 들여다보면 이상한 점이 또 있습니다. 27쪽 사진을 자세히 보면 토기 아래쪽으로 작은 구멍들이 보이는데, 대체 뭘까요? 통상 고고학자들은 '수리한 흔적'으로 판단하고 있습니다. 실제로 독일 쾰른 지역에서는 깨진 토기를 자작나무 피치[11] 접착제로 수리한 흔적이 있는 신석기 토기를 발견했는데, 접착제가 그리 강력하지 않다 보니 보조적으로 깨진 토기 조각 사이에 작은 구멍을 내어 가죽끈으로도 묶은 것으로 생각합니다. 그런데 과연 암사동 빗살무늬토기의 구멍도 수리한 흔적일까요? 물론 수리한 흔적으로 보이는 구멍들도 있지만, 무조건 수리 흔적으로 싸잡아 버리기에는 석연치 않은 것들도 있죠.

예컨대 빗살무늬토기에서 발견되는 구멍들은 아가리에 있기도 하고, 뾰족한 아랫부분에 다섯 개나 나 있는 것도 있습니다. 이처럼 토기마다 구멍의 개수가 다른 것도 그렇고, 구멍을 다섯 개나 내면서 수리했다고 보기에는 다소 무리가 있어 보입니다. 혹자는 뾰족한 무언가로 구멍을 내지 않고 눌렀던 것이 세월의 흐름 속에 자연스럽게 구멍이 되었다는 의견도 있습니다. 아쉽지만 암사동 빗살무늬토기의 구멍의 이유를 정확히 '이거다'라고 말하기에는 조금씩 부족해 보입니다. 여러분은 어떻게 생각하시나요?

....
11. 자작나무 껍질을 태우면 검은 피치(타르) 성분이 나오는데 방부제, 방수제, 접착제로 사용한다. 쾰른 지역에서 발견된 토기의 갈라졌던 틈에서 자작나무 피치 성분이 발견되었다.

▌ 농경문청동기로 만나는 청동기[12] 시대

중국의 청동기시대는 약 기원전 1500년경부터 발달한 것으로 봅니다. 한반도의 경우 그보다는 조금 늦은 기원전 1000년쯤으로 보는데, 바로 고조선에 해당되지요. 드디어 돌뿐 아니라 청동으로 도구를 제작하게 되었기 때문에 청동기시대라고 부릅니다.[13]

한반도의 청동기시대에는 청동으로 다양한 도구를 제작하였을 뿐 아니라 무덤으로 고인돌이 등장하고 민무늬토기를 만들었습니다. 여러분도 한국사 시간에 고조선에 대해 배웠을 것입니다. 학자들은 한반도 최초의 국가인 고조선이 이 시기에 세워졌다고 보고 있습니다. 고조선의 건국 신화와 관련된 기록은 《삼국유사》에서 찾아볼 수 있습니다.

《삼국유사》에 따르면 고조선은 기원전 2333년 단군왕검이 건국한 국가이지만, 고고학적으로는 건국 시기에 대한 근거가 매우 빈약합니다. 그보다는 중국의 역사서인 《사기(史記)》에 보면 소진이 연나라 황제인 문후(기원전 361년~333년)에게 "연의 동방에는 조선 요동이 있고, 북쪽에는 임호·누번이 있으며"라고 말하는 내용으로 미루어 기원전 4세기쯤에는 고조선이 국가로서 기틀을 마련했다고 생각할 수 있습니다.[14]

....
12. 민무늬토기와 함께 청동기를 제작 사용하고 고인돌을 만들었다.
13. 청동기시대는 역사시대로 구분하지만, 농경문청동기는 아직 문자가 발명되지 않은 시기에 만들어진 것으로 추정되어 선사시대로 분류했음을 밝힌다.
14. 한국민족대백과사전_고조선

● 고물 틈에 섞여 있다 발견된 농경문청동기

우리나라 청동기시대를 대표하는 청동 유물로는 한반도 전역에서 출토되고 있는 세형(한국식)동검과 청동거울을 꼽을 수 있습니다. 특히 개인적으로 여러분이 중박에서 꼭 놓치지 말았으면 하는 것이 있는데, 바로 '농경문청동기'입니다(아래 사진 참조).

'농경문청동기'의 발견 계기 또한 주먹도끼 못지않게 극적입니다. 1970년대 후반, 대전 지역의 한 고철 장수가 마을을 떠돌며 사들인 고철 중 '농경문청동기'가 섞여 있었던 것이에요. 이것이 때마침 서울에서 내려온 골동품상의 예리한 눈에 들어온 거죠. 고철에 그려진 그림을 예사롭지 않게 본 골동품상은 헐값에 '농경문청동기'를 손에 넣게 됩니다. 고철 장수에게는 그저 평범한 쇳덩어리였기에 아무런 의심 없이 넘겼겠지요. 골동품상은 이를 다시 국립중앙박물관에 아주 비싼 값에 팔았답니다. 남다른 눈 덕

앞면

뒷면

농경문청동기
선사시대 유물은 문자 기록이 남아있지 않다 보니 발굴된 유물만으로 당시의 생활상을 짐작하는 데 한계가 있다. 하지만 밭을 일구는 남성의 모습을 통해 '농경문청동기'는 농경사회임을 가늠해볼 수 있는 대표적인 유물로 꼽힌다.

방패형 청동기[15]　　　　　　　　ㅣ 국립중앙박물관

충남 아산에서 출토된 '방패형 청동기'는 용도를 정확하게 알 순 없지만, 의식용 도구로 추정된다. 가장 윗부분은 '농경문청동기'처럼 한옥 지붕 모양으로, 작은 네모난 구멍 세 개를 뚫어놓았고 양 끝으로는 둥근 방울이 있다.

분에 '일확천금(一攫千金)'의 기회를 잡았나 봅니다. 다만 이 '농경문청동기'는 고철 장수가 이 마을 저 마을 돌아다니며 사들인 것이다 보니 정확한 출토 지역을 알 수 없다는 게 우리로서는 대단히 아쉽습니다. 대전과 아산 등지에서 발견되는 '방패형 청동기'(위 사진 참조)와 그 모습이 비슷하여 충청도 어디쯤으로 추측하고 있죠.

● 아름다움과 시대상을 함께 반영한 유물

청동기시대에서 가장 중요한 것은 농경의 발달입니다. 농경이 시작된 것은 신석기시대이지만, 본격적으로 발달하게 된 건 청동기시대이니까요. 일부 국가에서는 농사가 잘되지 않으면 '왕'까지 바꾸기도 했을 만큼 농사를 매우 중요시했습니다. '농경문청동기'야말로 이러한 모습을 단적으로 보여준다고 할 수 있지요. 예술적 아름다움뿐 아니라 청동기시대를 관통하는 유물로 가장 중요하다고 생

....
15. 공공누리 제1유형(국립중앙박물관 홈페이지에서 내려받음)

각합니다. 왜냐하면 이것의 용도가 농업에서 빼놓을 수 없는 천문 현상과 자연에 대한 숭배를 상징하는 의기(儀器)로 추정되기 때문이죠. 시간, 계절 등에 따른 하늘의 변화 패턴은 농작물의 파종 시기를 포함해 관리 방법, 수확량 등에 두루 영향을 미칩니다. 그만큼 천문 관련 의례는 신성하고 엄중히 여겼겠죠?

● 농경문청동기의 모습에 담긴 것들

'농경문청동기'의 형태를 좀 자세히 살펴볼까요? 길이 7.3㎝, 너비 12.8㎝ 크기로 기와집 모양처럼 생겼는데, 좌측 아랫부분의 반 정도가 잘려 나갔고 오른쪽 아랫부분도 1/8 정도가 없습니다. 윗부분에는 6개의 작은 네모 구멍이 있고 앞면과 뒷면에는 가장자리에 빗금과 선을 이용해서 무늬를 찍어 놓았습니다. 가운데에는 점으로 된 네모난 무늬도 있습니다. 앞면에는 머리 위에 깃털 같은 것을 꽂은 채 따비로[16] 밭을 갈고 있는 남자와 괭이를 들고 있는 사람을 오른쪽에 그렸고 왼쪽에는 항아리에 무언가를 넣고 있는 사람을 그렸습니다(남자와 사람을 구분한 이유는 자세히 들여다보면 벌거벗은 남자임을 알 수 있다). 뒷면에는 왼쪽과 오른쪽 모두 나뭇가지 위에 앉아있는 작은 새를 그려놓은 것으로 보아 '솟대'라는 것을 알 수 있습니다. '솟대'는 마을 어귀에 세워 이정표 역할을 하기도 했지만, 대개는 풍년을 빌기 위해 1월에 세웠습니다. 앞면의 그림이 따비와 괭

....
16. 따비는 풀뿌리를 뽑거나 밭을 가는 데 쓰는 쟁기보다 좀 작고 보습이 좁은 농기구이다. 농기구 중에서 가장 오래된 것으로 쟁기·가래·삽은 따비에서 발달한 형태이다.

이로 농사를 짓고 항아리에 수확물을 넣고 있는 그림이니 당연히 '농경문청동기'는 풍년과 관계된 것으로 생각됩니다.

● 왜 하필 벌거벗은 남자를 그렸나?

여기서 의문이 하나 생깁니다. 왜 벌거벗은 남자를 새겨 놓았을까요? 그 이유는 조선 선조 때 학자 미암 유희춘이 쓴 《미암집(眉巖集)》에 나온 내용으로 추정해 볼 수 있습니다. 함경도와 평안도 등 북쪽 지방에서는 입춘 날에 벌거벗고 밭을 가는 풍속이 있었다고 합니다. 봄의 시작을 알리는 입춘은 1년을 24절기로 나누었을 때 첫 번째 절기에 해당하고 양력 2월 4일쯤입니다. 아직 매서운 겨울 추위가 가시지 않을 때라 벌거벗고 밭을 갈자면 사시나무 떨듯 몸을 오들오들 떨면서 냉기를 견뎌야 했겠지요. 이런 풍습이 생긴 건 농사라는 것이 기후와의 고된 싸움을 이겨내고 농작물을 가꾸어야만 풍년을 이룰 수 있다는 믿음 때문이지 싶습니다.

그렇다면 '농경문청동기'의 용도는 어떻게 될까요? '농경문청동기'는 아무래도 납작한 판에 그림과 무늬가 새겨져 있고 고리가 있는 것으로 보아 어딘가에 걸어놓았을 것 같긴 합니다. 하지만 장식용으로 집안을 꾸며놓았을 것 같진 않고, 풍년을 기원하는 제사에 제사장 같은 이들이 목에 걸고 의례를 하지 않았을까 싶습니다. 아주 작은 청동판에 섬세한 무늬들로 장식하고, 농사짓는 모습을 단순화하여 그려 넣은 청동기인들의 마음은 예술가의 마음과 다르다고 말하기 어려울 것 같습니다.

빼앗긴 문화유산, '견갑형 청동기'

'견갑형 청동기(경주 출토)'는 전체 모양과 새겨진 그림은 '농경문청동기'
와 다르지만, 가장자리 주변과 가운데 빗금과 긴 선, 점으로 무늬를 새겨
넣은 것이 비슷하다. 가운데 무늬를 중심으로 위로는 개, 아래로는 사슴
2마리가 보이는데 한 마리는 창에 찔리는 모습이다. 사냥하는 장면을 새
긴 것으로 보인다. '농경문청동기'가 풍년을 기원하는 마음을 담았다면,
'견갑형 청동기'는 사냥의 성공을 기원한 것이다. 안쪽에는 '방패형 청동
기'와 마찬가지로 뭔가에 걸 수 있는 고리가 있는데, 정확하게 어디에 사
용되었는지 알려진 바는 없다. '견갑형 청동기'는 오구라 다케노스케가
일제강점기 우리나라에서 일본으로 가져간 문화유산 중 도쿄국립박물관
에 기증한 것이다. 오구라가 기증한 유물이 1,030점이나 된다고 하는데,
한반도의 문화유산이 버젓이 전시된 모습을 보노라면 마음이 아파진다.

견갑형 청동기_도쿄국립박물관 소장_오구라컬렉션 보존회 기증
사냥의 성공을 기원하며 사냥하는 모습을 새긴 것으로 보인다. 오구라 다케노스케
가 일제강점기 우리나라에서 일본으로 가져간 문화유산 중 도쿄국립박물관에 기증
한 것이다. 이 밖에도 도쿄국립박물관에는 오구라가 기증한 한반도의 문화유산들
이 전시되어 있다.

▌쓸모와 예술 사이, 그 어디쯤?

지금까지 국립중앙박물관을 중심으로 답사하며 구석기와 신석기 그리고 청동기시대를 대표하는 몇 가지 유물들을 살펴보았습니다. 여러분은 선사시대의 예술에 대해서 어떻게 생각하나요? 박물관에 들어가서 선사시대의 유물들을 처음 마주하게 될 때, 사람마다 다르게 느낄 것입니다. 예컨대 예술작품 감상하듯 아름다움을 느끼는 사람도 있을 것이고, 어렴풋이 짐작되는 어떤 쓸모에 집중하며 관찰하고 분석하는 사람도 있겠죠. 하지만 "쓸모만 생각한다면 '꼭' 그렇게 만들 필요가 있었나?" 하고 묻는다면 그 또한 쉽게 답할 수 없을 것 같습니다.

이곳에서 살펴본 '주먹도끼'와 '반구대암각화', '빗살무늬토기', '농경문청동기' 모두 선사시대 사람들이 살아가는 데 필요한 쓸모, 즉 '실용성'이 담겨있습니다. 하지만 거기에는 '아름다움'과 선사시대 사람들의 '생각'도 함께 담겨있다고 얼마든지 추측할 수 있습니다.

개인적으로 선사시대 사람들이 만든 것들 모두가 '예술'의 영역에 들어갈 수 있다고 생각합니다. 앞에서 곰브리치가 《서양미술사》에서 예술이 '어떻게' 시작되었는지에 알 수 없다고 했던 말을 소개하였습니다. 여러분도 박물관에 가서 다양한 유물들을 직접 만나보며, '언제'부터 시작되었는지 나름대로 상상해 보는 것도 재미있지 않을까요?

두 번째 이야기

누가 살았는지가
뭣이 중헌디?

█ 일본식 무덤이 대체 왜 여기에?

이번에는 한반도의 옛 마한지역인 영산강 유역으로 가볼까요? 이
곳에서 발견된 고분의 모습에 사람들은 깜짝 놀랐습니다. 왜냐하면
이것은 일본 최고 권력자들의 전통식 무덤인 **전방후원분**이었기 때
문입니다. 심지어 1기도 아니고 15기나 나왔던 거죠.

전방후원분을 이야기하려면 먼저 다이센릉에 대한 설명이 필요
합니다. 일본 오사카부 사카이시에 있는 다이센릉은 닌토쿠천황의
무덤으로 알려집니다. 오른쪽 사진에서 볼 수 있듯이 마치 열쇠 구

다이센릉[17]

다이센릉은 열쇠고리 모양을 한 천황의 무덤이다. 그런데 영산강 유역에도 다이센릉과 유사한 일본 최고권력자들의 전통식 무덤인 전방후원분이 발견되어 사람들을 놀라게 하였다.

멍 같은 모양에 세계 최대 크기 무덤 중 하나로 일본의 고훈시대[18] (3세기 중반~7세기 말까지 약 400년)인 5세기경에 만들어진 것으로 추정됩니다. 전체 길이는 486m이고 원의 지름 249m, 높이 35.8m 정도로 무덤 주변에는 해자[19]가 있습니다. 무덤을 한 바퀴 도는데 1시간 정도 걸릴 만큼 엄청난 크기입니다.

다이센릉처럼 원형과 방(네모)형이 합쳐진 모습을 한 무덤을 전방후원분(前方後圓墳)이라고 하는데, 주로 규슈(九州)와 간사이 지역에서 발견됩니다. 전방후원분에는 일본의 최고 권력자가 묻혀 있

....
17. 퍼블릭 도메인 라이선스(https://ko.photo-ac.com/에서 내려받음)
18. 전방후원분이라는 고분(古墳 일본식 발음 '고훈')이 유행했던 시기로 4세기에 성립된 야마토 정권과 겹친다.
19. 외적으로부터의 침입을 방어하기 위해 고대부터 근세에 이르기까지 성(城)의 주위를 파 경계로 삼은 구덩이를 말한다. 해자에 물을 채워 넣어 못으로 만든 경우가 많았다.

고, 구멍단지와 원통 토기(하니와[20]), 규두대도 등이 출토됩니다. 그런데 놀랍게도 한반도의 옛 마한지역인 영산강 유역에서 일본식 전방후원분이 무더기로 발견되니 놀랄 밖에요. 다만 우리나라에서는 마치 장고(구) 모양을 닮았다며 장고분이라 부르게 되었죠.

우리나라에서 처음으로 장고분이 발견된 것은 전남 함평에 있는 '신덕 고분'입니다. 1991년 3월 26일 국립광주박물관이 발굴했는데, 겉모습뿐만 아니라 내부 모습, 출토 유물들 모두 일본식과 비슷

광주 광산구 월계동 장고분
일본 전통식 무덤인 전방후원분의 형태를 우리나라에서는 장고의 모습과 닮았다고 하여 장고분이라고 부른다.

....

20. 하니와는 '진흙 동그라미'라는 뜻으로 무덤의 경계를 표시하기 위해 사용된 원통형 토기였다. 그 후 4세기 초에는 원통 위에 무사·하녀·무용수·새·동물 또는 배·집 모양으로 빚은 토용을 올려놓게 되었다.

했습니다. 특히 관은 일본에서 건너온 금송으로 만들어졌죠.

 사실 이 소식을 처음 접했을 때 우리나라 고고학계는 큰 충격에 빠져 초긴장합니다. 가뜩이나 일본 사학계에서 '임나일본부설'[21]을 왕왕 주장하는 마당에 하필이면 일본식 무덤이 발굴되다니! 얼마나 당혹스러움에 깊이 사로잡혀 있었던지 발굴 당시에는 '발굴조사서' 조차 작성하지 못(안)했죠.[22] 한참 뒤인 2021년에야 국립광주박물관은 '함평 신덕리 신덕 고분' 발굴조사서를 내게 됩니다.

▌영산강 유역에 감춰진 비밀은 무엇인가?

왜 영산강 유역에 일본식 장고분이 나온 건지 함께 알아볼까요? 여기는 고조선 이후 등장한 삼한 중 마한(馬韓)이 지배했던 곳입니다. 마한은 진한, 변한과 더불어 삼한시대(기원전 300~기원후 300)[23]의 한 축을 이루었죠. 54개 부족의 정치 연맹인 마한은 덧띠토기 문화를 중심으로 기원전 3세기부터 기원후 6세기 중반까지 한강 유역부터 충청도·전라도 지역까지 폭넓게 분포되어 있었습니다.

....

21. 4세기 중엽 경 일본열도의 왜가 한반도 남부로 출정해 가야와 그 주변을 정벌한 다음 '임나일본부'라는 통치기관을 설치하였고, 이후 562년까지 한반도 남부를 지배했다는 학설_한국민족대백과사전

22. 이기환, 〈이기환의 흔적의 역사: 30년전 '쉬쉬'하며 감췄던 일본식 고분… 이제는 말할 수 있다〉, 《경향신문》, 2021.08.24.

23. 다만 역사학자에 따라서는 삼한시대라는 명칭에 반대하며 초기 철기시대와 원삼국 시대라고 사용하는 학자들도 있다.

《일본서기》[24]에 4세기 말 백제 근초고왕이 마한을 병합한 기록이 있지만, 이후에도 마한 사람들은 영산강 일대에서 계속 자신들의 문화를 중심으로 독자적 세력권을 유지했다고 생각됩니다.[25] 마한 사람들이 영산강 일대에서 자신들의 고유한 문화를 발전시킨 주요 증거의 하나가 바로 독널[26]입니다.

한반도에서 독널은 청동기시대부터 무덤에 사용되기 시작하다가 철기시대에는 일반적인 양식이 됩니다. 그러다가 기원후 2세기경이 되면 대부분 지역에서는 독널을 띄엄띄엄 사용하게 되는데, 영산강 유역에서는 3세기부터 선황리식이라 불리는 독널무덤이 나타나기 시작해 6세기 초까지 무덤의 주요한 양식으로 오랜 시간 동안 발전과 쇠퇴 그리고 소멸의 과정을 거치게 됩니다.[27]

특히 영산강 유역에서는 유독 대형 독널의 흔적이 남아 있죠. 다른 지역에서 나온 삼국시대 독널은 100㎝를 넘는 것이 많지 않은데, 이곳은 70~150㎝ 정도의 2개의 독(혹은 3개)을 연결해서 3m가 넘는 것도 있다 보니 영산강 유역을 대표하는 유물이 되었습니다.

1991년 함평 신덕 고분을 시작으로 영광 월계 고분, 함평 장고봉 고분·표산 1호분, 광주 명화동 고분·월계동 1호분·월계동 2호분, 영암 자라봉 고분, 해남 장고산 고분·용두리 고분 등 모두 15기의 일

24. 《일본서기》권9 신공기 섭정 49년(249; 수정연대 369)에 실린 기록을 근거로 근초고왕 때 백제가 지금의 전라도 지역을 경략하고 복속시켰다고 한다.
25. 박순발, 2016, 〈마한사의 전개와 익산〉, 《마한백제문화》제28호, pp.41-57.
26. 독은 항아리고, 널은 관으로 항아리관이라는 의미다.
27. 전용호, 《다시 태어난 옹관》, 국립나주문화재연구소, 2018, p.16.

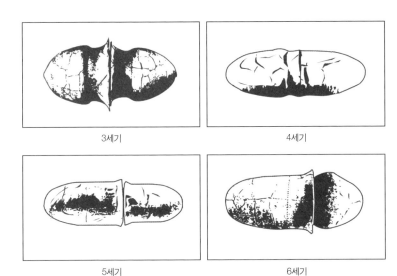

3세기

4세기

5세기

6세기

독널무덤의 변천사

청동기에 등장하여 철기시대에는 일반적인 양식으로 자리한 독널은 6세기 초까지 주요한 무덤 양식으로 오랜 시간에 걸쳐 발전-쇠퇴-소멸을 거쳤다.

본식 전방후원분 형태와 유사한 장고분이 발견되었습니다. 하지만 전방후원분과 비슷하다는 이유만으로는 일본인의 것이라고 단정할 수 없습니다. 왜냐하면 장고분에서 나온 껴묻거리[28]를 보면 백제와 신라, 가야, 일본의 양식 모두가 섞여 있었으니까요. 이처럼한 무덤 안에서 여러 나라의 껴묻거리가 나오다 보니 무덤의 주인공에 대한 온갖 해석이 난무하게 된 것이에요. 그들이 누구였는지에 대한 의혹은 점점 더 깊은 미궁 속으로 빠져들게 되었죠.

....

28. 시신을 무덤에 매장할 때 함께 묻는 물품으로 인간이 사후세계에서도 살아있을 때와 같이 생활한다고 믿기 때문에 넣었다.

아파트처럼 만들어진 고분이 있다?

영산강 유역에는 많은 고분이 있는데, 그중 복암리 3호분(이하 3호분)은 눈에 띈다. 3호분은 한 변의 길이가 약 40m인 사다리꼴 모양으로 독널무덤, 구덩식돌덧널무덤, 굴식돌방무덤, 앞트기식 돌덧널무덤, 돌덧널 독널무덤, 나무널(목관)무덤 등 3세기에서 7세기 초까지 400여 년간 영산강 유역에서 나타날 수 있는 모든 형태가 41기의 무덤에서 확인되었다. 지금까지 한 고분 안에서 이렇게나 많은 형태의 무덤이 나온 것은 처음이다.[29] 분구묘인 3호분은 아파트처럼 분구를 3층으로 나누고 층(시기)마다 다른 형태의 무덤이 발견되었다. 아마 토착민들이 외부 집단과 힘에 적응하다가 변화하지 않았나 싶다. 특히 하나의 분구에 여러 개의 옹관이 함께 있는 것도 있어 마한의 다장(多葬)이라는 독특한 무덤 형태도 엿볼 수 있다.

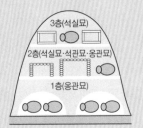

복암리 3호분의 외관[30](좌)과 단면도(우)
분구묘인 3호분은 왼쪽 단면도에서 보듯 아파트처럼 분구를 3층으로 나누고 층(시기)마다 다른 형태의 무덤이 발견되었다.

....
29. 조유전, 2006, 〈나주 복암리고분 발굴조사와 그 의의〉, 국립나주문화재연구소, p.7(나주 복암리 3호분과 영산강유역 고대문화 중)
30. 공공누리 제1유형(국가유산청 홈페이지에서 내려받음)

█ 장고분 속 유물들에서 발견한 실마리

어쩌면 유물들이 우리에게 답을 말해 줄지도 모릅니다. 지금부터 장고분 속에서 나온 몇몇 유물들과 함께 이 미스터리의 실마리를 찾아보기로 합시다.

● 구멍단지는 무엇을 말해주는가?

영산강 유역에서는 일본 고훈시대 것과 유사한 구멍단지도 많이 발견됩니다. 몸통에 가운뎃손가락 굵기의 작은 구멍(1~1.5cm)이 있어 붙여진 이름입니다. 아래위로 눌린 듯한 공 모양 몸통에 좁은 목과 넓게 되바라진 아가리가 특징이죠. 일본에서는 구멍에 대나무 관이 꽂힌 채 발견되기도 하여 주전자처럼 쓰이지 않았나 추정됩니다. 아마 술을 나눠 마시며 공동체의식을 다지지 않았을까요?

　다만 사용이 편했을 것 같지는 않아 정확한 사용 방법과 구멍의 의미에 대한 논란이 있습니다. 무덤에서 발견되었다 보니 사용 방법과는 별개로 제사나 껴묻거리 등 장례와 관련된 유물임은 분명합니다. 국립광주박물관이 소장한 해남 조산 고분 출토 구멍단지는 넓은 아가리 윗부분에는 돌을 띠(突帶 돌대)가 돌려있는데, 띠 위로 10개의 쐐기형 장식을 붙였습니다. 도쿄국립박물관이 소장한 구멍단지와 유사한 모습이에요. 영산강 유역의 고분에서는 일본의 회청색의 스에키(계)토기들도 발견되었습니다. 스에키 토기는 5세기 무렵 우리나라의 새로운 도자 기술이 일본으로 전래하면서 만들기 시작한 것인데(그전까지는 가마에 넣지 않고 야외에서 낮은 온도로 구운 '하지키토기'[31]를 만들었다), 고온에서 구워 단단하고 액체를 담기에 좋았습니다. 스에키 토기의 출토로 미루어 5세기 이후 마한 지역과 왜의 활발한 교류를 짐작할 수 있습니다.

구멍단지_6세기 I 국립광주박물관

구멍단지_5세기경 I 도쿄국립박물관소장[32]

스에키(계)토기토기 I 국립나주박물관 소장

우리나라와 일본의 도기들

먼저 일본 고훈시대에 많이 만들어진 구멍단지는 우리나라 영산강 유역에서도 많이 발견된다. 정확한 용도에 대한 의견은 분분하지만, 형태로 미루어 술과 같은 액체를 담았을 것으로 보인다. 또한 영산강 유역 고분에서는 일본의 회청색 스에키(계) 토기들(아래 사진들)도 발견되는데, 5세기 무렵 우리의 도자 기술이 일본에 전래되면서 만들어지기 시작한 것이다.

....
31. 하지키토기는 비교적 무르고 물이 스며들기 쉬운 성질을 갖고 있다.
32. 퍼블릭 도메인 라이선스(ColBase(https://colbase.nich.go.jp/에서 내려받음)

● 분주토기와 원통 하니와

일본과 우리나라 장고분(전방후원분)에 공통으로 나타나는 것 중 또 다른 하나는 바로 **원통하니와**입니다. 무덤 위나 둘레에 토기를 놓기 때문에 '분주(墳周)토기'라 부르기도 하고 일본식으로 '원통하니와' 라고도 합니다.

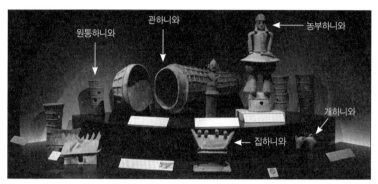

다양한 종류의 하니와 ㅣ 규슈국립박물관

원통하니와_6세기경 ㅣ 도쿄국립박물관**33**   원통 하니와 5세기경 광주·함평 고분 출토 ㅣ 국립광주박물관

일본과 우리나라에서 발굴된 하니와

일본과 우리나라 장고분(전방후원분)에 공통으로 나타나는 것 중 또 다른 하나는 바로 분주(墳周)토기라고도 불리는 원통 하니와이다.

....

33. 퍼블릭 도메인 라이선스(ColBase(https://colbase.nich.go.jp/에서 내려받음)

일반적으로 우리나라의 원통하니와는 그 시작을 일본으로 봅니다. 일본의 것을 그대로 따라 한 것도 있겠지만, 원통하니와의 아이디어는 받아들이되 새로운 모양, 즉 우리만의 원통하니와를 만들었다고도 봅니다.[34] 시작은 정확히 알 수 없지만 원통하니와가 여러 지역이 아닌 영산강 유역에서만 발견된 것을 보면, 마한이 백제의 영향권 아래에 있으면서도 독자적 세력을 유지했고, 해외와 활발한 문화 교류 속에 고유한 문화도 지키고 발전시켰다고 봅니다.

● 일본의 것보다 시대적으로 앞선 규두대도

마지막으로 살펴볼 것은 **규두대도**입니다. 나주 복암리 3호분 5호 석실과 7호 석실에서는 우리나라에 단 3점 밖에 없는 규두대도(圭頭大刀) 중 2점이 출토되었습니다(다른 한 점은 창녕 명리 고분에서 출토). 규(圭)는 중국 주나라 천자(天子)가 제후에게 준 것으로 위가 둥글고 밑이 사각인 구슬을 뜻하는데, 복암리 3호분 출토 규두대도는 오각형에 가까운 각진 모양이지요. 나무로 된 칼집과 손잡이가 맞닿는 부분엔 허리에 찰 수 있는 은으로 만든 고리가 있죠. 삼국시대에는 칼을 화려하게 장식하는 게 유행이었다고 합니다.

일본의 규두대도는 6세기 말~7세기 초 고훈시대 고분에서 주로 출토됩니다. 하지만 복암리 3호분의 규두대도는 일본보다 시대적으로 앞선 것입니다. 이에 규두대도의 기원은 한반도일 거라는 주

....
34. 임영진, 2003, 〈한국 분주토기의 기원과 변천〉, 《호남고고학보》 vol.17, p.93.

장도 있죠. 게다가 비슷한 시기 나주 신촌리에서 백제계 환두대도
가 발견되어 영산강 유역이 백제의 영향권 아래였음을 확인할 수
있습니다.

　일본 이나리즈카 고분에서도 6세기 경의 '봉황무늬 환두대도'(아
래 사진)가 출토되었습니다. 이나리즈카 고분은 고훈시대의 전통적
인 전방후원분입니다. '봉황무늬 환두대도'는 손잡이를 포함한 전
체가 철로 만들어졌는데 환두 안 봉황은 은과 금으로 상감을 해서
멋지게 꾸몄습니다. 봉황 머리 위에는 무언가 끼워 넣을 수 있는 곳
이 있는데, 아마도 금동으로 만든 털이 있었을 것으로 생각합니다.
다만 이런 장식은 우리 대가야와 신라 지역에서 유행하던 양식으로

봉황무늬 환두대도_6세기경
ㅣ도쿄국립박물관**35**

일본 봉황무늬 환두대도
일본 이나리즈카 고분에서 나온 6세기 경의 '봉황무
늬 환두대도'다. 은과 금으로 상감을 해서 꾸민 장식
은 우리 대가야와 신라 지역에서 유행했던 양식으
로 우리나라 장인이 제작에 영향을 미쳤다고 추측
된다.

....
35. 퍼블릭 도메인 라이선스(ColBase(https://colbase.nich.go.jp/)에서 내려받음)

일본에서는 매우 드물었죠. 아마 우리나라 장인이 이 대도 제작에 일정 부분 영향을 미쳤다고 생각합니다. 우리나라와 일본에서 서로의 유물들이 출토된 것은 영산강 유역 사람들과 백제와 일본 간 활발한 문화교류의 증거로 충분히 짐작할 수 있죠.

● 마한, 백제, 일본의 유물이 모두 출토된 고흥 안동 고분

영산강 유역에는 마한과 백제, 일본의 유물 모두가 출토된 6세기의 **고흥 안동 고분**도 있습니다. 백제계 유물인 사다리꼴 금동관, 금동신발과 일본계 유물인 갑옷, 투구 등 그리고 우리나라의 남부지방에서 고분에서만 발견되는 살포도 나왔죠. 금동관과 금동신발은 백제가 지방 권력자에게 나눠준 것입니다. 금동관모는 금동판을 뚫거나 도려내는 방식으로 잎사귀 무늬를, 금동신발은 금동판을 뚫는 방식으로 연속된 'T'자 무늬를 장식했습니다. 길고 네모난 철판을 가죽으로 이어 만든 갑옷은 우리나라 남부지방과 일본 교토와 나라 지역에서 발견됩니다. 특히 투구는 일본 사가현 출토품과 비슷한데, 작은 철판을 여러 개의 못으로 고정한 햇빛가리개가 보입니다.

이 외에도 고흥 안동 고분에서는 투겁창과 화살촉 등 무기류가 많이 나와서 무덤 주인이 일본인이라는 주장도 있습니다. 대체로 우리는 무덤에 토기류를 많이 넣는 반면, 일본은 무기류를 많이 넣는다고 알려져 일본은 고분 발굴 때 토기류가 많이 나오면 우리나라에서 건너 온 사람으로 생각한다고 합니다.[36]

살포는 논의 물꼬를 트는 농기구로 우리나라 남부지방 고분에서

금동관 및 금동신발

갑옷과 투구

살포

고흥 안동고분 출토 유물 | 국립광주박물관
고흥 안동 고분에서는 마한과 백제, 일본의 유물 모두가 출토
된 것이 특징이다.

출토되곤 합니다. 농기구가 무덤의 껴묻거리였다는 게 조금 이상한
가요? 하지만 농경사회에서 물을 통제하는 것은 그 지역 우두머리만
의 중요한 역할이다 보니 살포는 단순한 농기구가 아닌 권위의 상징
물로서 다른 껴묻거리와 함께 묻은 것입니다. 고흥 안동 고분은 백
제와 왜 그리고 영산강 유역의 교류에 대한 많은 힌트를 줍니다.

....
36. 신형준, 〈고흥 고분서 5세기 유물 출토… 무덤 주인 논란〉, 《조선일보》, 2006.03.25. 참조

▌그래서 장고분의 주인은 누구라는 거야?

이제 점점 더 궁금해집니다. 과연 영산강 유역에 있는 장고분의 무덤 주인은 누구일까요?

● 수많은 단서, 풀리지 않는 의문들

앞서 살펴봤지만, 백제, 일본, 마한 교류 흔적만 확인될 뿐, 무덤의 주인이 누구인지에 관한 기록은 남아있지 않습니다. 오직 출토된 유물과 무덤의 모양으로 무덤의 주인을 가려야 하는데, 쉽지 않은 일이지요. 이는 워낙 다문화적인 요소가 많기 때문이기도 합니다. 즉 무덤의 형태는 일본식인데, 마한만의 독특한 매장 문화인 독널이 쓰이기도 하였고, 백제와 일본계 유물들이 껴묻거리로 출토되기도 했으니까요. 따라서 무덤의 주인이 누군지는 단정짓기 어려우며, 심지어 국적마저 여러 추측이 난무합니다. 영산강 유역의 지도자, 일본에서 돌아온 마한(혹은 백제)인, 일본에서 망명(혹은 출신)한 관료라는 주장 등이 거론되지요.

일단 우리나라 장고분은 5세기 말에서 6세기 초까지 대략 50년 정도 짧은 기간에 만들어진 것으로 보입니다. 앞서 말했듯이 영산강 유역에만 15기(형태가 확실한 것은 10여 기)가 있습니다. 5세기 말, 우리나라는 고구려의 장수왕이 백제를 공격해 개로왕을 죽이고 백제가 웅진(공주)으로 수도를 옮겼습니다. 같은 시기 일본은 규슈 북서부의 아리아케해(有明海) 일대 세력이 반란으로 규슈 정권을 장악하는 등 양국이 복잡한 시대였죠.

만약 장고분의 주인이 마한인이라면, 일본과의 교류 강화로 살길을 모색하려 일본식 무덤을 만들었거나, 교류를 위해 일본으로 떠났던 마한(백제)인이 귀향하여 만든 무덤일 수도 있겠죠? 만약 일본인이 주인이라면 규슈에서 넘어온 망명인이거나 영산강 유역에 머물며 일본과 교류를 담당했을 가능성도 있습니다.

무령왕릉 출토 왕귀걸이
| 국립공주박물관

에타후나야마고분 출토 귀걸이[37]
| 도쿄국립박물관

● 그럼에도 한 가지 분명한 것

장고분의 주인은 여전히 추측뿐이지만, 한 가지는 확실히 해두고 싶습니다. 바로 장고분이 '임나일본부설'의 근거가 될 순 없다는 점입니다. '임나일본부설'은 일본이 대략 200년간 우리나라 남부지방을 다스렸다는 주장인데, 장고분이 만들어진 시간은 고작 50년에 불과할 뿐입니다. 또 장고분의 주인이 일본

에타후나야마고분 출토 금동관
| 도쿄국립박물관

백제와 일본의 유물
에타후나야마고분에서 출토된 유물들에서 백제의 강렬한 흔적을 발견할 수 있다.

……………………
37. 퍼블릭 도메인 라이선스(ColBase(https://colbase.nich.go.jp/에서 내려받음)

인이라도 우리나라에 일본인의 무덤이 있다는 이유로 '임나일본부설'의 근거가 될 순 없습니다. 그런 주장대로라면 일본에는 '도래인(渡來人)의 무덤'이라 불리는 우리나라 사람들의 고분이 몇 배나 더 많은데, 이에 대한 해명도 내놓아야 마땅합니다.

특히 규슈의 에타후나야마(江田船山) 고분은 일본 내에서도 무덤의 주인공이 누구인지 논란입니다. 이 고분은 5세기 후반~6세기 초 무렵에 만든 것으로 전체 길이가 62미터나 되는 큰 무덤입니다. 1873년 발굴 당시 고분 뒤쪽의 원형 부분에 있던 돌방에서 은상감명(銀象嵌銘) 대도를 비롯해 갑옷과 투구 등의 무기류와 금동제 관모(金銅製冠帽)와 신발, 금귀걸이, 옥 장신구류 등 화려한 껴묻거리가 많이 출토되었죠. 금귀걸이는 일본에서는 볼 수 없는 하트형 모양으로 무령왕릉에서 출토된 것과 비슷하고, 금동관은 공주 수촌리 및 고흥 안동 고분에서 출토된 것과 비슷합니다. 출토된 유물만 놓고 보자면 백제인이라 주장할 수도 있습니다.

하지만 6세기 일본 호족 사이들에서 백제식 귀걸이가 유행한 점도 무시할 수 없습니다. 따라서 '지방 호족과 백제의 유력자가 야마토 정권을 통하지 않고 교류했음을 보여주는 역사적으로 중요한 자료'라고만 설명하고 있지요.[38] 이렇듯 우리나라와 일본에서는 서로의 유물이 각국의 무덤에서 출토되다 보니 섣불리 무덤의 주인이나 국적을 단정하기에는 무리가 있습니다.

....
38. ColBase(https://colbase.nich.go.jp/ 에타후나야마 출토 금동관에 대한 해설 참조

누가 장고분의 주인인지보다 중요한 것

지금까지 우리는 장고분의 유물을 살펴보며 주인이 누구인지 추리해 보았습니다. 비록 그 주인공은 알아낼 수 없었지만, 그래도 유물들은 우리에게 많은 것을 말해줍니다. 그중 하나가 바로 우리나라와 일본이 아주 오래전부터 활발하게 교류했다는 점입니다. 우리나라와 일본의 정치권은 과거사를 포함하여 정치적으로 얽힌 여러 문제를 건설적으로 해결하려 노력하기보다 (특히 일본) 분노의 감정을 정치적으로 이용하려는 데만 혈안이 된 것처럼 보이기도 합니다.

그와 대조적으로 우리나라의 고대 국가들과 일본의 여러 정치 세력은 자신들의 이익을 도모하기 위해 활발한 교류를 펼쳤습니다. 우리나라에 존재하는 장고분과 일본의 고분에서 발견되는 우리나라에서 만든 유물들이 가장 확실한 증거죠. 일본에서 유래한 장고분이 왜 우리나라 영산강 유역에 있게 되었는지 또 무덤의 주인공이 누구인지에 대해 고고학적으로 밝히는 것은 앞으로 남은 학문적 과제입니다.

현재 우리가 생각해 볼 것은 5세기 말에서 6세기 초의 영산강 유역 사람들의 개방적인 문화가 아닐까요? 우리나라가 다문화사회로 진행되고 있는 요즘 우리의 고유문화를 사랑하고 존중하는 것도 중요하지만, 이것이 다른 문화에 대한 비하나 혐오로 이어져서는 안 될 것입니다. 다른 문화를 포용할 줄 아는 넓은 마음이야말로 장고분이 글로벌시대를 살아가는 우리에게 주는 교훈이 아닐까요?

또 다른 볼거리 '고창 고인돌 유적지'

마한지역 답사에서 고창의 '고인돌 유적지'를 빼놓을 순 없다. 중국과 일본에도 고인돌이 있지만, 숫자로는 우리나라가 단연 세계 최고다. 북한에 15,000기, 남한에 30,000기 정도가 있는데, 강화도와 화순·고인돌 유적지는 유네스코 세계유산으로 등재되어 있다. 강화도 부근리 고인돌은 전체 높이 2.6m, 덮개돌 길이 6.5m, 너비 5.2m, 두께 1.2m의 화강암으로 되어 있다. 특히 덮개돌은 무게가 80톤 정도로 이를 옮기려면 성인 남자 500명 이상이 필요한 무게다. 그 정도 사람을 동원할 수 있다면 무덤 주인은 부족장 정도는 되어야 할 듯하다. 그래서 고인돌을 청동기시대 부족장의 무덤이라 일반적으로 여겨지고 교과서에도 그렇게 기술되어 있다.

그런데 막상 '고인돌 유적지'에 가보면 무려 수백 기의 고인돌이 곳곳에 펴져 있는데 이렇게 부족장이 많았나 하는 물음표를 던질 수밖에 없다. 고인돌 아래에서 발견된 다양한 유물 중에는 부족장의 것으로 추정되는 청동검과 같은 유물이 발견되기도 한다. 하지만 어린 여자아이나 노인의 뼈 그리고 토기와 돌로 만든 도구들도 나왔기 때문에 기실 모든 사람을 위한 묘지가 아니었나 생각된다.

고인돌은 형식 면에서 북방식, 남방식, 개석식으로 구분한다. 북방식은 '강화 부근리 고인돌'처럼 납작하고 높이가 조금 있는 굄돌을 사용해 탁자처럼 만들었기에 탁자식이라고도 한다. 남방식은 바둑판식이라고도 하는데, 고창 '고인돌 유적지'에서 볼 수 있듯이 낮은 높이의 굄돌에 두꺼운 덮개돌을 사용했다. 개석식은 덮개돌만 있는 형태다.

다만 고인돌의 전체적인 형태와 시신이 고인돌 어디에 있는지 그리고 무덤의 영역을 표시하고 있는지에 따라 워낙 다양해서 북방식과 남방식 그리고 개석식만 있다고 할 수는 없다.[39] 대부분 교과서에서 대표 고인돌

강화 부근리 고인돌

고창 고인돌 유적지

고인돌 무덤방_국립광주박물관 야외전시장

한반도에서 발견된 여러 고인돌

강화 고인돌의 경우 일반적으로 족장들의 무덤으로 알려져 있지만, 고창의 경우 그 많은 고인돌을 보면 부족장뿐 아니라 모든 사람을 위한 묘지가 아니었을까 추측된다.

로 '강화 부근리 고인돌'을 보여주기 때문에 고인돌하면 마치 양옆으로만 굄돌이 있고 덮개돌이 얹혀 있는 것으로 생각하기 쉽다. 북방식 고인들은 네 군데 모두 굄돌을 세우고 땅 위에 시신을 매장하는 경우가 많고, 탁자식과 개석식은 땅 아래에 덧널[40]을 만들어 시신을 묻었다.

....

39. 김남돈, 〈불멸의 안식처 강화 고인돌과 쌍둥이처럼 닮은 아일랜드 고인돌〉, 국가유산사랑 문화재청, 2020.
40. '널'은 시신을 넣는 관의 역할인데, '덧널'은 널을 보호하려고 만든 것이다. 한반도에서 덧널이 매장주체시설의 일부로서 나타난 것은 청동기시대의 무덤에서부터 비롯되는데, 재료에 따라 목곽·석곽·전(벽돌)곽 등으로 구분한다.

기원전 1세기부터 7세기, 한반도에서는 고구려와 백제 그리고 신라의 세 나라가 중앙집권적 국가로 발돋움하였습니다. 이를 우리는 보통 삼국시대(三國時代)라고 부르지요. 비록 삼국시대에 쓰인 것은 아니지만, 삼국시대를 기록한 《삼국사기》, 《삼국유사》라는 문자 기록에 근거해 이전 시대보다는 좀 더 구체적으로 시대상을 짐작해 볼 수 있습니다. 다만 두 역사서의 기록 내용은 진위 여부가 불확실한 면도 있고, 또 같은 사건을 조금씩 다르게 서술하기도 하여 혼란을 주기도 합니다. 하지만 두 역사서를 서로 비교하여 읽다 보면 삼국시대를 좀 더 폭넓은 관점으로 바라볼 수 있는 장점도 있지요. 삼국은 서로의 정치적 손익계산에 따라 서로 연합하기도 하고 또 서로를 치열하게 공격하기도 했습니다. 2부에서는 국립공주박물관과 국립부여박물관에서 백제의 주요 유물들을 답사하며 삼국시대를 들여다보려 합니다. 치열했던 삼국시대로 함께 떠나볼까요?

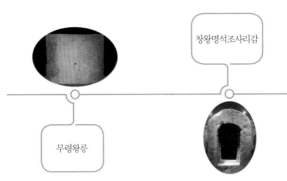

창왕명석조사리감

무령왕릉

2부

삼국

왕흥사 사리기

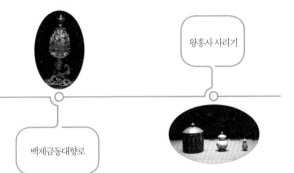

백제금동대향로

세 번째 이야기

무령왕릉이 간직해온 비밀 이야기

▌ "내 이야기가 궁금하지 않아?"

여러분은 혹시 '무덤' 하면 떠오르는 이야기가 있나요? 필자의 어린 시절 방송된 〈전설의 고향〉은 한반도 전역의 전설, 민간 설화 등을 드라마로 만들어 인기를 끌었죠. 훈훈한 미담, 해학적인 이야기도 있었지만, 무서운 이야기들이 유독 기억에 남습니다. 얼마나 무서웠는지 무더운 여름밤에도 등골이 서늘해질 정도였죠. 무서워서 눈을 질끈 감았다가도 이내 궁금증을 참지 못해 실눈을 뜨고라도 보고 싶었던 마음은 무엇이었을까요?

지금도 선명하게 떠오르는 장면이 있습니다. 남편의 병을 낫게 하려는 간절함에 어쩔 수 없이 남의 무덤을 파헤쳐야 했던 아낙네가 주인공이었죠. 칠흑처럼 어두운 밤, 두려움을 무릅쓰고 파헤친 무덤에서 간신히 어느 시체의 다리를 잘라낸 그녀는 서둘러 도망쳤습니다. 바로 그때! 허겁지겁 달려가는 여인을 한쪽 다리로 쿵쿵 뒤쫓아오며, "내 다리 내놔~ 내 다리 내놔~"를 외친 귀신의 등장에 뒤로 나자빠질 만큼 얼마나 놀랐던지… 그 기억이 너무 강렬해서 오랫동안 무덤만 봐도 공포스러웠죠.

하지만 역사를 공부하면서 무덤이야말로 옛사람들이 후손들에게 남겨준 보물창고라는 걸 알게 되며, 공포도 사라졌습니다. 탄생과 죽음을 빼고 역사를 이야기할 순 없으니까요. 고인돌, 돌무지무덤, 신라의 왕릉과 조선의 왕릉 등을 보며 무덤의 주인과 그 주인이 살던 시대를 공부하는 재미는 〈전설의 고향〉 이상으로 흥미롭습니다. 마치 무덤 속 주인들이 "내 이야기가 궁금하지 않아?"라고 우리에게 속삭이는 것 같기도 합니다. 그 이야기에 귀를 기울이겠다는 마음으로 무덤들을 본다면 분명 큰 공부가 될 것입니다.

이미 예상했겠지만, 이번에 소개할 문화유산은 무덤이에요. 바로 우리나라 최고(最古)의 무덤으로 꼽히는 공주의 **무령왕릉**입니다. 공주는 삼국시대 백제가 도읍을 정했던 곳의 하나로 백제의 역사와 문화가 고스란히 숨 쉬고 있죠. 특히나 무령왕릉은 다양한 유물들뿐만 아니라 남다른 발굴 과정 등 이야깃거리가 참 많습니다. 무령왕릉이 오랜 시간 간직해온 이야기 속으로 함께 푹 빠져 볼까요?

▎지석과 함께 발굴된 무령왕릉

무령왕릉의 유물들을 보려면 국립공주박물관으로 가야 합니다. 무령왕릉의 거의 모든 것이 담겨 있다고 해도 과언이 아니죠. 무령왕릉은 공주 송산리고분군[1]에 있는 백제의 능입니다. 특히 삼국시대 왕릉 중 무덤의 주인이 밝혀진 몇 안 되는 고분 중 하나라서 역사적 의미가 남다릅니다.[2]

국립공주박물관 전경
1946년에 개관한 이 박물관은 충청남도 내 역사와 문화를 보존 및 전시하고 있다. 특히 무령왕릉의 거의 모든 것이 이곳에 전시되어 있다.

....
1. 공주시에 있는 삼국시대 백제의 벽돌무덤·굴식돌방무덤 등이 발굴된 무덤군.
2. 삼국시대 무덤의 주인을 알 수 있는 것은 직접적 근거보다는 삼국사기 기록에 의한 것이나 무덤 근처의 비석 정도의 간접적 근거가 전부다.

● 왜 '지석'이 중요한가?

삼국시대의 무덤 대부분은 비석을 세워놓지 않다 보니 설사 발굴되어도 제 주인을 찾기가 참 어렵습니다. 그런데 무령왕릉의 경우 발굴 당시 주인을 특정할 만한 정보가 담긴 지석[3] 2개가 나와 주인이 누군지 바로 알아낼 수 있었죠. 개인적으로 이 '왕과 왕비의 지석'을 무령왕릉 최고의 보물로 꼽고 싶은 이유입니다.

만약 이 지석이 없었다면 왕릉의 주인을 특정하지 못했을 테고, 아마도 '어느 왕과 왕비'의 무덤 정도로 퉁 치고 넘어갔을지 모릅니다. 분명 시대 연구를 수행함에 있어서도 큰 혼란과 어려움을 겪었겠지요. 이처럼 지석은 잘 모르는 이들에게는 그냥 돌덩어리일 수 있지만, 역사학자들에게는 정말 중요한 유물입니다.

무령왕릉 왕과 왕비 지석[4]　　　　　　　　　　　　　　　ㅣ국립공주박물관
삼국시대 대부분의 무덤은 비석이 놓이지 않아 주인을 찾기 어렵다. 하지만 무령왕릉은 지석 2개가 출토됨으로써 무덤의 주인을 바로 확인할 수 있었다.

....
3. 죽은 사람의 인적 사항이나 무덤의 소재를 기록하여 묻은 도판이나 판석.
4. 공공누리 제1유형(e뮤지엄에서 내려받음)

● 지석에는 무슨 내용이 적혀 있을까?

지석을 통해 무령왕릉의 주인을 확인할 수 있었다고 했는데, 대체 지석에 뭐라고 적혀있는지 궁금하지 않나요? 지금부터 내용을 함께 살펴봅시다.

<왕의 지석: 앞면>

영동대장군 백제 사마왕(무령왕을 의미)은 나이가 62세인 계묘년 62세인 계묘년 병술일이 초하루인 5월 7일 임진일에 돌아가셨다. 을사년 계유일이 초하루인 8월 12일 갑신일에 등관에 있는 대묘에 안장하였다. 묘지는 이와 같이 기록한다. 끝.

<왕비의 지석: 뒷면>

전(錢) 1만문, 이상 1건. 을사년 8월 12일 영동대장군 백제 사마(무령왕)가 주관하여 앞 건의 전(錢)으로 토왕(土王), 토백(土伯), 토부모(土父母), 토하중관(土下衆官) 이천석(二千石)에게 고하여 신지(申地 남서쪽 방향)의 토지를 사서 묘(墓)로 삼는다. 그런 까닭으로 문서를 만들어 밝히니 율령을 따르지 않는다.[5]

왕의 지석 앞면은 간단히 말해 사마왕이 62세인 계묘년(523)에 사망하여 을사년(525)에 무덤에 안장하였다는 내용이군요. 왕비의 지

....

5. 토왕, 토백, 토부모는 모두 토지의 신을 뜻하는데, 그중 토백은 몸이 아홉 마디이고 뿔이 있어 사람을 해친다고 한다. '이천석'은 나이가 많아 관직에서 물러난 사람이 받는 녹봉을 말하므로 토하중관은 관리를 의미한다고 할 수 있다.

석 앞면은 왕비가 병오년(526)에 사망하였다는 내용이며, 뒷면에는 을사년(525) 사마왕이 땅의 신에게 땅을 샀다는 기록[6]이 남아 있죠. 이를 통해 무령왕릉은 지석이 발견된 삼국시대 유일의 왕릉이자 최고(가장 오래된)의 무덤이라는 이름을 갖게 되었습니다.

● 무령왕 시대, 활발했던 문화교류의 흔적들

무령왕릉을 자세히 들여다보면 무령왕 시대의 활발한 문화교류를 알 수 있습니다. 무덤 현실(죽은 이를 모시는 방)을 보면 일단 송산리 고분군의 무덤 배치에서 중국 남조[7]의 영향을 받았다고 보여집니다. 중국 남조 시대에는 가족묘를 만들었는데, 무덤의 구역을 나누고 무덤의 위치를 정할 때 중요한 사람이었거나 나이가 많은 사람의 묘를 가장 위쪽에 배치했죠. 무령왕릉은 송산리 5호분·6호분과 함께 북측에 있는데, '品(품)자' 형태로 자리하고 있습니다.

그리고 구조와 크기도 중국 남조의 귀족 무덤과 비슷합니다. 무령왕이 양나라로부터 '영동대장군'이란 관직을 받았기에 그에 걸맞게 무덤의 구조와 크기를 결정하지 않았나 추측해 볼 수 있는 대목입니다. 무덤 속 현실(玄室)을 연꽃무늬 벽돌로 만들고, 복숭아 모양의 등을 놓는 곳(등감 燈龕), 벽의 4면에 사신도를 그려 넣는 등의 특징 역시 모두 남조 왕실 무덤의 형식입니다.

....
6. 김영관, 2018, 〈백제 무령왕릉 출토 지석과 매지권 재고〉, 국립공주박물관 무령왕릉 지석 학술심포지엄, p.126.
7. 남북조 시대(南北朝時代: 386~589)란 북방민족이 세운 북조와 중국의 한족이 세운 남조(송나라, 제나라, 양나라, 진나라)를 말한다.

무령왕릉과 닮은 듯 다른 송산리 6호분

공주 송산리에는 무령왕릉을 포함하여 7기의 고분이 있는데, 모두 백제 웅진 도읍기에 조성되었다. 이 중 6호분은 무령왕릉과 거의 같은 재료에 규모와 크기도 비슷하다. 다만 6호분에는 벽에 사신도[8]가 그려진 점에서 무령왕릉과 뚜렷한 차이가 있다. 부여 능산리 동·하총 고분에서도 사신도가 발견되기는 했지만 매우 드문 사례일 뿐만 아니라 고구려의 강서대묘 사신도보다도 시기적으로 앞선다. 6호분 벽화는 물감이 바탕에 스며들게 하는 '습지벽화법'으로 그렸는데, 벽돌무덤에 회가 섞인 점토를 바르고 그 위에 백색의 물감으로 그림을 그렸다.

송산리 6호분[9]

송산리 6호분 무덤 안 북벽과 천장[10]

송산리 6호분의 외관과 실내

송산리 고분군 7기 고분 중에서 6호분은 특히 무령왕릉과 비슷한 점이 많다. 그런데 6호분의 경우 벽에 사신도가 그려진 점에서 차이점이 있다.

....
8. 동서남북 네 방위를 나타내는 동시에 수호신을 역할도 하는 동쪽의 청룡, 서쪽의 백호, 남쪽의 주작, 북쪽의 현무를 그린 그림이다.
9. 공공누리 제1유형(국가유산청 홈페이지에서 내려받음)
10. 공공누리 제1유형(e뮤지엄에서 내려받음)

▌최고의 무덤, 최악의 발굴 사례가 된 사연

무령왕릉은 최고의 무덤답게 높은 유명세로 인한 홍역도 치러야 했습니다. 대표적으로 무령왕릉은 우리나라 고고학계 최악의 발굴 사례로 꼽히지요.

● 빗속을 뚫고 작업을 강행했던 이유가?

시간을 거슬러 1971년 7월, 당시 장마가 길게 이어지면서 송산리 6호분 내부가 물에 잠길 위기에 처합니다. 오락가락하는 장맛비 속에서 국립공주박물관 김영배 관장 주도로 송산리 6호분 배수로 작업이 시작되었죠.

그런데 왜 굳이 빗속에서 작업을 강행한 걸까요? 혹시 하루 이틀도 미룰 수 없을 만큼 배수로 작업이 시급했을까요? 여기에는 남다른 속사정이 숨어있었죠. 배수로 작업을 하기 바로 전날인 1971년 7월 5일, 김영배 관장의 꿈속에 마치 해태와 비슷한 동물이 나타난 것이에요. 심지어 그것이 자신에게 달려들어 깜짝 놀랐다고 합니다. 이 기묘하면서도 상서로운 꿈 때문에 굳이 빗속을 뚫고 작업을 강행했던 거죠. 바로 그날, 배수로를 파던 한 인부의 삽이 벽돌과 부딪히면서 무령왕릉이 마침내 세상에 모습을 드러냅니다. 김영배 관장과 그 일행은 아마도 만세를 부르지 않았을까요? 온전히 보존된 채 고이 잠들어 있던 백제의 무덤을 최초로 발굴했다는 건 고고학자로서 엄청난 영광이었을 테니까요.

● 통제불능 상태에 빠진 발굴 현장

본격적인 발굴 작업의 진행을 위해 문화재공보부(현 문화체육관광부)는 국립중앙박물관 김원룡 관장을 단장으로 삼아 총지휘를 맡겼습니다. 문제는 이 '세기의 발굴' 소식에 대한민국 모든 신문사는 물론 공주 시민들까지 치솟는 흥분 속에 현장으로 몰려든 것입니다. 오늘날이었다면

무령왕릉 발굴 모습[11]
우리나라 최고의 무덤 무령왕릉은 언론의 과도한 취재 열기로 인해 하루만에 마구잡이로 발굴이 이루어지는 어처구니없는 결과로 이어지고 말았다

좀 더 적극적으로 보안을 유지하며, 시간을 충분히 두고 차분하게 발굴을 진행했을지도 모릅니다. 하지만 고고학적 발굴 연구가 성숙하지 못했던 시기라 발굴 현장은 그야말로 아수라장이 되고 말았죠.

발굴단은 현장 통제 능력을 상실했습니다. 제대로 된 조사도 이뤄지기 전에 열띤 취재 경쟁에 사로잡힌 기자들이 무덤 안으로 마구 들어가 사진을 찍어댔죠. 그 과정에서 유물을 짓밟는 일까지 벌어졌다고 합니다. 기자들이 나간 후에야 조사단이 겨우 다시 들어갈 수 있었고, 시간을 두고 조심스레 이뤄졌어야 할 발굴이 유물을 삽으로 퍼서 자루에 마구 집어넣는 식으로 쫓기듯 단 하룻밤 만에 끝나고 말았습니다. 돌이켜보면 참으로 어이없는 일이었죠.

....
11. 공공누리 제1유형(https://www.kogl.or.kr/recommend/ recommendDivView.do?recommendIdx
=161&division=img#에서 내려받음)

김원룡 발굴 단장도 "여론에 밀려 이틀 만에 무령왕릉 발굴을 끝낸 것은 내 생애 최대의 수치"라고 고백하며, "몇 달이 걸렸어도 그 나무뿌리들을 가위로 하나하나 잘라서 장신구들을 들어냈어야 했다."라고 회고[12]했습니다. 이처럼 우리나라 최고의 무덤은 최악의 발굴로 세상에 모습을 드러냈습니다. 숨기고 싶은 역사의 한 장면이 되었지만, 아이러니하게도 과오에 대한 통렬한 반성은 경주의 천마총 같은 성공적 발굴로 이어졌고, 이후 유물과 유적 발굴에 신중함을 기하게 되었으니 그나마 다행이라고 해야 할까요? 이 또한 실패를 반면교사로 삼으라는 역사의 교훈이 아닐 수 없습니다.

▌무령왕은 누구인가?

자, 이제 무덤의 주인, 무령왕에 대해 알아볼까요? 무령왕은 백제의 25대 왕으로 이름은 사마입니다. 그래서 앞서 소개한 무령왕릉 지석의 내용에서 사마 또는 사마왕(62쪽 참조)은 모두 무령왕을 가리키지요. 무령왕이 태어났을 때, 백제는 혼란기였습니다. 고구려 20대 임금 장수왕이 (한성)백제[13]를 공격해서 수도 한성을 함락시키고 21대 개로왕을 죽이면서 한강 유역을 빼앗았습니다. 개로왕이 전

....
12. 강혜란, 〈귀신 홀린 듯 가마니에 퍼담았다… 1박2일 아수라장 무령왕릉〉, 《중앙일보》, 2021.02.24.
13. 한성백제 시기는 백제가 서울과 경기 일대에 수도를 두고 있던 시대를 일컫는다.

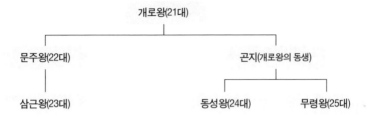

21대부터 25대까지 백제의 왕 계보

개로왕(21대)

문주왕(22대)

곤지(개로왕의 동생)

삼근왕(23대)

동성왕(24대)

무령왕(25대)

사한 후에 남쪽으로 도망친 백제는 다시 도읍을 정했는데, 그곳이 바로 웅진으로 지금의 공주입니다.

수도를 공주로 옮긴 후 백제 왕들은 고난(수난?)의 연속이었습니다. 개로왕 이후 백제의 왕의 계보는 22대 문주왕, 23대 삼근왕, 24대 동성왕으로 이어집니다. 이들 중 문주왕과 삼근왕은 모두 재위 기간이 3년 남짓입니다. 문주왕은 귀족 해구의 사주를 받은 도적 떼의 습격을 받아 죽었고, 13살이라는 어린 나이에 즉위한 삼근왕은 사인이 불분명하고 석연치 않은 죽음을 맞이했지요. 그나마 동성왕은 579년에 왕위에 올라 22년 동안 나라를 다스리긴 했지만, 결국 신진 귀족 세력인 백가 세력에 의해 죽음을 맞았습니다. 이렇듯 엄청난 혼란의 시기에 등장한 이가 바로 동성왕의 이복형[14]인 백제 25대 무령왕입니다.

일본 서기에 따르면 무령왕은 일본 쓰쿠시의 카카라시마에서 태

....

14. 무령왕의 출생과 관련해서 동성왕의 둘째 아들이라는 주장, 개로왕의 아들이라는 주장, 곤지의 첫째 아들이고 동성왕은 그의 이복동생이라는 주장 등이다. 무령왕의 사망 시기를 고려하면 동성왕의 이복형이라는 주장이 가장 설득력이 있다.

어났습니다. 그래서 그의 이름을 도군(嶋君, 세마키시 혹은 사마)이라 하였다고 합니다.

> "군군(軍君, 곤지)은 배 1척을 마련하여 도군(무령왕)을 백제에 돌려보냈고, 백제인은 무령왕이 태어난 섬을 주도(主嶋)라 불렀다."
>
> – 《일본서기》 14, 웅략기 5년[15]

또한 "무령왕은 키가 8척[16]에 눈썹과 눈이 그림같이 아름답고, 인자하고 관대하여 민심이 그를 따랐다."라고 합니다. 무령왕은 내치와 외치 두 마리 토끼를 모두 잡으며, 나라 안팎으로 번영을 누렸습니다. 우선 대내적으론 동성왕을 시해한 백가를 토벌하고 가뭄으로 굶주리는 백성들을 위해 창고를 열어 구제하는 등 안정을 꾀하였습니다. 대외적으론 고구려와 크고 작은 전투에서 승리하며 영토를 조금씩 넓혀갔지요. 양나라에서는 백제를 다시 강국으로 만든 무령왕을 '사지절도독백제제군사 영동대장군(使持節都督百濟諸軍事 寧東大將軍)'으로 삼습니다. 무령왕은 40세의 늦은 나이에 왕위에 올랐지만, 501년~523년까지 20여 년간 능수능란하게 정국을 주도하며 한성에서 공주로 쫓겨 내려온 백제가 재도약할 수 있는 발판을 마련했죠.

....

15. 윤용혁, 2014, 〈백제의 대왜 항로와 카카라시마〉, 《백제문화》 Vol.1 No.51, p.141.
16. 척(尺)은 손가락을 이용해 길이를 재는 단위로 처음엔 19cm였던 것이 시대와 나라마다 그 기준이 조금씩 달랐다. 현재 일본과 한국에선 30.303cm를 정도를 말하는데, 8척이면 2m가 훌쩍 넘기 때문에 보통 사람보다 매우 컸다는 관용적 표현으로 받아들이면 될 것 같다.

▌금송관과 정지산 유적

왕과 왕비의 지석 말고도, 무령왕릉에서 나온 다른 유물들도 대단히 훌륭합니다. 그중 몇 가지에 관해 함께 살펴볼까요?

● 목관의 소재와 크기가 말해주는 진실은?

지석 다음을 꼽으라면 개인적으로 '왕과 왕비의 관(이하 목관)'입니다. 이 목관은 외형적으로 크고 단단해 보이기는 하지만, 그렇다고 특별난 점이 눈에 잘 띄지는 않습니다. 처음 관을 제작할 당시에는 목재에 옻칠하고 금과 은으로 화려하게 장식도 했겠지만, 워낙 기나긴 세월을 견디기도 했고, 또 화려함에 익숙해진 지금 우리의 눈에는 그리 특별나게 보이지 않을 수 있죠. 하지만 자세히 들여다보면 목관이 지닌 중요한 비밀과 아름다움을 볼 수 있습니다.

목관 제작에서 가장 중요한 것은 바로 좋은 나무의 선택입니다. 그래야 벌레와 곤충 그리고 나무뿌리로부터 시신을 오래 보호할 수 있으니까요. 일반적으로 향나무와 오동나무가 사용되었는데, 특이하게도 무령왕릉 목관은 금송으로 만들어졌습니다. 금송은 일본의 특산종이므로 한반도에서 구하기 힘든 특별한 재료입니다. 심지어 일본에서도 최고급 재료로 인식되었고, 지배계층에서만 사용했습니다. 그런 금송을 무령왕릉에 사용했다는 데서 당시 백제와 일본의 친밀했던 관계를 엿볼 수 있죠.

왕의 목관은 뚜껑 판 5개에 전후좌우 각각 2개의 판이 한 면을 이루어 총 13개의 판재가 사용되었습니다. 한편 왕비의 목관은 왕의 목관과 전후좌우 모습은 같지만, 뚜껑 판이 3개뿐입니다. 즉 왕과 왕비의 목관은 뚜껑 판이 2개 차이가 납니다. 왕의 목관 뚜껑 판은 2층이고, 왕비의 목관 뚜껑 판은 1층으로 차이를 둔 거죠. 또한 왕의 목관은 크기뿐 아니라 금과 은으로 관 고리를 만들었는데, 2중의 꽃 모양 판에 철판을 올려 좀 더 볼륨감을 살린 모습입니다. 왕과 왕비의 관 모두 목관에 두텁게 옻칠을 한 것은 같지만, 장식의 볼륨감을 달리하면서 왕의 권위를 살렸다고 볼 수 있습니다.

재미난 것은 목관은 크기가 워낙 커서 왕릉 현실의 입구를 대체

왕(오른쪽)과 왕비(왼쪽)의 목관
국립공주박물관에서 보존 처리 후 전시 중이다. 당시 주로 사용된 목관의 재료인 나무는 향나무와 오동나무가 아니라 오직 일본에서만 자라는 금송으로 제작되었다.

어떻게 통과했을지 의문이라는 점입니다. 연도[17]의 너비가 104cm, 높이 145cm, 길이 283cm인데 너비가 80.4cm, 높이 104.1cm인 왕의 관을 통과할 때 남는 공간은 좌우 간격 각각 11.8cm와 높이 40.9cm에 불과합니다. 레일이나 크레인이 없는 시대인데, 이 좁은 길목으로 300kg이 넘는 관을 어떻게 이동시켰는지 의문입니다. 그래서 최근에는 무덤 안에 미리 관을 만들어 놓고, 왕의 사후 시신만 운구해 왔을지[18] 모른다는 상상도 해보게 됩니다.

● 정지산 유적을 통해 본 백제의 장례문화

또 하나 재미있는 사실. 지석에 보면 왕비가 죽은 것은 병오년(526) 11월인데, 매장을 한 것은 2년이 훌쩍 지난 기유년(529) 2월입니다. 즉 장례를 치르는 데만 27개월이 걸렸습니다. 그렇다면 무령왕은 어떨까요? 무령왕의 지석을 살펴보면 계묘년(523) 5월에 승하해 을사년(525) 8월에 매장을 하는데 계산해 보면 역시 27개월입니다. 왕과 왕비가 죽어 관을 만들고 무덤을 조성하는 데 27개월이나 걸렸나 보다 하고 생각할지도 모릅니다. 하지만 무령왕은 살아있을 때부터 자신의 무덤을 만들기 시작했습니다.[19] 왕비의 경우에는 이

17. 고분의 입구에서 무덤 방으로 들어가는 통로를 널길이라 하는데, 널길은 무덤 바깥길[墓道]과 안길[羨道]로 이루어져 있다. 바깥길은 흙 또는 돌로 벽을 만들었는데, 자른 면 형태가 ㄴ자 모양이고, 천장은 없다. 안길은 주검과 부장품이 안치된 널방[玄室]과 바깥길 사이의 공간으로서 연도(羨道)라고도 한다._한국민족문화대백과사전
18. 강원표, 2021, 〈무령왕릉(武寧王陵) 장례과정(葬禮過程)에서 〈설치식(設置式) 관(棺)〉의 검토(檢討)〉, 《백제학보》, 38권, p.64.

미 만들어진 무령왕의 무덤에 합장만 하면 되는 것이기 때문에 27개월이란 긴 시간이 굳이 필요하지 않았습니다. 그렇다면 27개월은 대체 어떤 시간이었을까요?

이는 백제 고유의 장례 풍습이었다기보다는 27개월간 상복을 입었던 중국 남조의 영향이라 짐작할 수 있습니다. 다만 남조에서는 상복만 오랜 기간 입었을 뿐, 매장은 빨리했다고 알려집니다. 이와 달리 매장까지 함께 늦춘 것은 백제만의 독특한 문화라고 볼 수 있습니다. 훗날 유교에서의 3년 상도 36개월이 아닌 27개월~28개월을 말하는데, 3년 차의 의미라고 할 수 있습니다. 중국의 역사서 《주서》나 《북사》를 보면 고구려나 백제는 3년간 상복을 입었다는 기록이 있습니다.

그렇다면 다시 궁금증이 몰려옵니다. 대체 27개월 동안 왕과 왕비의 시신은 어디에 모셨을까요? 매지권과 왕비의 지석에 보면 신지(申地)와 유지(酉地)라는 방향을 가리키는 글자가 나오는데, 모두 서쪽을 말합니다. 공산성을 중심으로 보았을 때, 정지산이 바로 서쪽이 됩니다. 무령왕릉에서 10여 분 서쪽으로 걸어가면 금강이 내려다보이는 정지산 정상에 다다르게 되는데, 이곳에 왕과 왕비의 빈 무덤인 빈전[20]이 있었습니다. 이곳에는 빈전으로 사용된 기와

....

19. 왕릉 입구를 막는 데 사용한 벽돌 중에 "-사임진년작(士壬辰年作)"이라 글자가 새겨진 것이 있었다고 하는데, 임진년(512년)은 무령왕이 죽기 11년 전이다._권오영, 《무령왕릉》, 돌베개, 2005, p.96.

20. 무덤에 묻기 전까지 시신을 모셔두는 곳. 대체로 정지산 유적을 왕비의 빈전으로 보고 있으나, 백제의 군사시설로 보는 견해도 있긴 하다.

건물 1동과 벽주건물(벽으로만 건물을 지탱) 2동이 발견되었고, 고대사회에서 시신의 부패를 막는 데 사용한 얼음 창고도 있었습니다. 무령왕의 시신을 빈전에 모셔두고 27개월 동안 (무령왕의 아들) 성왕은 외국 조문객을 맞이하면서 왕권도 단단하게 다

국립공주박물관 웅진백제실
국립공주박물관 웅진백제실은 무령왕릉 내부의 모습을 재현하며 출토된 주요 유물들을 전시하고 있다.

진 것으로 보입니다. 실제로 무령왕릉 목관은 삼국시대 왕릉급 무덤에서 발굴된 것 중에서 보존 상태가 가장 뛰어납니다. 일본과의 긴밀한 관계를 알 수 있는 연결고리일 뿐만 아니라 백제의 목관 장식과 장례문화까지도 알 수 있는 귀중한 보물입니다.

▌또 다른 보물들: 진묘수, 동탁은잔과 은팔찌

무령왕릉은 보물이 많이 나온 것으로도 유명합니다. 앞서 김영배 관장의 상서로운 꿈 얘기를 기억할 것이요. 무령왕릉의 문이 열렸을 때, 김 관장이 꿈에서 본 해태 모양의 짐승이 놀랍게도 실제 눈앞에 나타났다고 합니다. 그건 바로 무령왕릉 제일 앞에 있던 돌짐승인 '진묘수'였죠.

● 무덤을 지키는 존재, 진묘수

진묘수는 무덤 속에 놓아두는 일종의 신상(神像)으로 중국 전국시대의 묘에서도 다수 출토되었습니다. 대체로 무덤을 침입하려는 악령으로부터 주인을 보호하고, 환생을 돕는 상서로운 존재입니다. 그런 의미 때문인지 몰라도 무령왕릉 진묘수는 행여 무덤 주인을 버리고 도

진묘수
무령왕릉을 지키던 진묘수는 어딘지 모르게 친근한 모습이다. 이는 중국에서 들어온 전통을 백제가 나름대로 소화하여 독특하게 표현했음을 보여준다.

망가지 못하도록 오른쪽 뒷다리 하나가 부러진 모습이지요.

진묘수는 보통 돌·나무·도기·구리·도기 등 다양한 재료를 사용합니다. 무령왕릉 진묘수는 돌을 조각해서 만들었죠. 진묘수의 형태도 다양한데, 일반적으로는 사슴뿔, 사자머리, 사자 몸통, 매 날개, 말발굽, 매의 발 등 여러 동물에서 두드러진 신체 부위를 조합해서 위용을 갖춘 모습으로 만들곤 하지요. 그런데 무령왕릉 진묘수는 조금 친근하다는 점에서 독특합니다. 머리 위에 돋은 뿔이 상서롭기는 하지만, 짧고 굵은 다리와 통통한 몸집 등 전체적인 모습이 마치 아기 돼지와 흡사하지요. 위의 사진에서 보듯 등과 다리는 마치 단단한 갑옷을 입은 듯 보이고, 머리에는 사슴뿔 하나가 당당하게 박혀 있습니다. 그런데도 무섭기보다는 전체적으로 짤막짤막 오동

통한 진묘수가 귀엽게 보이는군요. 국립중앙박물관 '세계문화전시실'에는 당나라 시대 도자기로 제작된 진묘수도 볼 수 있는데 꽤 무시무시하고 사나워 보여 정말 악령과 당장이라도 싸울 것 같은 모습입니다. 한편 백제의 진묘수는 악령도 미소 짓게 할 것처럼 정감 있는 모습입니다. 이런 차별화된 모습으로 미루어 진묘수를 제작하는 전통은 중국[21]에서 들여왔지만, 백제만의 독특한 표현미를 잘 살렸다고 여겨집니다.

● 화려함의 끝판왕, 동탁은잔과 은팔찌

무령왕릉에서 발굴된 유물 중 화려함을 기준으로 최고를 뽑는다면 **동탁은잔과 은팔찌**를 꼽고 싶습니다. 먼저 왕비의 머리 부근에서 발견된 동탁은잔은 은과 백동·황동으로 만들어졌습니다. 받침과 잔, 뚜껑 3부분을 나뉘어 만들

동탁은잔
은과 백동·황동으로 만들어졌다. 받침과 잔, 뚜껑의 세 부분으로 나뉘었는데 섬세한 문양들이 새겨져 있다.

어졌고 잔에는 나지막한 받침인 굽이 있고 잔 받침에는 그 굽을 끼울 수 있는 홈도 만들었습니다. 은잔에는 선으로 연꽃과 봉황, 산,

....
21. 춘추전국시대 초나라 무덤에서 처음 사용했다고 보고 있다.

나무 문양을 그려 넣었는데, 받침에는 특이하게도 상상의 동물인 사람의 얼굴과 새의 몸을 합친 인면조(人面鳥)가 연꽃을 들고 있습니다. 불교에서도 사람의 얼굴을 한 가릉빈가(迦陵頻伽)란 새가 있긴 하지만 잔에 새겨진 인면조는 당시 동아시아에 널리 전파된 신선 세계에서 장수를 상징하는 새라는 이야기도 있습니다.

한편 은팔찌는 왕비의 왼쪽 손목 부근에서 발견되었습니다. 이 은팔찌에는 용 두 마리가 조각되어 있는데, 혀를 길게 내밀고 꿈틀꿈틀하고 있는 역동적인 모습이 고스란히 담겨 매우 아름답습니다. 또 팔찌 안쪽으로는 다음과 같이 글씨가 새겨져 있습니다.

은팔찌
왕비 왼쪽 손목 부근에서 발견되었고, 생동감 있게 새겨져 있는 용의 모습이 화려하고 아름답다.

庚子年二月多利作大夫人分二百卅主耳
경자년이월다리작대부인분이백삽주이

풀이하면 경자년 2월에 다리(多利)라는 사람이 대부인(大夫人)을 위하여 230주(卅이 서른, 30을 뜻함)를 들여 만들었다는 뜻이죠. 경자년은 520년으로 무령왕 왕비가 사망하기 6년 전이고, 이 팔찌는 왕비의 관에서 나왔으니 당연히 대부인은 왕비를 의미하겠죠? 또 '다리(多利)'는 기술자의 이름으로 보이는데, '대부인(大夫人)'에게 바치는 은팔찌에 자신의 이름을 당당하게 새겨넣었던 거죠. 백제는 학문에 조예가 깊은 사람뿐 아니라 여러 기능을 가진 기술자에게도 박사(博士)라는 호칭을 주며 좋은 대우를 하였습니다. 이런 존중이 기술자들로 하여금 자긍심을 갖게 하여 백제의 금속 기술을 더욱 발전시키지 않았을까요?

비단 왕릉에서 나온 은팔찌와 같은 귀금속뿐 아니라, 네 번째 이야기에서 곧 살펴볼 백제금동대향로를 봐도 그러합니다(92~95쪽 참조). 왕실 사찰에서 사용된 것으로 추정되는 이 향로는 화려하지만, 결코 요란하지 않습니다. 품위 있고 정교한 모습에 감탄이 절로 나올 정도이지요. 삼국사기에 보면 온조왕 15년 궁궐을 새로 지었는데, 궁궐 모습에 관해 다음과 같은 표현이 나옵니다.

十五年 春正月 作新宮室 儉而不陋 華而不侈
15년 봄 정월, 새로 궁궐을 지었는데 소박하면서도 누추하지 않고 화려하면서도 사치스럽지 않았다.

백제의 아름다움을 '검이불루 화이불치(儉而不陋 華而不侈)'라고 하는데, 바로 이 표현에서 유래된 것입니다. 그저 빈말이 아니라 무령왕릉에서 발견된 장신구와 관 등 모든 유물을 직접 보면 딱 들어맞는다는 생각이 절로 듭니다.

▌무령왕릉을 나오며

무령왕릉에 담긴 이야기들이 재미있었나요? 특히 무령왕릉은 중국의 무덤 양식을 많이 참고하면서도 그대로 모방하기보다 독창적으로 발전시킨 점이 눈에 띕니다. 또 목관 제작을 위해 일본에서도 귀한 금송을 받아올 정도로 양국 간 좋은 관계를 짐작할 수 있지요. 이런 점들을 종합할 때, 고대 한·중·일이 서로의 문명을 교류하며 발전시켜 나가던 시대였다는 것을 짐작게 합니다.

지금도 지구촌 곳곳에서는 크고 작은 전쟁이 벌어지고 있습니다. 실제 피를 흘리는 전쟁도 있지만, 무역전쟁처럼 나라 간 총성 없는 치열한 힘겨루기도 끊이지 않습니다. 국제관계라는 것이 항상 사이 좋고 평화로울 수는 없겠지요. 과거 우리 조상들도 일본과 대치할 때는 중국과 사이좋게 지내거나, 반대로 일본과 사이가 좋을 때는 중국과 거리를 두기도 했죠. 어떨 때는 두 나라 모두와 사이가 좋지 않기도 했습니다.

과거의 잘잘못을 묻지도 따지지도 않은 채 다짜고짜 미래로 함께 나아가길 바라는 것은 무리한 바람일 것입니다. 보이지 않게 꼼꼼히 숨겨놓았던 과거의 잘못을 드러내고 서로에게 용서를 구하였으면 합니다. 세계평화를 위해서도 그래야 하겠지만, 과거 동아시아의 찬란했던 문화를 다시 한번 펼치기 위해서라도 반드시 미래지향적 협력과 교류가 필요하지 않을까요?

네 번째 이야기

치열하게 싸우고, 깊이 애도하다

█ 누군가의 죽음을 기억한다는 것

김연수의 소설 《파도가 바다의 일이라면》(문학동네, 2015)을 아시나요? 내용을 간략히 소개하면 태어난 지 일 년도 안 돼 미국으로 입양된 주인공 카밀라 포트만이라는 여성이 훗날 자라서 작가가 된 후 친부모를 찾아 한국으로 돌아와 진실을 파헤치며 겪게 되는 이야기입니다. 고향에 돌아와 사실을 알고 있을 만한 사람들을 만나지만, 그들은 진실을 자꾸만 감추지요. 친오빠의 아이를 낳았다는 소문과 함께 바다에 몸을 던진 엄마, 아버지가 누구인지는 끝내 밝혀지지 않습니다. 주인공은 엄마가 자신을 낳았기 때문에 자신이 존재할 수 있는 것처럼, 자신이 엄마를 계속해서 생각하려는 노력을 멈추지 않음으로 엄마가 존재할 수 있다고 생각하지요. 죽음은 누구도 피할 수 없기에 우리를 불안하고 슬프게 하지만, 또 죽음을 통해 누군가를 영원히 기억할지도 모르겠습니다.

이번에 여러분과 함께 답사하고 싶은 곳은 국립부여박물관입니다. 이곳에서는 아버지와 아들의 죽음을 기억하고 추모하기 위해 백제 27대 위덕왕(재위 554~598)이 만든 유물들을 만날 수 있습니다. 바로 '창왕명석조사리감'과 '백제금동대향로' 그리고 '왕흥사 사리기'입니다.

국립부여박물관
부여는 선사 이래로 많은 유물과 유적이 보존된 유서 깊은 고장이다. 특히 고대 백제문화가 가장 화려하게 꽃을 피운 사비백제의 왕도이기도 하다. 국립부여박물관을 답사한다면 그 발자취와 참모습을 발견할 수 있을 것이다.

▌ 엎치락뒤치락 치열했던 삼국시대

유물을 제대로 보려면 먼저 위덕왕이 살았던 6세기 삼국시대를 들여다볼 필요가 있습니다. 지금부터 함께 살펴볼까요?

● 뺏고, 빼앗기는 영토전쟁

삼국시대는 한국사에서 가장 치열했던 시기 중 하나로, 삼국이 서로 엎치락뒤치락했었죠. 5세기까지는 고구려가 광개토대왕과 장수왕을 거치며 삼국의 주도권을 쥐었지만, 491년 장수왕의 죽음 이후 국력이 점차 쇠퇴하고 남진정책도 한풀 꺾였습니다. 한편 백제는 무령왕(재위 501~523)과 성왕(재위 523~554)을 거치며 국력을 회복했죠. 그런데 6세기 중반 이후로 가장 약했던 신라가 무섭게 성장합니다. 특히 진흥왕(재위 540~576)에 이르러 고구려로부터 한강 유역을 빼앗고 북으로는 함경남도 함흥까지 영토를 넓히는 등 최고의 전성기를 맞이했죠. 백제 위덕왕과 신라 진흥왕은 동시대를 살았던 만큼 더 치열하게 서로 뺏고 빼앗기는 영토전쟁을 벌입니다.

● 성왕, 천도 후 한강 하류를 회복하다

위덕왕의 아버지인 백제 성왕의 최대 업적 중 하나는 천도입니다. 앞서 잠깐 얘기했지만, 개로왕이 장수왕에게 목숨을 잃고 한성을 고구려에 빼앗긴 후 급히 도읍지를 삼은 곳은 웅진, 즉 지금의 공주입니다. 산으로 둘러싸인 공주는 방어에 유리했지만, 그만큼 고립

되고 협소했죠. 538년에 성왕은 제2의 백제 부흥을 꿈꾸며 (비록 곳곳이 늪지대였지만) 넓은 평야가 펼쳐지고 금강과 연결되어 서해로 진출하기도 쉬운 사비, 즉 지금의 부여로 도읍지를 옮깁니다.

사비 천도 후 성왕의 열망은 고구려에 빼앗긴 한강 유역의 회복을 향해 달립니다. 이에 551년에 이르러 성왕은 신라와의 동맹에 가야군까지 끌어들여 삼국연합군을 형성했죠. 막강한 화력을 앞세운 삼국연합군의 공격에 고구려는 24대 양원왕에 이르러 한강 유역을 잃게 됩니다. 백제는 한강 하류의 6군을 회복했고, 신라는 한강 상류의 10군을 차지했으니 성공적인 연합 작전이었습니다.

● 숨 가쁜 반전 또 반전의 연속

역사는 어제의 동지가 오늘의 적으로 돌아서는 반전에 반전의 연속입니다. 불과 얼마 전까지 삼국연합군을 형성했건만, 553년 신라 진흥왕의 군사들이 백제를 공격한 것입니다. 결국 신라는 한강 하류를 빼앗으며 백제의 뒤통수를 제대로 쳤죠. 그런데 한강을 허무하게 빼앗긴 백제 성왕의 반응 또한 반전입니다.

《삼국사기》〈권 26 성왕〉편에 보면 "성왕 31년(553년) 10월에 왕녀[22]가 신라로 시집갔다."라는 기록이 나옵니다. 기껏 회복한 한강을 빼앗겨 갈아먹어도 시원찮을 판국에 신라로 왕녀를 시집보낸다? 이를 어떻게 해석해야 하나요? 신라의 마음을 되돌리기 위한

....
22. 공주나 귀족으로 생각할 수 있다.

노력일 수도 있고, 신라의 힘이 막강한 상황이니 결혼을 빌미로 방심하게 하여 허점을 노리려는 전략일 수도 있었겠지요. 아무튼 여러모로 놀라운 결정입니다.

이듬해인 554년 7월, 드디어 백제의 반격이 시작됩니다. 성왕은 아들 여창(훗날 위덕왕)을 총사령관으로 삼아 다시 군사를 일으킵니다. 가야와 일본까지 힘을 합친 새로운 삼국연합군이 겨눈 칼끝은 이제 신라를 향했지요. 하지만 신라도 가만히 앉아 전쟁을 맞이하지는 않았습니다. 역사는 반전의 연속인 만큼 이번에 신라는 고구려와 전략적 제휴를 맺습니다.[23]

드디어 성왕의 운명을 결정짓는 전쟁이 시작됩니다. 성왕의 아들 여창이 신라의 금산을 공격해서 성을 빼앗자, 같은 해 10월 신라와 연합한 고구려가 백제의 웅천성(龍川城 용천성)을 공격합니다. 이를 백제가 물리치긴 하지만, 병력이 둘로 갈라졌죠. 하지만 12월 가야와 일본까지 합세한 백제군은 관산성(지금의 옥천) 전투에서 그 앞에 있는 함산성(函山成)을 함락하며 승리를 목전에 둔 듯했습니다. 이에 성왕은 아들 여창을 위문하기 위해 약간의 병사와 4명의 좌평을 데리고 친히 전쟁터로 향합니다. 하지만 또 기막히게 신라군이 그 첩보를 입수했죠. 김무력[24]의 군대가 성왕을 사로잡았고, 결국 성왕은 전사하고 맙니다.

....
23. 《일본서기》, 흠명천황 13년 5월과 15년 12월 기록에 보면 백제와 (대)가야, 안라(아라가야)가 고구려와 신라의 연합군에 맞서 싸우기 위해 일본에 도움을 요청하는 내용이 나온다(동북아역사 자료총서 124, 2013, 〈일본서기〉, 동북아역사재단).
24. 금관가야의 마지막 왕인 구형왕의 셋째아들로 김유신은 그의 손자가 된다.

● 역사가 기억하는 성왕의 죽음

성왕의 죽음에 관한 기록은 《삼국사기》의 '백제본기'와 '신라본기', 《일본서기》에 남아 있는데, 조금씩 차이가 있죠. 예컨대 '백제본기'는 신라의 복병으로 성왕이 죽었다고만 적었고, '신라본기'는 신주 군주 김무력의 병사 삼년산성 출신 고우(高于) 도도(都刀)가 성왕의 목을 베고 좌평 4인과 병사 29,600명을 죽였다고 좀 더 자세히 기록합니다. 한편 《일본서기》 흠명천황 15년 12월 기록을 보면 아래와 같이 상당히 시시콜콜하게 적고 있습니다.

> 신라는 명왕(성왕을 의미)이 친히 왔다는 소식을 듣고 나라 안의 모든 군사를 징발하여 길을 차단하고 격파하였다. 또한 이때 신라에서는 좌지촌의 사마노 고도(다른 이름은 곡지(谷智)이다)에게 "고도는 천한 놈이다. 명왕은 유명한 군주이다. 이제 비천한 노비에게 유명한 군주를 죽이게 하자. 후세에 전해져 사람들의 입에서 잊혀지지 않기를 바란다."고 말하였다. 얼마 후 고도가 명왕을 사로잡아 두 번 절하고 "왕의 머리를 베도록 해주십시오."라고 말하였다. 명왕은 "왕의 머리를 노비의 손에 건네줄 수 없다."고 말하였다. [… 중략 …] 고도는 목을 베어 죽이고 구덩이를 파서 묻었다. 이를 어떤 책에는 "신라는 명왕의 두골을 남겨 매장하고 나머지 뼈는 예를 갖춰 백제에 보냈다. 지금 신라왕이 명왕의 뼈를 북청(北聽) 계단 아래에 묻었다. 이름하여 그 관청을 도당(都堂)이라 한다."고 한다.[25]

....
25. 우리역사넷_사료로 본 한국사_성왕의 죽음 (http://contents.history.go.kr/front/hm/view.do?levelId=hm_010_0050)

역사적 기록이란 모름지기 어떤 입장에서 작성하는지에 따라 미묘한 차이가 있습니다. 따라서 기록마다 가진 공통된 부분은 그대로 가져오고, 차이점은 왜 그런지 연유를 따져봄으로써 진실에 좀 더 가까이 다가설 수 있습니다. 이 점을 기억하면서 남아 있는 세 기록을 토대로 성왕의 최후를 그려볼까요?

성왕은 삼년산성(혹은 좌지촌) 출신의 비장(裨將 혹은 노비) 도도(都刀 혹은 고도苦都)에게 목을 베여 죽습니다. 삼년산성과 좌지촌이란 지명은 행정단위(00도 00시)의 차이이고, 이름은 당시 발음이 같은 글자에 대한 다른 표기에서 오지 않았나 하는 주장이 있습니다. 그리고 노비라는 것도 실제 노비라기보다 스스로를 낮춰 부른 말이지 않았나 싶습니다.[26] 자, 정리하면 성왕은 노비 고도에게 목을 베인 후, 몸만 백제로 돌려보내고, 머리는 신라 관청 계단 아래 묻혀 밟히게 된 거죠. '지혜와 식견이 뛰어나고 일을 처리함에 결단성이 있다'고 칭송이 자자했던 성왕입니다. 사비 천도와 백제 제2의 전성기를 이끌었던 큰 인물이기도 하죠. 그런 그가 고작 노비의 손에 죽고, 시신마저 온전히 보존하지 못했으니 허망함과 참담함을 금할 길이 없습니다. 백제로서는 뼈에 사무치는 치욕이었을 것이고, 특히 성왕의 장남인 여창(위덕왕)은 아버지가 자신을 격려하려고 찾아오다 변을 당하셨다는 생각에 가슴이 찢어지지 않았을까요?

....

26. 도도가 성왕의 목을 벨 때 '신라의 국법'에 대해서 언급한다. 백제가 왕녀를 신라로 시집 보내면서 화친을 맺기로 하지 않았나 그래서 맹약을 저버렸다고 도도가 주장하는 것이지 싶다. 주보돈, 2012, 〈백제 성왕의 죽음과 신라의 '국법'〉,《백제문화》Vol.1,NO.47 참고

부여 능산리 절터의 수수께끼

치열했던 삼국 간 영토전쟁부터 성왕의 죽음에 이르는 이야기가 좀 길었나요? 하지만 이런 역사적 배경은 앞으로 소개할 유물들을 이해하는 데 분명 도움이 될 것이에요.

성왕의 죽음을 애도하러 위덕왕은 최선을 다하여 장례를 치름으로써 부친의 원혼을 조금이나마 달래고 싶었을 것입니다. 실제로 백제는 성왕의 장례를 성대히 치르고 지금의 능산리고분군에 묻습니다.[27] 이곳에는 7기의 무덤이 있는데, 앞뒤 2줄로 3기씩 있으며, 제일 높은 곳에 1기가 더 있습니다. 사비의 첫 번째 왕이 성왕이니 중앙고분군에 처음으로 묻혔을 것으로 추정됩니다.

능산리 중앙고분군은 무령왕릉과 같은 굴식돌방무덤인데, 안타깝게도 모두 도굴되어 약간의 유물만이 발견되었습니다. 그래서 성왕의 무덤이 능산리 중앙고분군에 있다는 데는 이견이 없지만, 정확한 무덤의 위치에 대해서는 의견이 분분합니다. 다만 능산리고분군에서 가장 중심이고 규모도 가장 큰 가운데 아래 무덤의 경우 재료가 세련되게 변화하기는 했지만, 벽면에 회를 바른 것이 아직은 송산리고분군과 비슷해서 가장 이른 시기에 만들어진 성왕의 무덤이 아닐까 추측합니다.[28]

....

27. 《일본서기》에는 557년 3월이 되어서야 위덕왕이 왕위에 오른 것으로 기록되었는데 이것은 27개월의 장례 기간을 의미하는 것으로 추정한다.
이병호, 2018, 〈웅진·사비기 백제 왕실의 조상 제사 변천〉, 《선사와 고대》, 제55호, pp.5-38.
28. 이남석, 2000, 〈능산리고분군과 백제왕릉〉, 《백제문화》, no.29, pp.1-24.

능산리고분군

7기의 무덤이 있는데, 앞뒤 2줄로 3기씩 있으며, 제일 높은 곳에 1기가 더 있다. 사비의 첫 번째 왕인 성왕의 무덤도 능산리고분군일 것으로 추정된다.

능산리고분군 바로 옆에는 능산리 절터가 있습니다. 왕릉 주변에 절이 있는 것은 웅진 시기와의 차이점이기도 합니다. 양무제가 아버지 문제를 위해 황릉 주변에 황기사(皇基寺)를 지었는데, 아마도 무령왕릉처럼 양나라의 영향을 받지 않았나 생각합니다. 그렇다고 전적으로 양나라의 영향만은 아닌 듯싶습니다. 예컨대 고분군의 무덤 배치 순서나 무덤 양식, 절의 배치 등에서 고구려의 영향[29]도 엿보이니까요. 어쨌든 위덕왕은 성왕을 위해 능산리에 절을 짓고, 성왕의 명복을 빌려 했습니다. 그때 만든 것이 '창왕명석조사리감'과 삼국 최고의 금속공예품 '백제금동대향로'입니다.

....

29. 왕릉을 구릉의 아래에서 위로 배치하는 것, 석실의 벽을 네모난 모양의 긴 돌을 만드는 것, 무덤의 문을 네모난 판석으로 사용하는 것 등. 고구려는 북위의 영향을 받아 변화한 것이므로 북위의 영향을 받은 것이라 할 수 있다. 서현주, 2020, 〈능산리고분군과 백제 사비기 능묘·능원〉, 《백제학보》, 제33호, pp.99-123.

▍수수께끼의 단서, '창왕명석조사리감'

창왕명석조사리감부터 살펴봅시다. 능산리 절이 성왕을 위해 지었다는 것은 바로 '창왕명석조사리감'(이하 석조사리감)으로 인해 밝혀졌습니다. 바로 다음과 같은 글이 남아 있었기 때문이죠.

百濟昌王十三秊太歲在 丁亥妹兄公主供養舍利

백제창왕십삼년태세재 정해매형공주공양사리

뜻을 풀이하면 '백제 창왕 13년인 정해년(567)에 매형공주가 공양한 사리'라는 뜻입니다. 즉 이 사찰은 창왕(昌은 위덕왕의 이름)과 매형공주(妹兄[30] 公主)가 아버지인 성왕을 위해 지은 절임을 알 수 있습니다. 능산리 절터 오른쪽 옆으로는 능산리고분군이 있고, 왼쪽에는 백제 사비의 외성(外城), 즉 나성(羅城)이 있습니다.

능산리 일대의 1차 발굴에서는 왕릉 외에는 아무것도 발견되지 않았습니다. 그러다가 이곳에 주차장을 만들려고 2차 발굴을 하던 중에 조금 뒤에 이어서 살펴볼 '백제금동대향로'(이하 대향로)가 발견된 것입니다. 대향로의 발견으로 이곳에 대한 고고학계의 관심이 급격히 높아지며 발굴이 계속되던 중 4차 발굴에서 절터 한가운데

....
30. 매형(妹兄)은 공주의 이름이 아니다. 형(兄)은 윗사람을 뜻하는 것으로 성왕의 맏공주라기보다는 제사를 담당했던 공주라는 주장도 있다(고대사회에서는 여자가 제사를 주관하였던 예가 많다). 길기태, 2009, 〈부여 능산리사원 창건과 제의〉, 《백제문화》, 제41호, pp.5-34.

있는 목탑의 기둥을 받치는 심초석 위에서 '창왕명석조사리감'이 발견됩니다. 이로써 위덕왕이 능산리에 애통한 죽음을 맞이한 부친 성왕을 위해 절을 세웠음을 알게 된 거죠. 다만 절이 세워지기에 앞서 제사를 지낼 만한 공간이 먼저 마련되었고, 추후 변화되었음을 여러 차례 발굴을 통해 알아낼 수 있었습니다.

사리감은 불교나 유교에서 불상이나 신주 혹은 사리 등을 모시기 위해 만드는 것으로 안으로는 감실[31]이 있습니다(단, 석조사리감에서 사리는 발견되지 않았다). 크기는 높이 74㎝, 가로·세로 50㎝로 앞

정면에서 본 창왕명석조사리감
Ⅰ 국립부여박물관

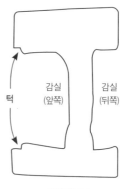

측면 단면도

창왕명석조사리감

국보 정식 명칭은 '부여 능산리 사지 석조 사리감'이다. 창왕명석조사리감의 발견으로 능산리 절은 성왕을 위해 지어진 것임이 밝혀졌다. 오른쪽 단면도에서 보여지는 좀 더 깊고 턱이 있는 앞쪽에 문을 달고 사리를 보관했던 것으로 보인다. 뒤쪽은 아마도 도난 방지를 위해 일부러 빈 공간을 만든 것으로 추정된다.

....

31. 석굴·고분 등의 벽 가운데를 깊이 파서 석불을 안치하거나, 묘의 주인공의 초상을 그려 놓은 곳 등을 감실이라고 한다.

뒤 감실이 있는데, 앞쪽으로 조금 더 깊고 턱이 있는 것이 아무래도 문을 달고 사리를 이곳에 보관한 듯싶습니다. 뒤쪽 감실은 앞면보다 얕고 턱이 없어 잘 못 만든 것으로도 생각할 수 있지만, 백제에는 석조와 관련된 박사들도 있었고 왕의 이름이 들어가는 것인 만큼 잘 못 만든 것은 아닌 듯 싶습니다. 석조사리감의 앞면이 땅속을 향하고 있었던 것으로 보아, 마치 비어 있는 것처럼 보이게 함으로써 도난을 막기 위한 눈속임 용도가 아니었나 생각합니다.[32]

석조사리감이 중국에서는 발견된 적 없는 모양으로 중앙고분군의 2호분(중하총)의 연도와 비슷하다는 것이 특별하긴 하지만, 단지 모양 때문에 국보로 지정된 것은 아닙니다. 어찌 보면 기교랄 것도 없는 터널형의 단순한 돌덩어리라 할 수 있으니까요. 그럼에도 국보로 지정된 것은 석조사리감 앞면 명문에서 남북조시대 예서체의 특징이 일부 엿보여 중국과의 교류 증거가 되고, 사리를 봉안한 사람과 연대가 분명하며 백제 절터로서는 유물에 의해 절의 창건연대가 최초로 밝혀진 사례로 역사적 중요성이 그만큼 크기 때문입니다.

운주사 석조사리감
사리감은 불교나 유교에서 불상이나 신주 혹은 사리 등을 모시기 위해 만드는 것이다. 이 사진은 비로나자불을 모신 운주사 석조사리감이다.

....
32. 김종만, 2016, 〈부여 능산리사지 발견 신요소〉, 《선사와 고대》, vol.,no.48, pp.29-52.

▌백제 금속공예의 절정, '백제금동대향로'

이제 능산리를 뜨겁게 달군 대향로 이야기를 해볼까요? 삼국시대에 향을 피우게 된 것은 중국의 영향이라 할 수 있습니다. 지금은 주로 장례식에서 향을 피우다 보니 향이 삶과 죽음의 공간을 나누는 역할에 익숙하지만, 처음부터 그랬던 것은 아닙니다. 실제로 중국 사극에는 종종 황제와 신하가 함께 있는 편전에 향을 피우는 장면이 나오는데, 제사뿐만 아니라 일상적인 공간에서 향을 피웠음을 간접적으로 보여줍니다.

죽은 사람을 위해 향을 피우는 행위는 중국에서는 한나라 이후로 알려집니다. 한반도에 전해진 시기에 대해서는 정확하게 알 수 없지만, 삼국시대 이전에 전해져 향을 피우기 위한 향로가 제작된 것으로 추정됩니다. 아무튼 능산리에서 발굴된 '백제금동대향로'의 원형은 중국의 박산향로(오른쪽 페이지 사진 왼쪽)에서 찾을 수 있습니다. 바다를 상징하는 둥근 받침과 도교의 신선이 사는 박산(博山)을 상징하는 산 모양의 뚜껑을 하고 있습니다. 이 산 모양의 뚜껑에 조각된 구멍을 통해 향 연기가 피어오르게 됩니다.

한나라에서의 박산향로는 현실 세계에서 향을 피움으로써 신선과 소통했으면 하는 바람을 담았습니다. 오직 황실에서만 가질 수 있는 특권적 물건이었죠. 그러다 남북조시대에 들어서면서 불교가 유행했고, 박산은 불교에서 극락이 있는 수미산으로 여겨집니다. 몸통 또한 박산에 이르는 여정을 상징한 바다에서 불계를 상징하는

박산향로_동한시대
ㅣ국립중앙박물관 중국관

박산향로_낙랑시대(평양석암리9호분 출토)
ㅣ국립중앙박물관[33]

동한시대와 낙랑시대의 박산향로

중국 동한시대의 박산향로는 신선과 소통하려는 도교적 바람을 담은 황실의 물건이었다. 하지만 낙랑시대의 박산향로를 보면 점차 불교의 영향을 받아 불교를 상징하는 연꽃 모양의 뚜껑으로 바뀌었다.

연꽃으로 변화했죠(위 사진 오른쪽 참조). 아울러 향을 피우는 목적도 고인의 영혼을 위로하고 살아있는 사람의 복을 비는 것으로 바뀌었습니다.[34] 이는 도교와 불교 세계관의 융합으로도 볼 수 있죠.

남북조시대의 이러한 변화가 '백제금동대향로' 제작에도 여러 영향을 줍니다. 대향로는 크게 4부분으로 구분해서 볼 수 있습니다. 제일 꼭대기의 봉황, 수미산을 표현하고 있는 뚜껑, 연화장세계[35]를 상징하는 몸통 그리고 용 모양 받침입니다. 봉황은 턱 아래에 여의

....
33. 공공누리 제1유형(e뮤지엄에서 내려받음)

34. 김자림, 2006, 〈박산향로를 통해 본 백제금동대향로의 양식적 위치 고찰〉,《미술사학연구》 Vol 249, pp.141-162.

35. 노사나불의 서원(誓願)과 수행에 의하여 나타난 이상적인 세계로, 향수의 바닷속에 있는 한 송이의 큰 연꽃에 가려졌다.

백제금동대향로　ㅣ국립부여박물관

높이는 64cm이고, 지름 20cm이다.
중국의 남조와 북조의 영향을 받기는
했지만, 백제만의 독특한 형태로 만들
어졌다. 성왕의 제사에 사용함으로써
영혼을 위로하려는 것이기도 하지만,
크기나 화려함으로 미루어 국가의 안
정과 정치적 권위를 세우려는 목적으
로도 제작된 것으로 보인다.

주를 낀 채 향로 꼭대기에 위엄있게 앉아있는데, 가슴에는 향 연기
가 뿜어나오는 구멍 두 개가 있습니다. 고개를 앞으로 동그랗게 숙
이고 날개깃을 뒤로 한 채 꼬리는 하늘 위로 꿈틀거리는 듯 길게 뻗
은 모습에서 경직되지 않은 율동감이 느껴집니다. 봉황 아래로는
수미산이 펼쳐지는데, 악기(종적, 거문고, 북, 월금[36])를 연주하는 사

....
36. 달 모양의 둥근 울림통에 가늘고 긴 목을 지녔고 넉 줄로 구성된 현악기다.

람들과 동물들(호랑이, 원숭이, 인면조 등) 등이 있습니다. 그리고 사이 사이로 향 연기가 뿜어나올 수 있도록 구멍이 10개 뚫려있죠. 93쪽 사진처럼 비교적 단순하게 표현했던 이전 시대의 박산 모습과 달리 산 가운데 동물과 사람을 다채롭게 넣었는데, 이 모든 것이 조화를 이룬 수미산의 모습이 참 아름답습니다.

　몸통과 받침은 같이 살펴보면 좋을 것 같습니다. 음양론에서 양과 하늘을 상징하는 봉황이 수미산 꼭대기에 있다면, 음과 물을 상징하는 용이 몸통인 연꽃을 아래에서 받들며 음양의 조화를 이룹니다. 용이 몸을 동그랗게 말고선 목을 쳐들어 연꽃을 입으로 받치고 있죠. 그리고 얼핏 나뭇가지로도 보이는데, 오른쪽에는 용의 앞다리 하나가 하늘을 향해 날카로운 발톱을 드러낸 모습입니다. 대향로 꼭대기를 차지하고 있는 날개를 활짝 편 봉황의 모습이 정적이지만 우아함을 선보인다면, 용은 몸의 뒤틀림 속에서 동적이면서 용맹한 기운을 내뿜고 있습니다. 용의 입 위에 올려진 연꽃은 이파리 하나하나가 섬세하게 내뻗은 모습이 입체적입니다.

　살펴본 것처럼 대향로는 남조의 영향으로 박산의 모티브를 가져오면서도 북조(북위와 북제)의 영향을 받아 박산 가운데 다양한 사람과 동물을 넣는 등 백제만의 독특한 형태로 만들어졌습니다. 또한 목적과 기능적인 면에서도 생각해 볼 것이 있습니다. 불교의 예식 가운데 선왕인 성왕의 제사에 사용해 망자의 영혼을 위로하는 용도뿐만 아니라, 크기나 화려함 등으로 미루어 국가의 안정과 정치적 권위를 세우기 위해서도 사용하지 않았나 추측해 봅니다.

아들을 잃은 애끓는 마음, '왕흥사 사리기'

국립부여박물관에는 위덕왕이 아버지 성왕의 영혼을 위로하려 만든 '창왕명석조사리감'과 '백제금동대향로'뿐만 아니라 아들의 죽음을 애통해하는 마음이 담겨 있는 유물인 '왕흥사 사리기'[37]도 빼놓을 수 없습니다. 2007년 왕흥사[38]터 목탑이 있던 곳에서(정확히는 심주 초석[39] 아래 네모난 '사리공양구' 아래에서) '사리기'가 발견되었고, '왕흥사 사리기'라고 이름 지었습니다. '왕흥사 사리기'는 우리나라에서 시기를 알 수 있는 것 중에서 가장 오래되었습니다. 이는 사리기에 새겨진 명문 덕분에 확인할 수 있었지요.

> 丁酉年二月 十五日百濟 王昌爲亡王 子立刹本舍 利二枚葬時 神化爲三
>
> 정유년 2월 15일 백제 왕창위망왕 자입찰본사 이이매장사 신화위삼
>
> 정유년(557) 2월 15일 백제왕 창(위덕왕)은 죽은 왕자를 위하여 절을 세웠다. 본래 사리가 2매였는데 사리를 봉안할 때 신령스러운 조화에 3매로 변했다.

....
37. '사리'란 고대 인도에서 사용되었던 팔리(Pali)어인 '사리라(Sarira)'를 한자어로 표기한 것이다. 부처의 몸에서 나온 뼈나 그 결정체를 진신(眞身)사리, 부처가 설법한 내용을 기록한 경전은 법신(法身)사리라고 했다.
38. 부소산성 뒤편에 있는 백마강 북서쪽 너머에 있는 규암면 신리 일대에 자리하고 있는데, '왕흥(王興)'명 기와와 8차례에 걸친 발굴조사를 통해 '왕흥사지'임이 밝혀졌다(양기석, 2009, 〈백제 왕흥사의 창건과 변천〉,《백제문화》, 제41호, pp.35-61.).
39. 심주를 받쳐주는 돌을 말한다. 보통 심주 초석아래 사리함을 묻어두는데 심주가 목탑의 지붕들을 잡아주고 건물이 넘어지지 않게 지탱하는 역할을하기 때문에, 무너지지 않는 한 사리를 보존할 수 있다.

이 내용에서는 왕흥사가 위덕왕 때에 창건된 것으로 보이죠? 그런데 《삼국사기》와 《삼국유사》에는 왕흥사에 대해 조금 다르게 기록되어 있습니다. 《삼국사기》에는 "법왕[40] 2년(600) 왕흥사(王興寺)를 창건하고 30명이 승려가 되는 것을 허락하였다"하고, 《삼국유사》에는 "경신년(600)에 법왕이 승려 30명을 두고 왕흥사를 창건할 때 그 터만 닦았고, 무왕[41]이 즉위하여 절을 완성하였는데 미륵사(彌勒寺)라고도 했다"라고 적었죠. 이처럼 내용에 차이가 있다 보니 역사 학계에서는 '왕흥사'에 대해 논란이 일었습니다.

먼저 위덕왕이 왕흥사를 창건하였다고 주장하는 이들이 내세우는 가장 확실한 근거는 사리기의 명문입니다. 이미 '왕흥'이 새겨진 기와가 나왔는데, 사리기에 위덕왕이 정유년 2월에 입찰(立刹)하였다고 버젓이 새겨졌으니, 당연히 위덕왕이 세웠다는 것이지요.

반론의 여지가 없어 보이지만, 반대쪽의 말을 들어보면 또다시 고개를 끄덕이게 됩니다. 입찰(立刹)은 '절을 세운다.'라는 의미도 되지만, 사리기가 들어있던 '탑을 세운다.'라는 의미로도 해석됩니다. 그러므로 위덕왕은 탑을 세운 것이고, 절은 법왕이 세웠다는 이 주장도 그럴듯합니다. 하지만 재반론도 만만치 않습니다. 절도 없이 탑만 덩그러니 세우는 것은 유례를 찾아볼 수 없을뿐더러 '탑을 세운다.'라는 것이 곧 절을 세운 것을 의미한다는 것이지요. 양쪽 입장 모두 합당한 근거가 있다 보니 머리가 아픕니다.

....
40. 백제의 29대 왕이다.
41. 백제의 30대 왕이다.

▌대체 왕흥사는 누가 창건했을까?

역사를 공부하다 보면 마치 퍼즐을 맞추다가 대체 어디의 일부인지 헷갈리는 조각을 만날 때처럼 난관에 부딪힐 때가 있습니다. 이럴 때 작은 실마리들이 답을 안내해 주기도 합니다. 이번에는 왕흥사 (王興寺)라는 이름에서 실마리를 찾을 수 있을 듯합니다. '왕흥(王興)'이란 '국가가 흥한다.'는 뜻입니다. 이름에서 왕권 강화의 뜻을 짐작할 수 있죠. '사리기' 명문에 아들을 위로하기 위해 봉안하였다고 하는데, 어쩐지 '왕흥'이란 호국 성격의 절 이름을 지었다는 것이 다소 어색하기도 합니다. 하지만 이곳에서 '왕흥'이라 적힌 기와가 나왔기 때문에《삼국사기》와《삼국유사》에 기록된 대로 '왕흥사'란 절이 있었던 것은 분명합니다. 그리고 위덕왕이 이곳에 목탑을 세우고 '사리기'를 봉안한 것도 맞습니다.

자, 그렇다면 '왕흥사'의 창건과 관련하여 어떻게 해석하면 좋을까요? 일단 왕흥사터에 처음 목탑과 절을 세운 것은 위덕왕이 맞고, 사리기 봉안도 했습니다. 다만 그때는 그저 왕자를 위한 작은 사찰을 세웠던 것으로 짐작할 수 있습니다. 그러다가 법왕 대에 이르러 사찰을 크게 다시 지으면서 승려 30명도 출가시키고 '왕흥사'란 이름으로 바꾸지 않았나 싶습니다. 이렇게 해석하면《삼국사기》와《삼국유사》의 기록도 참이 되고, '사리기'의 명문도 논리적으로 설명할 수 있으니까요.

유래를 알아보았으니, 유물에 다시 집중해 볼까요? '왕흥사 사리

왕흥사 사리기 ㅣ국립부여박물관

국보로 지정된 왕흥사의 사리기는 백제 위덕왕이 아들의 죽음을 마음 아파하며 사리를 모시기 위해 만들었다. 왼쪽은 청동으로 만든 사리함, 가운데는 은으로 만든 사리호, 오른쪽은 금으로 만든 사리병이다. 단순해 보여도 백제 특유의 예와 멋이 느껴진다. 다만 왕흥사를 누가 세웠는 지에 대해서는 학계의 의견이 엇갈린다.

기'는 우리나라 사리기 가운데 제작 시기가 알려진, 가장 오래된 유물로서 사리의 변화를 알 수 있는 중요한 자료라 할 수 있습니다.[42] '왕흥사 사리기'는 청동으로 만들어진 사리함과 은으로 만든 사리호 그리고 금으로 만든 사리병 이렇게 3겹을 이루고 있습니다(위의 사진 참고). 먼저 청동사리함은 바닥이 평편한 원통형으로 손잡이가 있는 윗부분은 볼록한 형태입니다. 손잡이는 끝이 뾰족한 연꽃봉오리 모양으로 중간중간 찍힌 흔적이 발견됩니다. 다만 발굴 당시에는 손잡이가 부러진 상태로 발견되었고, 나중에 붙여놓은 것이라 합니다. 다음으로 은사리호 손잡이는 청동함과 마찬가지로 끝이 뾰족한 연꽃봉오리 모양을 하고는 있지만, 좀 더 동그랗고 만질만

....
42. '창왕명석조사리감'은 사리기의 존재 여부를 알려주는 최초의 사리장엄구라 할 수 있는데, 안타깝게도 '사리기'가 없었다.

질하게 세공되어 완성도가 높아 보입니다. 목 부분에는 아래와 위를 붙인 흔적이 보여 따로 만들어진 것을 알 수 있습니다. 아랫부분은 둥근 몸체로 만들었고 굽이 있습니다. 끝으로 금사리병은 호리호리한 형태입니다. 은사리호와 같이 굽과 연봉오리 모양의 손잡이가 있습니다.

'왕흥사 사리기'가 발견된 심주 초석 주변에는 사리 공양에 참여했던 왕과 귀족들의 것으로 보이는 많은 양의 금속공예품과 옥공예품도 함께 있었습니다. '왕흥사 사리기'는 삼국시대 백제의 사리기로서 규범과 격식을 갖추고 있어 '사리장엄구'를 이해하는 데 매우 중요한 유물이자, 백제의 뛰어난 세공 기술과 수준을 알려줍니다.

▲ 수정사리병(뚜껑과 받침)

◀◀외함
◀내함

감은사지 동삼층석탑 사리장엄구　　　　　　　　　| 국립중앙박물관

사진은 신라의 보물인 '감은사지 동삼층석탑 사리장엄구'다. 금 도금된 외관의 네 면에 사천왕이 조각된 외함은 안으로 화려한 전각 모양의 내함을 넣을 수 있게 만들어졌다. 내함의 기단 위에는 화염보주 주위로 사천왕상과 승려상이, 기단에는 사자가 조각되어 있다. 수정 사리병은 받침 위에 올려놓고 그 위에 보주와 연꽃잎으로 장식된 동그란(복발覆鉢) 모양의 뚜껑을 덮었다. '왕흥사 사리기'는 '감은사지 동삼층석탑 사리기'에 비해 화려함은 덜하지만, 백제만의 고유한 예스러운 멋을 담고 있어 보는 이들에게 편안함을 준다.

▌유물이 들려준 역사가 죽음을 기억하는 법

몇 해 전 갑작스레 아버지가 돌아가셨습니다. 돌아가시던 날 오후 아버지를 찾아뵙고 안부를 나눌 때만 해도 정신도 맑으시고 몸 상태도 괜찮으신 듯 보여 가벼운 마음으로 올라왔습니다. 하지만 바로 그날 밤, 자정이 다 된 시간 아버지의 위독함을 알리는 연락을 받았습니다. 급히 고향으로 다시 내려갔지만, 끝내 아버지 임종을 지키지 못했죠. 몇 년이 지난 지금도 아버지의 죽음이 실감 나지 않습니다. 그저 볼 수 없을 뿐, 어딘가에 게실 것만 같지요.

하지만 아버지는 현실이 아닌 내 생각 속에만 존재하실 뿐입니다. 아버지를 생각하는 것은 나의 일이 되었죠. 그리고 언젠가 찾아올 나의 죽음도 생각하게 됩니다. 혹시 훗날 내 주변 사람들은 나와 나의 죽음을 어떻게 기억하게 될까요?

역사는 배신이 난무하는 치열한 반전의 연속이지만, 죽음을 기억하는 방법, 즉 깊은 애도의 마음만큼은 반전이 없는 것 같습니다. 위덕왕은 아버지 성왕을 기리며 '창왕명석조사리감'과 '백제금동대향로'를 만들고 그 넋을 위로했습니다. 그리고 먼저 간 아들을 위해 '왕흥사 사리기'를 만들고 탑 아래 소중히 묻었죠.

부여박물관을 나오며 '죽음'과 '사랑'에 대한 생각이 머릿속을 맴돕니다. 영영 만날 수 없게 된 존재를 향한 애틋함과 그리움을 눈에 보이게 만든 것이 바로 두 유물이 아닐까요? 심지어 너무 아름다워 그 애틋함이 배가되는 것 같습니다.

676년, 신라의 통일로 치열했던 삼국시대는 막을 내립니다. 다만 '통일 신라'는 편의상의 명칭일 뿐, 신라는 통일 전과 후 줄곧 신라입니다. 삼국 중 가장 세력이 약했던 신라의 삼국통일을 누구도 예상치 못했을 것입니다. 현재에도 신라의 삼국통일에 대한 부정적 평가가 있습니다. 예컨대 옛 고구려의 영토를 통합하지 못했다거나, 외세의 힘을 끌어들여 이룬 반쪽짜리 결과라는 평가 등이지요. 하지만 일찍이 당나라의 발전된 문물을 받아들인 점, 불교문화를 발전시켜 왕권 강화는 물론 사회통합을 도모한 점, 서역과의 활발한 교류를 통해 이룬 번성 등은 신라를 삼국의 승자로 만든 힘이 되었음을 부인할 수 없어요. 자, 지금부터 신라 천년의 역사와 숨결을 간직한 경주로 떠나봅시다. 이곳에는 국립경주박물관도 있지만, 사실 경주는 도시 전체 발길 닿는 곳곳이 살아있는 박물관이죠. 다양한 유물과 숨은 이야기들을 만나볼까요?

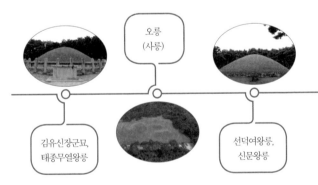

오릉
(사릉)

김유신장군묘,
태종무열왕릉

선덕여왕릉,
신문왕릉

3부

통일신라

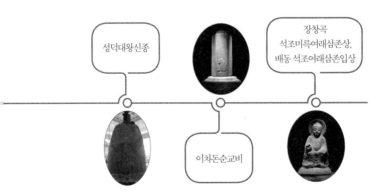

성덕대왕신종

장창곡
석조미륵여래삼존상,
배동 석조여래삼존입상

이차돈순교비

다섯 번째 이야기

천년의 역사를 품은 왕릉의 미스터리

▌왕릉의 고장, 경주로!

일본 최초의 노벨문학상 수상작이자 일본 근대문학에서 명문장으로 손꼽히는 가와바타 야스나리의 소설 《설국》(민음사, 2002)은 우리나라에서도 오랜 시간 사랑받고 있습니다. 이 책은 겨울이면 아주 많은 눈이 쏟아지는 니가타현의 온천마을 유자와가 배경이죠. 자연풍경 묘사에 관심이 많았던 가와바타 야스나리는 《설국》을 쓰기 위해 배경이 된 니가타현에 머물렀다고 합니다. 어쩌면 그곳에서 글을 쓰기 위해 꼭 필요한 '힘'을 얻지 않았나 싶습니다.

황남대총 및 황남리고분군[1]　　　　　　　　　　　　　ⓒ한국저작권위원회

신라 초기의 무덤들로 경주 황남동 일대에 분포되어 있는데, 일부는 대릉원 구역 안에 있다. 경주는 어디를 가든 이처럼 눈앞에 왕릉이 펼쳐진다.

경주 답사도 그렇습니다. 역사를 좋아하고, 공부하는 사람이라면 반드시 경주에 들르게 되고, 또 그곳에 머물다 보면 신비한 '힘'을 받게 됩니다. 쭉 뻗은 단조롭고 지루한 고속도로를 빠져나오자마자, 왕릉의 고장이 눈에 들어옵니다. 경주는 대한민국에서 가장 오래된 도시 중에 하나로 너른 들판 가운데 자리 잡아 어디를 가든 눈앞에는 왕릉이 보이죠. 경주는 천 년의 시간 동안 신라의 중심도시였고 신라의 처음과 끝을 같이하면서 수많은 유물과 유적을 간직한 박물관 같은 도시입니다.

....
1. CC BY 유형(공유마당 홈페이지에서 내려받음)

남산 둘레길을 따라가는 왕릉 답사

경주 답사가 막막하다면 남산을 추천한다. 남산은 금오산(金鰲山)이라고
도 하는데, 높이는 466m로 한라산의 1/4 정도지만, 남북 약 8km, 동서 약
4km로 문화유산과 유적지가 폭넓게 퍼져 있다. 워낙 코스가 많아 며칠이
걸릴 수 있는데, 시간이 없고 남산이 처음이라면 둘레길을 따라가 보자.
둘레길에서 조금 떨어진 김유신장군묘(흥무왕릉)와 태종무열왕릉을 먼저
보고, 남산으로 이동해 배동석조여래삼존불부터 염불사지까지 반 바퀴
돌다 보면 신라의 천 년 역사를 한눈에 둘러볼 수 있을 것이다.

경주 남산
왕릉을 중심으로 남산 둘레길을 걸으며 답사하면 삼국통일의 두 주역을 포함해 신
라 천 년의 역사를 거슬러 볼 수 있다.

▌김유신장군과 태종무열왕

경주에서 처음 만나볼 주인공은 삼국통일의 두 주역입니다. 바로 김
유신(595~673)과 김춘추(603~661, 태종무열왕)지요. 함께 왕릉을 거닐
며 두 인물의 관계에 대해서도 좀 더 들여다볼까요?

● 태종무열왕릉보다 정교하게 꾸며진 김유신장군묘의 미스터리

김유신묘로 알려진 흥무왕릉[2]과 태종무열왕릉은 비교해 볼수록 의
문이 몰려옵니다. 경주 송화산 동쪽 구릉에 자리 잡은 김유신장군
묘는 규모가 큰 편은 아니나, 왕릉을 가지런히 둘러싼 호석에 난간
석까지 정교하게 세워놓은 모습 등으로 볼 때, 왕릉 조성 기술이 상

김유신장군묘(흥무왕릉)와 태종무열왕릉

김유신장군묘(좌)는 신라의 왕릉 조성 기술이 얼마나 높은 경지에 이르렀는지를 잘 보여준다.
이는 오른쪽 사진의 태종무열왕릉과 비교하면 더욱 두드러진다. 아무리 태종무열왕이 김유신
장군보다 일찍 사망했다고 해도, 상대적으로 태종무열왕릉이 초라해 보일 만큼 정성스럽게 조
성되어 있는데, 이로 인해 김유신장군의 묘가 아닐 수 있다는 의견도 있다.

....
2. 김유신은 835년 흥무대왕으로 추존되었다.

당한 경지에 이르렀음을 보여줍니다. 반면 태종무열왕릉은 아무리 김유신보다 일찍 세상을 떠났다 해도 너무 소박해 보입니다. 규모는 김유신의 능과 비슷한데, 호석과 난간석은 보이지 않고 받침석만 살짝 드러나 있죠. 훗날 김유신이 흥무대왕(興武大王)으로 추존된 후 재조성되었을 가능성을 감안해도 갸웃하게 됩니다.

● 김유신은 어떤 인물인가?

김유신은 멸망한 금관가야의 마지막 왕인 구형왕의 4대손입니다. 앞서 성왕을 사로잡은 김무력의 군대를 기억하나요? 김무력 장군이 바로 김유신의 할아버지입니다. 또 모친 만명부인은 신라의 왕족인 성골(聖骨)로 김유신은 부모 중 한쪽만 왕족인 진골(眞骨) 귀족입니다. 형제로는 화랑 풍월주를 지낸 김흠순과 여동생 보희, 태종무열왕의 왕비인 문명부인이 있고, 부인인 태종무열왕의 딸 지소부인과 슬하에 김삼광을 비롯한 아들 다섯과 네 딸을 두었죠.

김유신은 수많은 전쟁과 전투에서 용맹을 떨치며 큰 공을 세웠습니다. 선덕여왕 대에는 대장군으로서 백제와의 전쟁에서 많은 성을 빼앗기도 했지요. 또한 선덕여왕 16년(647)에 상대등 비담이 일으킨 반란을 김춘추와 함께 진압했고, 선덕여왕 사후 함께 진덕여왕을 옹립하기도 했죠. 진덕여왕 사후에는 김춘추가 진골 출신으로선 처음으로 왕위에 오르는 데도 김유신이 결정적 역할을 했고, 최고 관직인 상대등에 오르게 됩니다.

김유신의 활약은 계속됩니다. 660년 황산벌에서 계백 장군과의

22대부터 51대까지 신라의 왕 계보

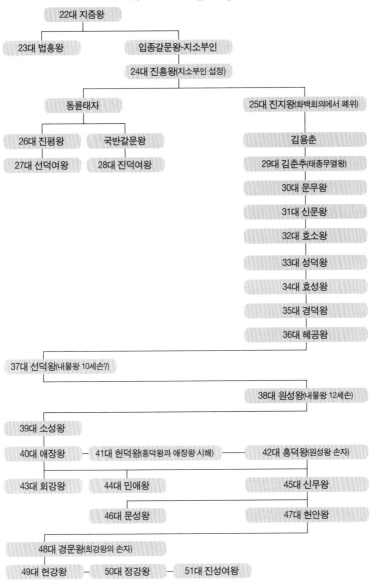

22대 지증왕

23대 법흥왕 / 입종갈문왕-지소부인

24대 진흥왕(지소부인 섭정)

동륜태자 / 25대 진지왕(화백회의에서 폐위)

26대 진평왕 / 국반갈문왕 / 김용춘

27대 선덕여왕 / 28대 진덕여왕 / 29대 김춘추(태종무열왕)

30대 문무왕

31대 신문왕

32대 효소왕

33대 성덕왕

34대 효성왕

35대 경덕왕

36대 혜공왕

37대 선덕왕(내물왕 10세손?)

38대 원성왕(내물왕 12세손)

39대 소성왕

40대 애장왕 — 41대 헌덕왕(흥덕왕과 애장왕 시해) — 42대 흥덕왕(원성왕 손자)

43대 희강왕 / 44대 민애왕 / 45대 신무왕

46대 문성왕 / 47대 헌안왕

48대 경문왕(희강왕의 손자)

49대 헌강왕 — 50대 정강왕 — 51대 진성여왕

전투에서 백제를 멸망시켰고, 30대 문무왕 대인 668년, 고구려와의 마지막 전투에서도 비록 고령으로 직접 참전하지는 않았으나 총사령관을 맡았죠. 고구려 멸망 후[3] 문무왕은 김유신의 큰 공을 치하하려 기존 대각간을 뛰어넘는 태대각간을 새로 만들어 임명합니다. 살아생전 귀족으로서 최고 관직에 올랐던 김유신은 673년(문무왕 13년) 79세를 일기로 세상을 떠났고, 835년 흥덕왕대에 이르러서는 드디어 흥무대왕으로 추존됩니다. 워낙 큰 공을 세운 인물이니 추존은 충분히 납득할 수 있지만, 온전히 그 때문이라기보다는 뭔가 정치적인 이유가 감춰져 있을 거라 추측하게 됩니다.

● 김유신의 사후 추존에 숨은 정치적 이유란?

김유신의 추존은 그의 사후 약 150년이나 지난 42대 흥덕왕 대에 뒤늦게 이루어졌습니다. 왜일까요? 신라의 왕위 계승 뿌리에서 이유를 찾을 수 있습니다. 태종무열왕계는 36대 혜공왕까지만 이어졌고, 37대 선덕왕[4]부터 52대 효공왕까지는 17대 임금인 내물왕의 후손들이 왕위를 이어갑니다. 혹시 내물왕계의 정통성 강조를 위해 태종무열왕계의 업적을 감추려고 김유신을 삼국통일의 주인공으로 추켜세우며 흥무대왕으로 추존한 것은 아닐까요? 즉 백제와 고

---

3. 설명을 덧붙이면, 신라는 668년 고구려와의 전쟁 이후 고구려의 영토를 조금도 가지고 가지 못했고, 삼국통일에 대한 의식 또한 전쟁이 치러진 7세기가 아닌 후대에 만들어진 것이다. 윤경진, 2023, 〈"김유신행록"의 찬술 배경과 경위〉, 《동국사학》, vol.,no.77, pp.73-120.
4. 37대 선덕왕은 일반적으로 내물왕의 10세손이라 하지만 원성왕이 내물왕 12세손인 것으로 보아 조상이 누구인지 분명치 않다.

구려 정복에 대한 태종무열왕과 문무왕의 업적을 축소[5]하는 대신 '삼국통일'의 영웅 자격으로 김유신장군을 추존했다고 말이죠. 이즈음 《삼국사기》 김유신 열전의 바탕이 된 《김유신행록》[6]을 김유신의 후손 김장청에게 맡긴 것만 봐도 그렇습니다. 김유신장군묘가 태종무열왕릉보다 화려하게 조성된 이유도 조금은 풀리는 듯하죠?

● 김유신묘에 대한 계속된 진위 논란

김유신장군묘의 진위 논란이 끊이지 않는 건 왕릉의 양식 때문입니다. 김유신은 673년 사망했는데, 무덤 양식은 8세기 후반~9세기 초 양식에 가까우니까요. 이 시기에 조성된 왕릉과 비교해 보면 잘 알 수 있죠. 시해된 애장왕은 무덤이 남아 있지 않으니, 9세기에 조성된 헌덕왕릉과 비교해 봅시다.

신라 왕릉의 양식은 대표적으로 호석과 석물[7]의 변화로 알 수 있습니다. 우선 호석은 다듬은 석재와 받침석을 배열한 양식에서 받침석은 있지만 호석 바깥으로 환조 십이지신상을 배치한 것으로 변화했죠. 그리고 다시 탱석[8]에 십이지신상을 부조로 새겨 호석을 채택한 양식에서 마지막으로 석재만으로 만들게 됩니다.[9]

....

5. 직전의 혜공왕은 어린 나이(8세)에 즉위하면서 왕권 강화를 위해 반대로 태종무열왕의 백제 멸망과 문무왕의 고구려 멸망을 부각했고, 상대적으로 김유신에 대한 평가는 축소했다.
6. 《삼국사기》에는 김유신의 후손 김장청이 10권을 지었다고 하는데, 그중 꾸며낸 것을 빼고 김유신 열전을 지었다고 한다. 현재 전해지지 않고 있다.
7. 무덤의 봉분이 무너지지 않도록 둘레에 늘어놓은 돌과 무덤 주변에 있는 돌조각이다.
8. 면석과 면석 사이에 끼워 봉분의 붕괴를 방지하기 위해 고정하고 지탱하는 기둥 역할의 돌이다.
9. 이근직, 《신라왕릉연구》, 2012, 학연문화사 p.25.

김유신장군묘 십이지신상   성덕왕릉 십이지신상[10]   헌덕왕릉 십이지신상[11]

호석에 새겨진 다양한 십이지신상

십이지신상은 성덕왕릉에서 처음 발견되었다. 가운데 사진에서 볼 수 있는 것처럼 이때는 환조에 갑석보다 높게 만들었다. 십이지신상을 통해 신라 왕릉의 양식적 변화를 알아볼 수 있다. 또한 김유신장군묘의 진위를 의심하게 된 근거가 되었다.

헌덕왕(41대)의 동생인 흥덕왕(42대)은 헌덕왕릉을 최대 규모로 조성했습니다. 면석과 탱석은 각각 48개로 구성되어 모두 96개인데, 이는 할아버지 원성왕릉의 72개보다 24개나 더 많습니다. 탱석에는 고유한 방향에 맞게 십이지신상을 부조했죠. 김유신장군묘의 호석 구조도 대단히 발전된 형태이기는 합니다. 하지만 탱석 2칸마다 십이지신상을 새겨넣은 김유신장군묘의 탱석 규모는 48개로 헌덕왕릉에 비해 훨씬 작습니다.

한편 십이지신상은 33대 성덕왕릉에서 처음 발견됩니다. 환조에 갑석보다 높게 만들었습니다(위의 사진 가운데 참조). 위치도 십이지신상의 고유한 방향[12]을 고려한 까닭에 받침석의 중앙이 아닌 한쪽

10. 공공누리 제1유형(국가유산청 홈페이지에서 내려받음)
11. 공공누리 제1유형(국가유산청 홈페이지에서 내려받음)

헌덕왕릉[13]

전김유신묘 호석구조

헌덕왕릉(좌)와 전김유신묘(우)

헌덕왕릉은 당시 유행했던 왕릉의 양식을 잘 보여준다. 한편 김유신장군은 673년에 사망했음에도 묘는 헌덕왕릉과 유사한 8세기 후반~9세기 초의 왕릉 양식에 더 가깝다.

으로 치우쳤지요.[14] 하지만 8세기 후반부터 십이지신상은 헌덕왕릉처럼 부조 형태로 자리 잡습니다. 김유신장군묘의 십이지신상도 부조인 점, 얼굴이 모두 시계 방향인 점, 평복에 무장한 점 등에서 헌덕왕릉의 십이지신상과 비슷합니다.[15] 이처럼 추존을 감안해도 사망 시기와 무덤 양식이 불일치하고, 지나치게 공들여 조성된 이유로 김유신장군묘가 아니라 45대 신무왕릉이라거나, 35대 경덕왕릉이라는 주장[16] 등 논란이 계속되는 거죠. 향후 새로운 단서가 등장하여 비로소 주인이 밝혀질지 궁금합니다.

....

12. 십이지신상은 고유한 시간과 방향을 나타낸다. 이를테면 자(子)는 12시와 정북 방향을 나타낸다.
13. 공공누리 제1유형(국가유산청 홈페이지에서 내려받음)
14. 성덕왕릉비가 세워지는 것은 경덕왕 13년인데, 그때 십이지신상도 설치된 것으로 생각된다. 십이지신상은 무인의 복장에 보주(寶珠)와 도(刀)를 지물로 들고 있다.
15. 이근직, 《신라왕릉연구》, 2012, 학연문화사 p.286.
16. 김유신장군묘를 경덕왕릉으로 전경덕왕릉을 소성왕릉으로 추정한다(이근직, 《신라왕릉연구》, 2012, 학연문화사 p.317).

● 태종무열왕릉비의 귀부

이제 태종무열왕릉에 집
중해 봅시다. 태종무열왕
릉에서 가장 으뜸은 국보
로 지정된 **귀부**입니다. 거
북 모양을 한 비석의 받침
돌을 말하며, 용의 새끼인
'비희'라고 합니다. 거북이

태종무열왕릉비의 귀부
국보로 지정된 태종무열왕릉비의 귀부다. 귀부는 비
석의 받침돌을 말한다.

가 용의 새끼라니 흥미로운 상상이지요? 귀부는 당나라의 영향을
받아 만들기 시작했고, 이전까지는 비석 받침대로 자연석을 그대로
사용한다거나 땅에 바로 묻었습니다. 귀부가 처음 들어왔을 때는
태종무열왕릉비에서처럼 거북의 모습이었다가 8세기 이후부터 여
의주를 입에 문 용머리 모양으로 바뀌고, 조선시대에 다시 거북의
모습으로 되돌아가죠. 거북이든 용이든 이러한 영물은 신비화의 수
단이자, 높은 권위를 상징합니다.

　태종무열왕릉비는 귀부(비희)와 이수 부분만 남아있죠. 귀부에는
입은 다물고, 눈을 크게 뜬 채 목을 앞으로 쭉 뺀 거북이가 조각되
어 있습니다. 화려한 무늬로 꾸민 목이 인상적인데, 자세를 보면 당
장 앞으로 나아갈 것 같습니다. 등 안쪽에는 육각형을 반복적으로
새겼고, 바깥쪽으로는 구름무늬가 있습니다. 그리고 등 한가운데는
비를 꽂아두는 네모난 홈인 비좌 주위로 연꽃무늬를 둘렀죠.

　또 날카롭고 긴 발가락은 실제 거북이처럼 사실적으로 묘사했는데, 앞쪽 발가락은 5개, 뒤의 발가락은 4개로 표현했습니다. 거북이는 전진할 때 뒷다리의 엄지발가락을 밀어넣는 습성이 있어 발가락의 개수가 다르다고 합니다.[17] 두 조각으로 깨진 이수 부분은 좌우로 3마리씩 6마리의 용이 뒤엉킨 채 가운데 여의주를 받치고 있죠. 제액에 새겨진 '태종무열대왕지비(太宗武烈大王之碑)'는 당대 명필가인 태종무열왕의 둘째 아들이자 문무왕의 동생 김인문의 글씨라고 합니다.

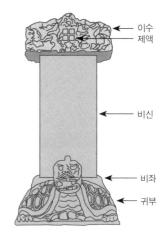

탑비의 구조
귀부는 중국 당나라의 영향을 받아 만들기 시작한 것이다.

● 김인문의 묘는 정말 김인문의 것일까?

태종무열왕릉에서 2분 정도 걸어 내려오면 태종무열왕릉과 비슷한 양식의 무덤 하나가 또 나옵니다. 무덤 옆 탑비에는 이수와 비신은 없고, 귀부만 남아있죠. 1931년 무덤에서 조금 떨어진 서악서원의 보수공사 중 김인문의 비신(비석)이 발견되어 이를 단서로 무덤의 주인은 아들인 김인문으로 추정하게 됩니다. 마침 발견된 비신을 귀부 위 빈 비좌에 끼웠을 때 크기도 딱 맞았으니까요.

....
17. 유홍준,《유홍준의 한국미술사강의2》, 눌와, 2012, p.48.

보물 경주 서악동 귀부

보물 보리사 대경대사 현기탑비_고려초
ㅣ국립중앙박물관

성종태실비_조선_창경궁

다양한 귀부의 모습
114쪽 사진의 태종무열왕릉비 귀부에서 알수 있는 것처럼 귀부가 처음 들어왔을 때는 거북이의 모습이었다가 8세기 이후부터 여의주를 입에 문 용머리 모양으로 바뀌었다가 조선시대에 다시 거북이의 모습으로 되돌아갔다.

하지만 김인문 시대에 만들어진 귀부는 비좌의 크기가 모두 같습니다. 따라서 그것만으로는 주인을 단정할 수 없습니다. 특히 묫자리는 선대에서 후대로 갈수록 아랫자리에 쓴다는 점에 비춰볼 때, 태종무열왕 9세 손인 김양의 묘가 태종무열왕릉과 김인문의 묘(?) 사이에 있게 되어 혹자는 이를 김유신묘라고 주장하기도 합니다. 김유신을 왕으로 추존만 하고 무덤은 새로 고치지 않았다면 태종무열왕릉과 비슷한 양식일 거라 추론할 수 있으니까요. 만약 무덤 주인이 전혀 다른 사람이라면, 사람들이 지금껏 자신을 김인문이라 부르는 것에 대해 망자는 무슨 생각이 들까요?

용생구자(龍生九子) 이야기

황룡사터 치미 ┃국립경주박물관
중국 전설 속 용의 아홉 자식 중 둘째인 '치미'를 묘사한 장식 기와이다. 높이 186cm, 폭 105cm에 이를 만큼 거대하다.

중국 전설에 따르면 용에게는 아홉 아들이 있는데, 형제들이 성격도 모두 다르고 잘하는 것도 다르다고 한다. 그중 첫째는 거북이를 닮았는데 무거운 것을 짊어지기 좋아해서 비석의 받침으로 쓰이는 비희, 둘째는 높은 곳에서 멀리 있는 무언가를 바라보길 좋아하고 불을 잘 막아서 지붕 위에 있는 치미, 셋째는 작은 몸집에 고래만 보면 크게 소리내어 울어 종 위에 있는 포뢰(종을 치는 당목은 고래를 상징한다), 넷째는 정의 수호를 좋아하고 용맹한 성격인 호랑이의 모습을 하고 있으며 감옥이나 법정의 문에 새겨진 폐안, 다섯째는 먹고 마시는 걸 좋아해서 솥뚜껑에 늑대 모습을 한 도철, 여섯째는 물을 좋아하여 축대 또는 다리에 있으면서 악귀들을 막아주는 이수, 일곱째는 죽이기를 좋아해서 칼의 고리에 있는 애자, 여덟째는 불과 연기를 좋아해서 향로에 새겨진 금예, 아홉째는 닫고 숨는 걸 좋아해서 문고리에 장식되는 초도다.

오릉일까, 사릉일까?

자, 이제 천 년 역사의 출발점인 오릉을 살펴볼까요? 경주 시내의 서남쪽으로 남산을 중심으로 하면 북쪽에 위치한 이곳 오릉에는 신라의 시조 박혁거세와 왕후 그리고 2대 남해왕, 3대 유리왕, 5대 파사왕이 묻혔다[18]고 전해집니다.

● 이름에 숨은 비밀

오릉은 사릉이라고도 하는데, 원형봉토분에 봉분이 하나인 나머지 4기 무덤과 달리 2호 무덤만 표주박처럼 봉분이 2개입니다. 오릉과 사릉이라는 이름에 관해 《삼국유사》와 《삼국사기》에 기록이 남아 있죠. 먼저 《삼국사기》입니다.

> 61년(4) 봄 3월에 거서간(박혁거세)이 승하(升遐)하였다. 사릉(蛇陵)에 장사 지내니, 담암사(曇巖寺)의 북쪽에 위치해 있다.
>
> ─ 《삼국사기》권 제1 신라본기1

또한 《삼국유사》에는 왜 사릉이라고도 했는지에 관한 상서로운 이야기, 즉 왕후와 박혁거세를 합장하려 할 때 큰 뱀이 나타났다는 이야기가 나오지요.

....
18. 4대 임금은 석씨 탈해왕으로 《삼국사기》에는 성 북쪽의 양정(壤井) 언덕에 장례를 치렀다 하고, 《삼국유사》에는 '소천(疏川)의 언덕'에 장사 지냈다고 한다.

나라를 다스린 지 61년 만에 왕이 하늘로 올라갔는데 이레 뒤에 유해가 땅에 흩어져 떨어졌으며 왕후도 역시 죽었다고 한다. 국인들이 합장을 하려고 했더니 큰 뱀이 나와서 내쫓아 못하게 하므로 5체(五體)를 5릉(五陵)에 각각 장사지내고 역시 이름을 사릉(蛇陵)이라고도 하니 담엄사 북쪽 왕릉이 바로 이것이다. 태자 남해왕(南解王)이 왕위를 계승하였다.

－《삼국유사》권 제1 기이편[19]

기록에 따르면 무덤이 다섯 개여서 오릉(五陵)이고, 큰 뱀이 나타났다고 해서 사릉(蛇陵)이라고도 불렀던 것입니다.

경주 오릉[20]
경주의 남산을 하늘에서 내려다보면 다섯 개의 능이 뚜렷하게 보인다. 다만 나머지 4기의 무덤은 봉분이 하나인 것과 달리, 2호 무덤만 표주박 모양으로 봉분이 2개인 것처럼 보인다.

....
19. 《삼국사기》 및 《삼국유사》 기록은 한국데이타베이스 참조
20. 공공누리 제1유형(국가유산청 홈페이지에서 내려받음)

● 오릉의 주인은 박혁거세와 그 후손들일까?

오릉은 정말 알려진 대로 박혁거세와 그 후손들의 무덤이 맞을까요? 비록 기록이 남아있다고는 하나 이를 있는 그대로 믿어버리기에는 석연치 않은 의문점들이 있습니다. 일단 양식에 있어 시기적으로 맞지 않는 부분들이 있으니까요. 즉 기원전부터 기원후 2세기 신라의 무덤은 다른 지역과 마찬가지로 적당한 크기의 구덩이를 파서 목관이나 목곽을 넣은 토광묘라고도 하는 널[21]무덤이 대부분입니다. 따라서 박혁거세의 왕릉이라면 시기적으로 널무덤에 봉분도 작아야 하는데, 오릉은 대형의 원형봉토분으로 이는 4세기 후반의 양식을 띕니다. 다만 발굴 조사를 하지 않아 내부의 정확한 모습을 알 수는 없지만, 봉분의 크기로 보아 황남대총이나 천마총과 같은 돌무지덧널무덤으로 추측됩니다.

또 《삼국사기》는 오릉에 시조인 박혁거세와 왕후 알영부인, 2대 남해왕, 3대 유리왕, 5대 파사왕이 묻혔다고 기록합니다. 하지만 《삼국유사》는 박혁거세와 왕후의 오체를 나눠 묻었다고 기록하죠. 《삼국사기》와 《삼국유사》를 모두 고려해 본다면 3명의 박씨 왕과 박혁거세와 왕후의 5릉을 더해 8릉이어야 하는데 맞지 않죠. 또 봉분 수로만 보면 6명이 묻혀있어야 하는데 이 또한 맞지 않아 여러모로 수수께끼입니다. 이처럼 기록은 남아있으나 곧이곧대로 믿기 어려운 경우도 있어 참고만 해야 할 때도 있습니다.

....
21. 관이나 곽을 통틀어 이르는 말이다.

● 오릉의 유물들, 숭성각, 숭덕전, 알영정

현재 오릉에는 숭성각과 숭덕전, 알영정 우물터가 남아있습니다. 숭성각에는 영조 35년(1759)에 세운 시조(박혁거세) 왕릉비가 있습니다. 비석의 글은 당시 홍문관 대제학이었던 조관빈이 짓고, 판부사 유척기와 의금부사 홍봉조가 글씨를 썼다고 합니다.

숭덕전은 박혁거세의 사당으로 세종 11년(1429)에 지었는데 임진왜란 때 불에 타서 선조 33년(1600)에 다시 지었습니다. 정조실록을 보면 봄과 가을에 제사를 지냈다는 기록이 있을 정도니 오릉은 대대로 박혁거세의 무덤으로 전해 내려왔던 것 같습니다.

숭성각   숭덕전

알영정 우물터[22]

오릉의 유물들
조선시대에 박혁거세와 왕비 알영부인을 기리기 위해 세운 비석과 사당, 우물터 등이 조성되었다.

....
22. 공공누리 제1유형(국가유산청 홈페이지에서 내려받음)

숭덕전 뒤로는 '알영정'이라 불리는 우물터가 있습니다. 여기에서 박혁거세의 왕비인 알영부인이 태어났다고 전해집니다. 《삼국사기》와 《삼국유사》에 보면 알영정에 용이 나타나 옆구리에서 알영부인을 낳았는데 할머니가 데려다 키웠다는 기록이 있습니다. 다만 《삼국사기》에는 오른쪽 옆구리로, 《삼국유사》에는 왼쪽 옆구리에서 태어난 것으로 기록되어 역시 차이가 있지만, 모두 왕비의 탄생을 대단히 상서롭게 기록했다는 점에서는 동일합니다.

▍ 남산의 동쪽에는 누가 잠들어 있을까?

이제 남산 자락의 서쪽에서 동쪽으로 이동해 봅시다. 이곳에서 지마왕릉과 일성왕릉 그리고 헌강왕릉을 차근차근 둘러볼까요?

● 이사금의 비밀

'이사금'이란 신라에서 임금을 부르던 말로 3대 유리왕부터 16대 흘해왕까지 사용했습니다.[23] 신라 6대 지마왕과 7대 일성왕도 '지마이사금', '일성이사금'으로 불렸지요. 사실 신라에서 '이사금'은 오래전부터 '이빨'을 일컫는데, 당시에는 이빨이 많은 사람일수록 성스럽고 지혜롭다고 여겼습니다. 《삼국사기》의 기록을 살펴볼까요?

....
23. 신라에서는 왕을 부르는 말로 '이사금' 이후 '마립간'이란 말을 17대 내물왕부터 22대 지증왕 4년까지 사용되었다. 김대문에 의하면 '마립간'은 '말뚝'의 신라말이다.

유독 경주에 왕릉이 많이 보존된 이유는?

곳곳에서 왕릉을 볼 수 있는 경주는 왕릉의 도시로 불린다. 왜 백제나 고구려에 비해 신라의 왕릉만 이토록 많이 남아있는 걸까? 첫 번째 이유는 천년이라는 기나긴 시간이다. 나라가 오랜 시간 유지되니 왕들은 물론, 왕족과 귀족도 워낙 많아 무덤도 많을 수밖에. 두 번째 이유로 신라의 56대 임금인 경순왕이 나라를 고려에 바쳐 후손들이 무사했기 때문에 무덤도 비교적 온전히 보존할 수 있었다.

그럼에도 모든 무덤이 보존된 것은 아니다. 56명의 신라 역대 왕 중 경주에서 신라 왕릉으로 불리는 것은 36기고, 경주 밖에 2기(양산의 진성여왕릉과 연천의 경순왕릉)를 포함해 총 38기의 무덤[24]만 남아있다. 애장왕처럼 반란으로 왕위에서 쫓겨난 경우 왕릉을 조성하지 않았거나, 신라가 불교를 국교로 삼았던 탓에 화장 후 뼈를 바다나 산에 뿌리는 산골(散骨)[25]도 했기 때문이다.

본문에서도 언급했듯 주인을 확실히 알 수 없는 능이 많다. 신라 멸망 후 왕족 대부분은 뿔뿔이 흩어진 채 다른 지역으로 강제 이주하게 된다. 그 과정에서 전승되지 못한 왕릉들이 있다. 그나마 지금의 왕릉 이름이라도 얻게 된 것은 조선 후기 조상에 관한 관심이 높아지며 전승과 문헌자료를 연구한 결과를 토대로 족보를 완성했기 때문이다. 경주 박씨는 숙종 10년(1684), 경주 김씨는 숙종 11년 처음으로 족보를 완성했다.[26]

24. 김용성·강재현, 2012 〈신라 왕릉의 새로운 비정〉,《야외고고학》제15호, p.178.
25. 《삼국유사》에는 51대 진성여왕과 54대 경명왕은 화장 후 산골하여 왕릉이 없는 것으로 기록하고 있다. 장례법중에는 화장한 후에 뼈를 묻는 장골(藏骨)도 있다.
26. 한국민족문화대백과사전, 〈족보〉

처음 남해왕(南解王)이 세상을 떠나자 유리(儒理)가 당연히 왕이 되어
야 했는데, 대보(大輔)인 탈해(脫解)가 평소 덕망이 있어서 왕위를 그
에게 양보하고자 하였다. 탈해가 말하기를, "신성한 기물은 큰 보배라
서 보통 사람은 감당할 수 없는 것입니다. 제가 듣기에 성스럽고 지혜
로운 사람은 이빨이 많다고 하니 떡을 깨물어서 누가 이빨이 많은지를
알아봅시다."라고 하였다. 유리의 잇금[齒理, 이빨자국]이 많은 것으로
나타나니, 이에 좌우 신하들과 더불어 왕으로 받들었고, 이사금(尼師
今)이라고 불렀다. 옛 전승이 이와 같은데, 김대문(金大問)[27]은 이르기
를, "이사금은 방언으로 잇금을 일컫는 말이다. 옛날 남해왕이 죽음을
앞두고 아들인 유리와 사위인 탈해에게 '내가 죽은 후에 너희 박, 석 두
성씨는 나이가 많은 자가 왕위를 잇도록 하라.'고 말하였다. 그 후 김씨
성이 일어나서 세 성씨가 이빨이 많은 것으로써 서로 왕위를 이어갔으
므로, 이사금이라고 칭한 것이다."라고 하였다.

— 《삼국사기》권1 신라본기 제1[28]

● 무령왕릉과 닮아 진위 논란에 휩싸인 지마왕릉

이제 지마왕릉을 둘러봅시다. 지마왕은 신라의 6대 임금으로 112
년부터 134년까지 신라를 다스렸습니다. 이 시기의 왕릉은 주로 평
지에 위치한 널무덤에 봉분이 남아있는 경우가 없죠. 하지만 지마

....
27. 김대문은 신라의 진골 귀족 출신 관료로, 문무왕대에 출생하여 신문왕대부터 관료가 되었고
성덕왕대에 사망했을 것으로 추정된다. 《고승전》, 《화랑세기》, 《악본(樂本)》, 《한산기(漢山
記)》, 《계림잡전》 등을 지었다. _한국민족대백과사전
28. 한국사데이터베이스

지마왕릉

지마왕은 지마이사금으로 불렸다. 이 능은 평지가 아닌 산자락에 위치한 점, 우뚝 솟은 봉분, 백제의 무령왕릉과 같은 굴식돌방무덤인 점 등으로 미루어 실제 지마왕릉이 아닐 것으로도 추정된다.

왕릉은 산자락에 위치하며, 우뚝 솟은 봉분이 남아있습니다. 대신 높이 3.3m, 지름 12.7m로 다른 왕릉에 비해 엄청 작지요. 게다가 이 무덤은 백제의 무령왕릉과 같은 굴식돌방무덤입니다. 그러려면 신라의 삼국통일 이후 만들어졌어야 하므로 진짜 지마왕릉은 아닐 것으로 추정합니다. 또 왕릉 앞에는 조선 왕릉에서나 볼 수 있는 혼유석이 있는데, 이는 1955년에 만든 것이라고 합니다.

● 소나무 숲에 둘러싸인 일성왕릉

그 다음으로 볼 것은 일성왕릉입니다. 일성왕은 신라의 7대 임금입니다. 《삼국사기》에 따르면 3대 임금 유리왕의 맏아들로[29] 왕비 또

⋯⋯⋯⋯⋯⋯⋯⋯⋯⋯⋯⋯
29. 유리왕의 장인이었던 일지갈문왕의 아들이라는 설도 있다.

한 일성왕과 같은 박씨로 지소례왕의 딸이라고 합니다. 남산의 서북쪽에 자리 잡은 일성왕릉은 소나무 숲에 둘러싸여 있습니다. 봉분은 높이 4.5m에 지름 16.4m로 지마왕릉보단 살짝 큽니다. 위치나 봉분의 크기로 미루어 보아 역시 굴식돌방무덤으로 생각됩니다. 다만 지마왕릉과 달리 봉분 아래쪽엔 깬돌로 호석을 만든 것이 일부 드러나 있고, 옆에는 표석이 있는데 '숭정기원오신미정월립(崇禎[30]紀元後五辛未正月立)'이란 글자로 미뤄볼 때 조선시대인 고종 8년(1871)에 세워진 것입니다. 왕릉 아래 2단의 축대는 1970년대에 그리고 상석은 1953년에 각각 만들어진 것입니다. 지마왕릉과 마찬가지로 삼국통일 이후에 만들어진 것으로 보여 진짜 일성왕릉은 아닐 것으로 추정됩니다.

일성왕릉
지마왕릉과 달리 봉분 아래쪽에 깬돌로 호석을 만든 것이 일부 드러나 있다. 위치와 봉분의 크기로 볼 때, 굴식돌방무덤으로 보인다. 표석은 조선시대에, 축대와 표석은 20세기에 만들어진 것이다.

....
30. '숭정'은 명나라 마지막 황제인 의종의 연호로 황제에 오른 1628년을 기준으로 다섯 번째 신미년 정월(1월)을 말한다.

● 안팎으로 신라의 국력을 다신 헌강왕

일성왕릉의 반대편인 남산의 동쪽에는 헌강왕릉이 있습니다. 헌강왕은 신라의 49대 임금으로 875년에 즉위해서 12년간 신라를 다스렸습니다. 다음의 기록들로 미루어 재위 기간 나라 안으로는 태평성대를 이뤘고, 일본에서는 황금을 바칠 정도였다고 하니 국력도 강건했던 것으로 보입니다.

> 왕이 시중(侍中) 민공(敏恭)을 돌아보고 이르기를, "내가 듣건대, 지금 민간에서 지붕을 기와로 덮고 띠풀로 이지 않는다고 하고, 밥을 숯으로 짓고 땔나무를 쓰지 않는다고 하는데 과연 그러한가?"라고 하였다. 민

상석 ——▶

헌강왕릉[31]
헌강왕릉 또한 무덤 보수공사 과정에서 헌강왕의 능으로 특정하기 어려운 증거들이 나오면서 무덤의 주인은 다시 미궁에 빠졌다.

....
31. 공공누리 제1유형(국가유산청 홈페이지에서 내려받음)

공이 대답하기를, "신 또한 일찍이 그와 같이 들었습니다."라고 하고, 이어 아뢰기를, "주상께서 즉위하신 이래 음양이 조화롭고 비바람이 순조로워 해마다 풍년이 들어 백성들은 먹을거리가 넉넉하고, 변방 지역은 잠잠하여 민간에서는 기뻐하고 즐거워하니, 이는 전하의 성스러운 덕의 소치이옵니다."라고 하였다.

- 《삼국사기》 권 제11 신라본기 제11 중

8년(882) 여름 4월에 일본국왕(日本國王)이 사신을 보내 황금 300냥과 명주(明珠) 10개를 바쳤다.

- 《삼국사기》 권 제11 신라본기 제11 중

● 망자는 말이 없기에 물어볼 순 없지만…

헌강왕릉도 다른 왕릉들처럼 진위 논란을 피해갈 순 없었습니다. 1993년 8월, 장마로 무덤이 무너져 보수를 위해 내부를 조사하며 새롭게 밝혀진 사실 때문입니다. 안으로 들어가 보니 6세기부터 통일 직전까지 유행한 굴식돌방무덤에 천장의 형태는 궁륭상(돔형)이고, 8세기 이후로 발견되지 않던 토기까지 나왔으니까요. 헌강왕은 9세기 인물이니 시기적으로 꽤 차이가 나는 셈입니다.

　외형적으로 봉분은 높이 4.2m에 지름 15.3m이고, 밖으로는 120×60×30㎝ 크기의 장대석[32]을 사용해 4단으로 층층이 호석을 쌓았

....
32. 계단의 층계나 축대를 쌓는 데 쓰이는 네모지고 긴 돌을 뜻한다.

습니다. 봉분 동쪽 아래로는 장대석 윗부분만 살짝 드러나 있는 제사 시설인 상석이 있습니다. 상석은 음식을 차려놓는 곳이면서, 무덤의 정면을 결정 짓기도 합니다. 신라에서는 무덤에 시신을 놓을 때 머리를 동쪽으로 향하도록 했는데 상석은 태종무열왕릉에서 처음 능의 동편에 만들었습니다. 다만 이 상석은 통일신라 후기로 갈수록 더는 보이지 않다가 고려와 조선에 들어오며 별도의 제사 공간인 정자각이 생겨났죠. 그리고 무덤 앞에는 상석 대신에 무덤의 영혼이 놀 수 있는 혼유석을 놓습니다.

화강암 장대석 8매로 만들어진 태종무열왕릉의 상석은 삼국통일을 이끈 위대한 왕을 위한 것이라기에는 너무 소박하고, 일부 장대석은 다른 곳에 있던 것을 옮겨 온 것으로 보이기도 합니다.[33] 이후 신문왕릉에서는 상석 앞으로 계단이 만들어지다 김유신묘의 상석처럼 두꺼운 큰 판을 사용한 탁자형으로 발전합니다. 그러다가 9세기 중엽부터는 더 이상 상석을 만들지 않았습니다. 헌강왕은 875년부터 886년까지 신라를 다스렸기 때문에 진짜 헌강왕릉이라면 상석이 없어야 하는데, 상석이 보이는 점에서 진위를 의심하게 하는 거죠.

헌강왕릉의 진짜 주인을 확정하기에는 뭔가 마음 한구석에 남은 의혹을 시원하게 떨쳐내기가 어렵습니다. 망자는 말이 없으니, 직접 물어볼 순 없지만, 향후 모든 비밀을 속 시원히 밝혀줄 새로운 단서가 우리 앞에 나타나길 기대해 봅니다.

....
33. 이근직,《신라왕릉연구》, 학연문화사, 2012, p.339.

▌ 선덕여왕릉과 낭산의 여러 왕릉

이번에는 남산 옆 낭산(狼山)으로 가봅시다. 이곳에는 선덕여왕릉을 포함해 여러 왕릉이 있지요. 이 중 선덕여왕릉은 주인이 확실한 몇몇 왕릉 중 하나입니다.[34] 다음의 기록에서도 확인할 수 있지요.

> 16년(647) 1월 8일에 왕이 돌아가셨다. 시호[35](諡號)를 선덕(善德)이라 하고, 낭산(狼山)에 장사지냈다.
>
> - 《삼국사기》 권 제5 신라본기 제5

> 셋째는 왕이 아무런 병도 없는데 여러 신하에게 말하기를 "짐은 모년 모 월일에 죽을 것인즉, 나를 도리천(忉利天)에 장사를 지내도록 하여라." 하였다. 군신들이 그곳의 위치를 몰라 "어느 곳 입니까?" 하니 왕이 말하기를 "낭산(狼山) 남쪽이다." 하였다. 모 월일에 이르러 과연 왕이 승하하시므로 신하들이 낭산의 양지바른 곳에 장사지냈다. 그 후 10여 년이 지난 뒤 문호대왕(文虎大王)이 사천왕사(四天王寺)를 왕의 무덤 아래에 창건했다. 불경에 이르기를 사천왕천(四天王天)의 위에 도리천이 있다고 하였으므로, 그제야 대왕의 신령하고 성스러움을 알 수 있었다.
>
> - 《삼국유사》 권 제1 제1 기이

....
34. 비석이 세워진 무열왕릉과 《삼국유사》,《삼국사기》의 위치 기록과 무덤 양식의 발전과 일치하는 것은 흥덕왕릉, 문무왕릉 정도다.
35. 죽은 군주에게 다음 군주가 올리는 특별한 이름. 조선시대 선대왕을 부를 때는 태조, 세종, 정조와 같은 묘호(廟號)를 많이 사용했다. 묘호는 종묘에서 부르는 이름이다.

● 반론의 여지 없는 선덕여왕릉

선덕여왕은 신라의 제27대 왕으로 632년부터 646년까지 신라를 다스렸습니다. 647년 비담의 난[36]때 병으로 죽었다고 합니다. 아버지인 진평왕이 아들 없이 사망한 후 김춘추와 김유신의 도움으로 신라 최초의 여왕이 되었죠. 재위 기간은 15년으로 비교적 짧은 편이지만, 귀족 자제들을 당나라로 유학을 보내고, 김춘추를 고구려에 보내는 등 삼국통일의 기반을 차곡차곡 마련했다는 평가를 받습니다.

왼쪽(130쪽 참조)에 적은 것처럼 《삼국사기》와 《삼국유사》 모두 선덕여왕이 승하한 후에 낭산에 장례를 치른 것으로 기록합니다. 특히 《삼국유사》에 "문호(무)대왕이 사천왕사를 왕의 무덤 아래에 창건했다."고 하였는데, 왕릉 아래에서 사천왕사 터가 발견되어 선덕여왕릉이라고 연구자들 사이에 의견의 일치를 보고 있습니다.

다만 현재 선덕여왕릉의 모습은 일제강점기에 제작된 조선고적도보[37]의 선덕여왕릉과 꽤 달라진 모습입니다. 일제강점기에는 태종무열왕릉과 마찬가지로 호석이 봉토로 완전히 덮여 있었는데, 지금은 다양한 모양의 돌(괴석 怪石)로 2~3단의 호석을 70㎝ 정도 수직으로 세웠으니까요. 게다가 호석 중간중간에 다른 돌들보다 큰 돌을 하나 세운 모습인데, 이러한 돌쌓기 방식은 일제강점기 스타일이라고 합니다.

....
36. 진골 귀족으로 선덕여왕이 정치를 잘하지 못한다며 염종 등과 반란을 일으켰는데 김유신이 진압했다.
37. 조선총독부에서 1915년부터 1930년까지 15년에 걸쳐 완성

선덕여왕릉

선덕여왕릉 일부(조선고적도보)³⁸

선덕여왕릉 호석 부분

신라선덕왕릉봉수기념비

선덕여왕릉

현존하는 신라 왕릉 중 확실하게 무덤의 주인을 확정할 수 있는 몇 안 되는 왕릉이다. 다만 현재의 모습은 해방 후에 일부 재건된 것이다. 이는 1949년에 선덕여왕릉 봉토의 일부를 제거하고, 호석을 다시 쌓아 올렸다고 왕릉으로 오르는 솔밭길에 세워진 '신라선덕왕릉봉수기념비'에 새겨진 내용을 통해 확인할 수 있다.

....
38. 공공누리 제1유형(국립문화유산연구원에서 개방한 자료임)

해방 후인 1949년에 선덕여왕릉 봉토의 일부를 제거하고 호석을 다시 쌓아 올렸는데, 이는 왕릉으로 오르는 솔밭길에 세워진 '신라 선덕왕릉봉수기념비'를 통해 확인할 수 있습니다.

● 주인이 오리무중에 빠진 낭산의 왕릉들

선덕여왕릉에서 자동차로 3분 정도 남쪽으로 내려오면 너른 주차장과 담장으로 둘러싸인 (전)신문왕릉[39]을 만나게 됩니다. (전)신문왕릉인 이유는 진짜 신문왕[40]의 것인지 논란이 있기 때문입니다.

> 가을 7월에 신문왕이 죽었다. 시호(諡號)를 신문(神文)이라 하고 낭산(狼山)의 동쪽에 장사지냈다.
>
> ─《삼국사기》권 제8 신라본기 제8 신문왕

(전)신문왕릉은 조선 영조 6년(1730) 이전까지 32대 효소왕릉으로 전해지다가, 경주 김씨 집안에 의해 다시 명명되었죠. 현재 낭산의 동쪽에 있는 왕릉으로는 (전)신문왕릉과 효공왕(? ~ 912)릉 그리고 진평왕릉까지 총 3곳이 있습니다. 지금까지 알려진 대로 '신문왕릉'이 되려면 양식 면에서 무열왕릉보단 시기적으로 뒤여야 하고, 성덕왕릉보단 앞서야 합니다. 그러니까 봉분의 크기는 점점 작아지면서 호석은 괴석에서 잘 다듬은 면석으로의 변화를 보여줘야 하죠.

....
39. 신문왕릉이 확실치 않으므로 (전)을 붙였다.
40. 661년 출생했고, 재위기간은 681~692년.

(전)신문왕릉(31대)

(전)효공왕릉(52대)[41]

진평왕릉(26대)[42]

낭산 동쪽의 왕릉들

(전)신문왕릉, (전)효공왕릉, 진평왕릉의 총 3
곳이 있지만, 무덤의 주인을 확정할 수 없다.
현재 진평왕릉으로 알려진 무덤을 신문왕릉
으로 보는 견해가 있다.

실제로 왕릉들에서 이런 변화가 관찰되는지 함께 살펴볼까요? 먼저 (전)신문왕릉은 무열왕릉과 달리 괴석으로 호석과 받침석이 만들어진 점으로 볼 때, 7세기 말~8세기 초의 것으로 추정되므로 신문왕이 살았던 시기와 어느 정도 겹치기는 합니다. 한편 (전)효공왕릉은 봉분(높이 5m, 지름 21.2m)이 무열왕릉(높이 8m, 지름 35.51m)에 비해 너무 작습니다. 왕릉의 구조가 발달하면서 봉분이 작아졌음을 감안해도 비슷한 시기의 왕릉에 비해 너무 작다 보니 아마도 왕릉이 아닌 '묘'로 만들어진 무덤이지 싶습니다.[43]

(전)신문왕릉도 무열왕릉 이후 양식인 점은 분명하나, 마치 한 단

41. 공공누리 제1유형(국가유산청 홈페이지에서 내려받음)
42. 공공누리 제1유형(국가유산청 홈페이지에서 내려받음)
43. 이근직, 《신라왕릉연구》, 학연문화사, 2012, p.258.

계를 껑충 뛰어넘은 듯 차이가 너무 심해 또다시 의문을 일으킵니다. 예컨대 괴석이 아닌 매끄럽게 다듬은 벽돌 크기의 돌인 치석(治石)으로 5단 수직 쌓기로 호석을 만들고, 그 위에는 호석보다 살짝 튀어나오게 납작한 돌인 갑석(甲石)을 올려놓았습니다. 그리고 호석 둘레에는 잘 다듬어진 사다리꼴 모양의 받침석 44개를 기대에 세워놓았습니다. 호석이 드러나지 않던 무열왕릉에 비해 너무 큰 변화입니다. 그나마 아직 면석과 십이지신상이 나타나지 않은 점이 성덕왕릉보

(전)신문왕릉 호석

성덕왕릉 호석**44**

(전)신문왕릉과 성덕왕릉 호석
신문왕릉의 호석은 무열왕릉 이후 양식이지만, 마치 단계를 껑충 뛰어넘은 듯 획기적 형태다. 다만 호석에 십이지신상이 처음 등장한 성덕왕릉보다는 앞 시기로 보인다.

다는 앞 시기로 보여 진짜 신문왕릉인가 싶기도 하죠.

　하지만 《삼국사기》에 따르면 효소왕 또한 낭산의 동쪽에 묻혔다고 기록합니다. 정확히는 '망덕사의 동쪽에 묻혔다'라고 기록되어 있는데, 망덕사는 낭산의 남쪽에 있어 그 동쪽이면 낭산의 동쪽이 되기도 합니다. 망덕사지에서 동쪽으로 200m여 떨어진 곳에 (전)

------

44. 공공누리 제1유형(국가유산청 홈페이지에서 내려받음)

신문왕릉이 있어 신문왕의 아들인 효소왕이 무덤의 주인일 거라고 생각할 수도 있습니다. 이제 남은 건 진평왕릉뿐입니다. 진평왕은 《삼국사기》에 따르면 '한지에 장사지냈다.'고 기록되어 있습니다. 여기서 한지는 낭산의 북쪽인 현재의 동천동 부근을 가리킵니다. 이곳에 헌덕왕릉과 설총묘가 있는데, 혹시 그 두 곳 중의 하나가 진짜 진평왕릉이 아닌가 추측하기도 합니다.

> 54년(632) 봄 정월에 왕이 돌아가셨다. 시호(諡號)를 진평(眞平)이라고 하고, 한지(漢只)에 장사지냈다. 당나라 태종(太宗)이 조서(詔書)를 내려 좌광록대부(左光祿大夫)를 추증(追贈)하고, 부물(賻物) 200단(段)을 주었다.
>
> — 《삼국사기》 권 제4 신라본기 제4 진평왕

그렇다면 지금의 진평왕릉은 어떨까요? 진평왕릉은 낭산에서 동북 방향에 있고, 서쪽으로 700m 정도 거리에는 황복사지가 있습니다. 황복사지는 의상(義湘)이 출가한 사찰로 삼층석탑에서 사리함이 발견되었는데, 효소왕 1년(692)에 아버지인 신문왕의 명복을 빌기 위해 건립했다는 기록이 남아 있어 진평왕릉의 무덤 주인이 신문왕이라고 추론할 만한 근거가 됩니다. 즉 무열왕릉처럼 원형봉토분이지만 괴석과 거칠게 다듬은 할석(割石)을 사용했으니 무열왕릉보다는 뒤고, (전)신문왕릉(효소왕릉)보단 앞인 점에서 신문왕릉으로 추정되는 거죠.

▌천년의 비밀을 간직한 경주에서 나오며

앞서 가와바타 야스나리의 《설국》을 소개했는데, 소설을 읽었다면 알겠지만, '눈'으로 시작해서 '은하수'로 마무리됩니다. 작가는 삶과 죽음을, 하늘과 땅을 연결하는 도구로 은하수를 상징적으로 사용하지요. 무덤 또한 죽은 사람과 산 사람을 연결하는 구체적인 상징물입니다. 왕릉을 통해 우리도 경주의 천년을 거슬러 올라가 볼 수 있었으니까요.

비록 많은 왕릉이 주인조차 누구라고 단정지을 수 없지만, 왕릉을 통해 당대 권력자의 막강한 권위와 저마다 정통성을 내세우려 했던 시도들은 충분히 알 수 있었을 것입니다. 때론 현재의 권력자가 앞선 왕조의 공을 애써 낮추려 했던 시도도 볼 수 있었죠. 손에 쥐고 있을 때는 영원히 무소불위할 것 같지만, 조금만 방심해도 어느새 연기처럼 영영 사라져 버리는 것. 권력의 속성이란 그런 것일까요?

《설국》을 읽다 보면 문득 그 배경인 니카타현을 찾아가 보고 싶어지듯 역사를 공부하다 보면 '왕릉의 고장'인 경주에 몇 날 며칠을 머물고 싶어집니다. 다가오는 방학엔 왕릉의 주인을 찾아 경주 남산을 돌아볼 것을 권하고 싶습니다. 어쩌면 '은하수가 시마무라 안으로 흘러' 들었듯 경주 천년의 역사가 어느덧 우리에게 성큼 다가와 있을지도 모르겠습니다.

여섯 번째 이야기

찬란하게 꽃피운
불교문화

▌문화유산과의 진한 교감

언젠가 《나는 메트로폴리탄 미술관의 경비원입니다》(웅진지식하우
스, 2023)란 에세이를 참 재미있게 읽었습니다. 사랑하는 형을 잃은
후 깊은 상실감에 빠진 작가는 아름답고 조용한 메트로폴리탄 미술
관에서 경비원 생활을 하게 되죠. 이 책은 경비원으로 지낸 10년의
이야기를 담담하게 풀어갑니다. 기나긴 시간 유물 하나하나와 오롯
이 교감을 나누며 상실의 아픔을 치유한 끝에 다시 세상으로 나올
용기를 얻었으니, 박물관이 준 선물을 제대로 받은 셈입니다.

박물(미술)관 경비원은 생각하기에 따라 단조롭고 지루하기 그지없는 업무의 하나일지 모릅니다. 간혹 시끄럽게 하거나 예의 없이 소란을 피우는 사람이 있다면 다가가 다른 사람의 관람을 방해하지 않도록 조용히 시키기도 합니다. 반대로 말썽을 일으키는 사람이 없다면 근무 시간 내내 말 한마디 없이 지낼 때도 있겠죠? 그런 날이면 마치 유령처럼 관람객들을 방해하지 않게 조용히 전시실을 돌아다니거나, 아예 한 구석에 우두커니 서 있기만 할 때도 있을 것입니다. 그럼에도 하루 종일 자리를 지켜야 하는 이유는 어쩌면 일어날지도 모를 유물 훼손에 대비하기 위함이지요.

하지만 누군가에겐 너무나 흥미롭고 가슴 뛰는 일이기도 합니다. 그건 바로 경비원의 특권, 즉 유물을 볼 수 있는 시간이 차고도 넘치기 때문이죠. 큐레이터보다 훨씬 더 많은 시간을 유물 옆에 있을 수 있고, 맘만 먹으면 큐레이터가 미처 보지 못한 세세한 흔적들까지 찾아낼 수 있으니, 감동도 남다르지 않을까요?

문득 필자는 박물관 경비원이 너무 부러워졌습니다. 박물관에 가려면 시간을 내는 것부터 쉽지 않다 보니 어쩌다 큰맘 먹고 찾게 되면 봐야 할 작품들이 너무 많아 늘 시간에 쫓기기 일쑤였죠. 언제 또 찾아올지 알 수 없기에 눈도장이라도 최대한 찍고 싶은 마음에 종종걸음으로 유물들을 훑으며 지나치곤 했습니다. 그런데 박물관 경비원은 의무로라도 유물 앞에 오래도록 서 있는 특권(?)을 누리니 어찌 부럽지 않겠어요.

● 경주박물관에서 만난 신라의 불교문화

이번에는 경주박물관에서 신라의 불교문화를 천천히 들여다보면 어떨까요? 신라는 삼국 중 가장 늦게 불교를 받아들였습니다. 뒤에도 살펴보겠지만, 이차돈의 순교 후 불교를 받아들였고 가장 열성적으로 불교를 신봉했지요. 불교를 공인한 후, 아예 불교를 국가의 운영 원리로 채택함으로써 사회적 통합을 이루고, 강력한 중앙집권적 지배체제를 구축할 수 있었죠. 아울러 불교에 기반해 문화와 예술의 눈부신 발전을 이루기도 했습니다. 소개할 유물들과 천천히 깊은 교감을 나누며 신라의 문화와 예술을 오롯이 느껴봅시다.

국립경주박물관

박물관에 가면 대부분 스치듯 유물을 관람하곤 한다. 하지만 때로는 오랜 시간 머물면서 지켜본다면 유물이 들려주는 이야기에 자신도 모르게 빠져들지 모른다. 어쩌면 하루 종일 국립경주박물관 '불교조각실'에서 부처님의 미소를 보다 보면 염화미소(拈華微笑)[45]를 짓게 될 것 같다.

....
45. 마음에서 마음으로 전하는 일. 석가가 연꽃을 들어 대중에게 보였을 때 마하가섭(摩訶迦葉)만이 그 뜻을 깨달아 미소를 지었다는 데서 유래한다.

야외 전시장에서 만난 성덕대왕신종

박물관에 가면 흔히 야외 전시는 지나치곤 합니다. 주요 유물들은 모두 안에 있을 거라 지레짐작하기 쉬우니까요. 하지만 국립경주박물관에 갔다면 그런 큰 실수를 범하지 말았으면 합니다. 왜냐하면 중요하지 않아서가 아니라 실내에 전시할 수 없을 만큼 커서 야외에 전시한 유물도 있으니까요. 대표적인 것이 바로 우리나라에서 제일 큰 범종[46]인 성덕대왕신종입니다.

● 태평성대와 백성들의 평안한 삶을 기원하다

'성덕대왕신종'은 '봉덕사 에밀레종'이라고도 불리는데, 이름에 '성덕대왕'이란 왕명이 붙어서 그런지 성덕대왕이 만든 것이라고 오해하기 쉽습니다. '성덕대왕신종'은 36대 혜공왕 때인 771년에 완성을 했는데, 혜공왕은 성덕대왕의 손자가 됩니다. '성덕대왕신종'을 처음 만들기 시작한 것은 혜공왕의 아버지인 경덕왕입니다. 누가 만들었는지를 알아보았으니, 왜 만들었는지도 함께 알아볼까요? 우선 '성덕대왕신종'은 이름에서 짐작할 수 있는 것처럼 성덕왕의 공덕(功德)[47]을 기리기 위해 만들어졌습니다. 아울러 신라의 태평성대와 백성들의 삶이 평안하기를 바라는 간절한 마음을 담았지요. 이는 종에 새겨진 글에서도 확인할 수 있습니다.

....
46. 절에 매달아 놓고, 대중을 모이게 하거나 시각을 알리기 위하여 치는 종.
47. 착한 일을 많이 한 공과 불도를 닦은 덕.

좀 전에 '성덕대왕신종'에 글이 새겨졌다고 했죠? 물건에 문자를 새기는 것을 명문(銘文)이라고 합니다. '성덕대왕신종'은 돋을새김 방식으로 명문과 조각을 아름답게 새겼죠. 우리나라에서 가장 오래된 범종인 '상원사동종(上院寺銅鐘, 143쪽 사진 참조)'은 명문이 용뉴 좌우에 오목새김되어 있습니다. 또한 '성덕대왕신종'은 3.75m의 압도적 크기에 한국 범종 특유의 항아리 모양입니다. 그리고 종신에는 연꽃 위에 무릎을 꿇은 채 향로를 든 공양상을 돋을새김했는데, 천자락이 마치 불꽃처럼 하늘로 휘날립니다. 공양상 주위로는 보상화

성덕대왕신종 l 국립경주박물관

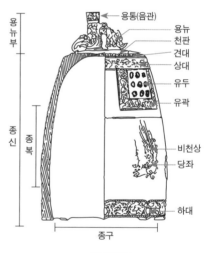

범종의 구조

성덕대왕신종과 구조
에밀레종이라는 이름으로도 널리 알려진 성덕대왕신종은 우리나라에서 제일 큰 범종이다. 처음으로 돋을새김 방식으로 종에 명문을 새겼다.

(寶相華)⁴⁸ 줄기가 뻗어있고, 꽃이 아름답게 피어있죠. '상원사동종' 종신에 새긴 것처럼 대부분의 범종은 악기를 연주하는 비천상이 일반적입니다. 하지만 '성덕대왕신종'은 성덕대왕의 공덕을 기리기 위해 공양상의 모습으로 돋을새김했습니다. 아울러 성덕대왕신종 상단 4군데 유곽 테두리에는 넝쿨무늬가, 유곽 안에는 연꽃 모양 유두가 9개씩 있는데, '상원사동종'과 달리 돋을새김으로 정교하게 새겨진 모습입니다. '성덕대왕신종'이 우리나

상원사동종⁴⁹ | 오대산 상원사
성덕왕 24년(725년)에 만든 것인데 우리나라에서 가장 오래된 범종이다. 성덕대왕신종과 달리 오목새김 방식으로 명문과 비천상을 새겼다.

라 최고의 범종으로 완성될 수 있었던 건 혜공왕 때 통일 전쟁이 마무리되고 안정된 시기로 접어들어 불교 미술이 최고조에 이르며 전성기를 누렸기 때문입니다.

● 비대칭의 소리 미학, 맥놀이

범종의 소리는 약해졌다가 다시 세지기를 거듭하는 '맥놀이⁵⁰'가 특징입니다. 맥놀이란 대칭의 범종에 복잡한 문양을 새겨넣어 미세한

....
48. 반쪽의 팔메트의 꽃잎을 좌우대칭으로 만들어 나뭇잎 모양으로 나타내었다.
49. 공공누리 제1유형(국가유산청 홈페이지에서 내려받음)
50. 맥놀이는 비슷한 두 개의 주파수가 간섭할 때 진동이 주기적으로 커졌다 작아지는 것을 반복하는 현상을 말한다.

비대칭 구조가 됨으로써 만들어지는 소리입니다. '대칭의 비대칭화' 혹은 '비대칭의 소리 미학'이라 할 수 있겠네요. 다만 종을 완성하기 전에는 맥놀이를 확인할 수 없다 보니 옛날에는 완성 후 원했던 소리가 아니면 종을 그냥 깨뜨리기도 했답니다.

우리나라 범종은 맑고 청아한 음색, 여운이 길고 뚜렷한 맥놀이를 자랑하는데, 그중 '성덕대왕신종'은 단연 돋보입니다. 치는 순간 울려퍼지는 웅장하고 조화로운 소리와 끊어질 듯 길게 이어지는 은은한 여음(餘音)의 애절한 맥놀이 소리가 마음을 숙연하게 해주죠.

● 섬뜩한 야사가 만들어질 만큼 신비한 소리

'성덕대왕신종'에 관해 어린아이를 쇳물에 넣어 비로소 종을 완성했다는 유명 야사가 있죠? 자신을 쇳물에 넣은 어머니를 원망하며 '에밀레' 하며 울부짖는다는 것입니다. 다소 섬뜩하기까지 한 얘기가 만들어질 만큼 신비로운 소리라는 방증이겠죠.

안타깝게도 '성덕대왕신종'의 소리는 더 이상 라이브로 들을 수 없습니다. 2003년 개천절을 마지막으로 종의 보존을 위해 타종하지 않기로 했기 때문이죠. '성덕대왕신종'과 완벽하게 똑같다고 할 순 없지만 현대적 기술로 유사한 소리를 재현한 '신라대종'을 만들어 경주에서 일반인들에게 타종 체험을 할 수 있도록 했습니다. 아쉽지만 이렇게라도 그 소리를 들어보면 어떨까 합니다.[51]

....
51. 김석현·이중혁, 2017, 〈신라 대종의 맥놀이 조절〉, 《한국음향학회지》 vol.36, no.3, pp.194-201.

한국과 중국, 일본의 범종 비교

한중일의 범종은 기본 구조는 같으나 그 생김새, 장식, 소리 등 조금씩 다르다. 중국 범종은 종신이 아래로 갈수록 넓어지는 나팔 모양으로 종구는 8릉의 굴곡을 하고 있다. 용뉴에 머리가 반대 방향인 용 두 마리가 있으며, 유곽과 유두는 없다.

일본 범종은 종신이 위에서 아래로 거의 수직으로 내려오며 종구는 우리나라처럼 평평하다.

우리나라 범종은 4개의 유곽에 각 9개의 유두가 있는데 일본 범종은 4개의 유곽에 100여 개의 유두를 나눠 넣었다. 용뉴는 중국처럼 두 마리의 용이 머리를 반대 방향으로 하고 있다.

우리나라는 용뉴에 용이 한 마리만 있다. 또 우리나라 범종은 항아리 모양인데, 중국과 일본의 범종과 비교했을 때 가장 큰 차이는 용뉴 옆에 용통이 있는 점이다. 용통 안쪽은 비어 있고 아랫부분은 작은 구멍이 뚫려 있어 종의 울림을 조절하여 다른 나라와 범종의 소리가 다르게 난다.[52]

한·중·일의 범종들
한·중·일의 범종은 기본적인 구조는 같다. 하지만 생김새, 장식, 소리 등 조금씩 차이가 있다.

신흥사 범종   숭명사 범종   관음사(간제온지)
_고려 11세기   _송나라 11세기   _아스카 7세기
ㅣ국립중앙박물관   ㅣ강화 전등사   ㅣ규슈국립박물관

....
52. 우리나라는 울림통을 만들어 종깊이와 크기에 따라 소리가 달라진다고 한다
(https://m.khan.co.kr/culture/culture-general/ article/201807201708005#c2b)

죽음으로 꽃피운 불교, 이차돈 순교비

삼국은 4세기부터 불교를 도입합니다. 고구려는 소수림왕 2년(372)에 전진(前秦)[53]의 순도라는 승려가, 백제는 침류왕 1년(384)에 인도의 승려 마라난타가 동진(東晉)을 거쳐 전했죠. 불교를 기반으로 왕권을 강화했고, 강력한 중앙집권 국가를 도모했습니다.

● 가장 늦게 불교를 공인한 신라

신라는 중앙에 반발하는 귀족들의 큰 저항으로 삼국 중 가장 늦은 법흥왕 14년(527)에야 이차돈의 순교를 계기로 불교를 공인합니다. 《삼국사기》에는 이차돈의 죽음을 이렇게 기록합니다.

> 이차돈이 죽음에 임하여 말하기를, "나는 불법(佛法)을 위하여 형장(刑場)에 나아가니, 부처님께서 만약 신통력이 있으시다면 내가 죽은 뒤에 반드시 이상한 일이 일어날 것이다."라고 하였다.
> 목을 베자, 피가 [목이] 잘린 곳에서 솟구쳤는데 [피의] 색깔이 우윳빛처럼 희었다. 여러 사람들이 괴이하게 여겨 다시는 불교에서 행하는 일[佛事]에 대해 헐뜯지 않았다.
> ─《삼국사기》권 제4 신라본기 법흥왕편[54]

....
53. 국호는 진(秦)이지만 같은 이름의 나라(384년~417년)와 구별하여 이 나라를 전진이라 부른다.
54. 한국사데이터베이스 〈삼국사기〉 인용

● 이차돈의 순교는 전설이 아닌 실제 사건

이차돈이라는 인물과 그의 순교에 대해 좀 더 살펴볼까요? 그는 '거차돈' 또는 '염촉'이라고도 합니다. 성은 박씨[55]라고 하며, 부친의 이름은 알 수 없고, 할아버지는 습보갈문왕의 아들인 아진종으로 법흥왕과 당숙과 조카 사이로 알려집니다. 이차돈의 순교를 전설로 오해하기도 하는데, 순교 장면과 불교 공인 과정을 그림과 글로 남긴 유물도 있죠. 바로 경주시 금강산, 즉 오늘날 백률사 근처에서 발견된 이차돈 순교비(이하 순교비)입니다. 실제 《삼국유사》[56]에는 금강산 서쪽 고개에 이차돈을 장사 지냈다 하고, 고려 후기 승려 각

이차돈 순교비 | 국립경주박물관
이 순교비에는 이차돈의 순교 장면과 불교 공인 과정을 그림과 글로 남겨놓았다.

....
55. 단, 김씨라는 주장도 있고, 전해지는 책에 따라 다르다. 「아도비」에 전하는 세계는 부계(父系: 석씨)의 계보를 전하는 것이라고 이해한 견해도 제기된다.
56. 〈삼국유사〉에는 이차돈의 장례 과정과 헌덕왕 9년 비를 세운 것에 대해 보다 자세히 나타내고 있다. 김태형, 2011, 〈이차돈의 순교유적과 유물에 대한 고찰〉, 《불교미술사학지》 제11집, pp.41~70.

훈이 지은《해동고승전》에서는 "이차돈의 머리가 (경주의) 금강산까지 날아가 그곳에서 장사 지냈다."라고 적었죠.

순교비의 내용을 살펴보면 "사형 집행관이 모자를 벗기고 손을 뒤로 묶은 다음 참수 명령을 내렸다. 염촉의 목이 떨어지자 흰 젖이 한 길이나 솟아올랐다. 이때 하늘에서 꽃비가 내리고 땅이 여섯 번이나 흔들렸다. 시신은 북산에 안장하고 서산에 사당을 세웠다."라고 기록되어 있습니다.

그런데 그림에 표현된 것과는 조금 차이가 있습니다. 그 차이를 확인하려면 순교비를 좀 더 자세히 들여다보아야 합니다. '순교비' 속 이차돈은 머리에 관을 쓴 채 두 손을 공손히 앞으로 모으고 있습니다. 어라! 글과 그림이 다르네요. 비석의 내용과 그림이 다른 것은 아마도 순교의 장면을 좀 더 거룩하게 표현하려던 것이 아닌가 생각합니다.[57]

818년쯤 제작된 순교비의 내용을 고려시대 때 편찬된《삼국사기》,《삼국유사》,《해동고승전》과 비교할 때 비록 조금씩 다른 부분이 있지만, 기본적인 내용은 비슷한 것으로 보아 이차돈의 순교는 전설이 아닌 실제 사건으로 여겨집니다. 물론 '흰 젖이나 꽃비'는 없었을지라도 말이죠. 혹시 경주에서 순교비를 보게 된다면 법흥왕을 위해 또 신라를 위해 자신의 신념에 따라 주저 없이 목숨 바친 이차돈을 한 번쯤 기렸으면 합니다.

....
57. 이기환의 흔적의 역사, 경향신문 인용(https://m.khan.co.kr/culture/culture-general/article/202308290500001)

█ 아기 미소 장착, 장창곡 석조미륵여래삼존상

불교 조각의 꽃은 불상이 아닐까요? 하지만 보이지 않는 신을 상(像)으로 구현한다는 것은 자칫 신성모독이 될 수도 있어 여간 어려운 일이 아닙니다. 그럼에도 믿음직한 신상(神像)을 만드는 것은 종교적으로 의미 있는 일이라 생각합니다. 물론 기독교처럼 신의 명령(?)으로 어떠한 형상도 만들지 않기도 하지만 말입니다.[58]

● 가장 사랑스러운 불상을 꼽는다면

불교에서는 석가모니 사후 500년이 흐른 기원후 1세기 정도부터 불상이 만들어졌다고는 하는데 언제, 어디에서 처음 만들었는지는 아직 논란이 있습니다. 신라는 6세기에 이르러 불교를 받아들였기에 바로 불상도 만들기 시작했지요.

신라 최고(最高)의 불상이라고 하면 '석굴암의 석가모니불'이나 '국보 금동미륵보살반가사유상(1962-2)[59]', '석조약사여래좌상' 등 의견이 갈릴 수 있지만, 가장 사랑스러운 불상을 꼽으라면 아마 '장창곡 석조미륵여래삼존상'에 엄지 '척' 할 것 같습니다. 특유의 은은한 아기 미소 때문이지요.

....
58. 기독교와 유대교 그리고 이슬람교는 그들의 유일신인 'GOD'을 형상으로 만들지 않았다. 다만 기독교는 인간을 불쌍히 여겨 스스로 인간의 모습으로 내려온 신이자 인간으로 실존했던 구세주인 '예수'만 그림과 형상으로 만들었다.
59. 옛 국보 83호 금동미륵보살반가사유상을 말한다. 2021년 '문화재보호법' 개정으로 지정번호를 삭제하도록 정책을 개선하였다. 예) '국보 서울 숭례문', '보물 서울 흥인지문'_국가유산청

장창곡 석조미륵여래삼존상   ㅣ국립경주박물관

삼국시대 미륵신앙을 엿볼 수 있는 불상으로 아기의 미소를 띠고 있다. 특히 반가(半跏)의 모습
이 아닌 의좌상(倚坐像)은 표현한 것은 '미륵여래'가 유일하다. 또한 본존불(本尊佛)을 좌우에서
보좌하며 삼존불을 형성하고 있는 협시보살은 얼굴뿐만 아니라 체구도 아기처럼 아담하게 제
작되었고, 대좌 위에 서 있는 입상으로 제작되었다.

● 장창곡 석조미륵여래삼존상의 유래

'장창곡 석조미륵여래삼존상'은 7세기에 제작된 불상으로 삼국시대
미륵신앙을 엿볼 수 있습니다. 불교에서는 미륵이 56억 7천만 년이
지난 후에 부처가 되어 인간 세상으로 내려와 모든 인간을 올바른
길로 이끌어 구원한다고 하는데, 미륵은 인간 세상으로 내려오기
전까지는 보살들이 있는 도솔천에 있다고 합니다. 미륵은 아직은
보살이지만 앞으로 부처가 될 존재입니다. 그래서 '국보 금동미륵
보살반가사유상(1962-2, 153쪽 사진 참고)'과 같이 보살로도 만들고,
'장창곡 석조미륵여래삼존상'처럼 부처로 표현하기도 합니다. 불상
의 머리를 보면 보살과 부처를 쉽게 구분할 수 있죠. 보살은 지장보

살 외에는 모두 상투를 튼 머리에 불꽃과 보석이 달린 화려한 보관(寶冠)을 쓰고 있고, 부처는 머리에 육계와 나발이 보입니다.

'장창곡 석조미륵여래삼존상' 중 '미륵여래'는 1924년 장창곡 무너진 석실에서 발견되어 1930년 협시보살과 함께 조선총독부박물관 경주분관에 전시하면서 '삼존상'이란 이름을 붙였습니다. '미륵여래'에 대해서는 '석가여래', '약사여래', '아미타여래'라는 등 여러 의견이 분분하였는데 《삼국유사》의 '생의사석미륵(生義寺石彌勒)' 관련 기록을 근거로 '미륵여래'로 보고 있습니다. 다만 좌우 협시보살과 관련해서는 기록이 남아 있지 않아 정확하게 누구를 표현하고 있는지 알 수 없습니다.

> 선덕왕(善德王) 때 생의(生義)라는 스님이 항상 도중사(道中寺)에 거주하였다. [하루는] 꿈에 [한] 스님이 그를 데리고 남산으로 올라가 풀을 묶어서 표를 하게 하고, 산의 남쪽 마을에 이르러서 말하길, "내가 이곳에 묻혀있으니 스님은 꺼내어 고개 위에 안치해주시오"라고 하였다. 꿈을 깬 후 친구와 더불어 표시해 둔 곳을 찾아 그 골짜기에 이르러 땅을 파보니 석미륵(石彌勒)이 나오므로 삼화령(三花嶺) 위에 안치하였다. 선덕왕 13년 갑진(甲辰)년에 [그곳에] 절을 짓고 살았으니 후에 생의사(生義寺)라 이름하였다.
>
> – 《삼국유사》권 제3 제4 탑상(塔像第四)[60]

....
60. 국사편찬위원회, 한국사데이터베이스

불상의 변화

아래 사진 속 5세기 마투라 불상을 보면 머리에 육계(肉髻)[63]와 나발(螺髮)[64]이 뚜렷하다. 하지만 3세기 간다라 불상은 물결치는 듯한 곱슬머리를 뒤로 잘 빗어넘긴 것처럼 보인다. 그리고 그런 곱슬머리가 우리의 상투처럼 볼록하게 올라와 있는데, 이것이 바로 육계다. 간다라 불상과 마투라 불상의 머리 양식은 비슷하게 변했다. 간다라 불상은 2세기 전기에는 구슬과 곱슬머리의 북상[65]으로, 2세기 중기에는 상투 끈만 표현된 곱슬머리 북상투, 2세기 후반에는 상투 끈이 사라진 곱슬머리 북상투에 육계(肉髻)가, 3세기 전기에는 육계가 나발로 변화했고, 3세기 중기에 육계를 포함한 머리 전체가 나발로 변화한다. [66] 육계가 솟아오르고 나발로 되는 것은 인간이던 부처를 신으로 신비화하는 과정으로 여겨진다.

간다라 불상[61] 부분_3세기
| 메트로폴리탄미술관

마투라 불상[62] 부분_5세기
| 메트로폴리탄미술관

초기 인도 불상

초기 인도 불상은 우리나라와는 매우 다르다. 위쪽의 간다라 불상은 알렉산더 대왕의 동방 원정을 통해 그리스 미술이 전해져서 회색 편암을 사용해 인물의 생김새가 사실적이고 매우 자연스러운 모습이다. 반면 아래의 마투라에서는 불상을 만들 때 적색 사암을 사용했고, 육체의 아름다움을 대담하게 표현했다.

· ·

61· 62. Open Access(메트로폴리탄미술관 홈페이지에서 내려받음)

63. 부처의 정수리에 있는 뼈가 솟아 저절로 상투 모양이 된 것.

64. 부처의 머리털을 가리킨다. 마치 소라껍데기처럼 틀어 말린 모양이라 하여 이렇게 이른다.

65. 위로 올린 상투.

66. 최완수,《한국 불상의 원류를 찾아서1》, 대원사, 2002.

● 어떤 특징이 있나?

'장창곡 석조미륵여래삼존상'은 '삼
화령 애기부처'라는 별명도 있습니
다. '미륵여래'와 '협시보살' 모두 머
리가 크고 마치 아기처럼 얼굴이
통통합니다. 게다가 협시보살은 체
구까지 아담하지요.

'미륵여래'는 동그란 모양에 가까
운 네모난 대좌 위에 무릎을 구부
린 채 두 발을 나란히 앞으로 내려
뜨리고 의자 위에 앉아 있습니다.
우리나라에서 미륵여래는 오른쪽
사진 속 금동미륵보살반가사유상

국보 금동미륵보살반가사유상(1962-2)
ㅣ국립중앙박물관

삼국시대의 대표적 반가사유상으로 구
리로 만들어 도금하였다. 우리나라의 미
륵여래는 이처럼 한쪽 다리만 책상다리
모양으로 올려놓은 '반가(半跏)'의 자세
를 하고 있다.

처럼 한쪽 다리만 책상다리 모양으로 올려놓은 '반가(半跏)'의 모습
을 표현한 것이 대부분입니다. 의좌상(倚坐像)은 '미륵여래'가 유일
하죠. '미륵여래'는 두 눈을 지그시 감고 입술을 살짝 물고 있는 것
이 깊은 생각에 빠져있는 듯 싶은데 150쪽 사진에서 볼 수 있는 것
처럼 콧날은 부서졌습니다. 머리 정수리를 보면 육계를 완만하게
볼록 솟아오른 것으로 표현했고 나발은 보이지 않습니다. 머리 뒤
로는 부처의 얼굴에서 빛이 나는 두광(頭光)이 있는데, 두광 속 무
늬는 '미륵여래'와 협시보살 대좌와 무늬와 같습니다. 오른손은 손
가락을 앞으로 살짝 오므렸고 왼손은 주먹을 쥔 채 무릎 위에 올려

놓았습니다. 손모양은 변형된 시무외(施無畏, 두려워 말라)·여원인(與願印, 원하는 것을 들어주겠다)을 취하고 있죠. 소년 같은 맑은 표정으로 사색에 빠진 모습에서 부처님의 마음이 느껴집니다.

'협시보살'은 대좌 위에 서 있는 '입상'으로 만들었는데, 3개의 산 모양인 삼산관을 머리에 쓰고 동그란 눈썹 아래 감았는지 떴는지 알 수 없는 일자 모양의 눈, 오동통한 볼에 도톰한 입술이 '미륵여래'보다 살짝 위로 올라가 있어 어쩐지 미소가 더욱 해맑아 보입니다. 오른쪽 협시보살은 왼손에 보주(寶珠)를 들고 있고, 왼쪽 협시보살은 왼손에 지물를 같이 조각해 놓았던 것 같은데 지금은 깨져서 무엇인지 알 수 없습니다. '협시보살'은 커다란 '미륵여래' 옆에 있어 더 작고 천진난만해 보여 저절로 미소 짓게 됩니다.

▌ 어린아이와 같은 또 다른 삼존불, 배동 석조여래삼존입상

'장창곡 석조미륵여래삼존상' 못지않게 어린아이의 천진난만한 모습을 담은 삼존불이 있습니다. 바로 비슷한 시기에 만든 '배동 석조여래삼존입상'이에요(오른쪽 사진 참조). 삼존불 모두 미소를 머금은 어린아이와 같은 모습입니다. 가운데 '석조여래'는 네모나고 통통한 얼굴에 이중으로 된 상투를 틀었습니다. 손 모양은 '장창곡 미륵여래'와 마찬가지로 시무외·여원인을 하고 있는데, 두 손 모두 손가락을 쭉 펴고 있죠. 협시보살 중 왼쪽에 있는 보살은 작은 부처가

배동 석조여래삼존입상

삼존불 모두 미소를 머금은 어린아이와 같은 모습을 하고 있는데, 가운데 '석조여래'는 이중으로 된 상투에 좀 더 네모나고 통통한 얼굴이다.

새겨진 보관을 쓰고 왼손에 정병을 들고 있어 관음보살로 보입니다. 오른쪽 보살은 주먹 쥔 왼손에 무언가를 꽂았던 흔적이 보이지만, 무엇인지는 알 수 없어 정확한 이름도 알 수 없습니다.

　'배동 석가여래삼존입상'의 석가여래상과 '장창곡 석조미륵여래삼존상'은 전형적인 북주, 북제 양식으로 4등신의 신체 비율과 U자형 둥근 옷주름, 아기 같은 얼굴, 단순한 선 등에서 추상표현주의적 특징이 드러납니다. '장창곡 석조미륵여래삼존상'이 약간 더 늦은 시기에 만들어져 중국의 북제 양식을 신라 특유의 양식으로 발전시킨 불상으로 보고 있습니다.[67]

....
67. 유홍준, 《한국미술사강의1》, 눌와, 2010 참조

▌ 신라와 불법을 수호하는 다양한 불교 조각들

신라 사람들은 부처와 보살 외에도 불법으로 자신들을 지켜줬으면 하는 바람을 담아 여러 조각상을 만들었습니다. 대표적인 조각상으로는 금강역사와 사천왕 그리고 팔부중이 있습니다. 부처와 보살을 제외한 불교의 다양한 조각상들은 강렬한 표정, 근육질의 몸, 역동적 자세로 강인함을 표현했는데, 이는 불국토(佛國土, 부처의 나라라는 뜻)인 신라를 수호하는 그들의 임무를 잘 보여줍니다.

● 귀신들의 왕에서 부처와 불법의 수호자가 된 사천왕

먼저 사천왕은 본래 인도에서는 귀신들의 왕이었습니다. 하지만 부처의 깊은 가르침에 교화되면서 부처와 불법을 지키는 수호신이 되었죠. 사천왕은 수미산[68] 중턱에서 살면서 동서남북 네 방위를 지키고 있습니다. 사찰의 사천왕문에는 좌우로 두 명씩 사천왕이 있는데, 왼쪽에는 '동방지국천왕'과 '남방증장천왕'이 있고 오른쪽에는 '서방광목천왕'과 '북방다문천왕'이 있습니다. 다만 사천왕은 모두 울퉁불퉁 커다란 몸에 부릅뜬 눈 등 생김새가 비슷해서 구분하기가 쉽지 않습니다. 게다가 사찰마다 정해진 위치에 사천왕을 놓고 있지 않아 위치로도 파악하기 어렵죠. 그래서 손에 들고 있는 지물[69]로 구분하는 것이 가장 쉽습니다.

....
68. 불교의 우주관에서 세계의 중심에 있다는 상상의 산을 가리킨다._한국민족문화대백과사전
69. 부처나 보살, 천왕 등이 들고 있는 물건

사천왕상[70]_석탑 1층 몸돌 옆면과 위_통일신라(8세기) | 국립경주박물관

신라에서는 부처와 보살 외에도 불국토 신라를 수호하기 위해 위의 사천왕상과 같은 다양한 불교 조각을 제작하였다.

먼저 **지국천왕**은 얼굴빛이 푸르고 왼손에 칼을 쥐고 있는데, 착한 사람에게 상을 내리고 악한 사람을 벌하며 항상 인간을 고루 살핀다고 합니다. **증장천왕**은 몸이 붉은색이며 오른손과 왼손에는 각각 용과 여의주를 들고 있습니다. 증장천왕은 중생에게 복을 넓고 길게(增) 만든다고 합니다. **광목천왕**은 오른손에는 끝이 셋으로 갈라진 삼치극을 들고 왼손에는 탑을 손바닥 위에 올려놓고 있는데, 광목천왕은 죄인에게 벌을 내려 스스로 잘못을 깨우치도록 한다고 합니다. 끝으로 **다문천왕**은 항상 부처님의 설법을 듣고 불법을 전하기 때문에 다문(多聞)이란 이름을 가지고 있는데, 왼손에는 비파를 들고 있습니다.

....

70. 사천왕은 갑옷을 입고 천의(天衣)를 휘날리며 악귀를 밟고 구름 위에 서 있다. 강하고 힘찬 모습으로 불국토를 지키는 사천왕을 묘사하고 있다. 몸돌 위쪽으로는 네모난 사리 구멍을 만들어 사리기를 넣을 수 있도록 했다.

지국천왕(좌)과 증장천왕(우)

광목천왕(좌)과 다문천왕(우)

김천 청암사 사천왕문

사천왕은 동쪽의 지국천왕, 남쪽의 증장천왕, 서쪽의 광목천왕, 북쪽의 다문천왕으로 네 방위를 지킨다. 하지만 사찰마다 정해진 위치에 사천왕을 놓고 있지 않아 차라리 손에 들고 있는 지물로 구분하는 것이 가장 쉽다.

사천왕은 불법을 수호하는 역할로 불교에 받아들여졌지만, 신라를 포함한 삼국에서 불교를 받아들인 주요 이유가 왕권 강화와 국가 수호이므로 **호국적 사천왕 신앙**이 좀 더 컸다고 여겨집니다. 사천왕 상은 사리기나 탑에 부조로 새기거나 조각이나 그림으로 많이 만들기도 했지만, 국가 수호라는 큰 의미를 담아 사천왕사(四天王寺)[71]를 창건하기도 합니다.

> 당나라의 고종(高宗)이 인문 등을 불러서 꾸짖어 말하기를 ~ 군사 50
> 만 명을 조련하여 설방(薛邦)을 장수로 삼아 신라를 치려고 하였다. ~
> 왕이 매우 염려하여 여러 신들을 모아 놓고 방어책을 물었다. 각간

....

71. 신라 문무왕 19년(679)에 명랑(明朗)이 창건하였다. 다만 현재는 불전(佛殿)의 주춧돌과 탑지(塔址)만 남아 있다.

(角干) 김천존(金天尊)이 아뢰기를, "근래에 명랑법사(明朗法師)가 용궁에 들어가서 비법을 전수해왔으니 그를 불러 물어보십시오."라고 하였다. 명랑이 아뢰기를, "낭산(狼山) 남쪽 신유림(神遊林)이 있으니, 그곳에 사천왕사(四天王寺)를 세우고 도량을 개설함이 좋겠습니다."라고 하였다. 이에 채색 비단으로 절을 짓고, 풀로 오방신상(五方神像)을 만들고, 유가명승(瑜伽名僧) 12명이 명랑을 우두머리로 하여 문두루비밀법(文豆婁秘密法)[72]을 지으니, 그때에 당나라와 신라의 군사가 싸우기도 전에 풍랑이 크게 일어 당나라의 배가 모두 물에 침몰하였다. 그 후 절을 고쳐 짓고 사천왕사라고 했는데, 지금까지 단석(壇席)이 끊어지지 않았다.

　　　　　　- 《삼국유사》 권 제2 제2 기이(紀異第二) 문무왕 중(中)[73]

《삼국유사》와 《삼국사기》에 따르면 '신라의 사천왕사'는 670년 당나라 수군이 쳐들어왔을 때 임시로 지었던 것을 679년에 완성하였는데, 670년과 671년 '문두루비밀법'[74]으로 풍랑을 일으켜 당나라 수군을 물리쳤다고 합니다. 단지 종교의례로 적군을 물리쳤다는 것은 믿기 어려울지 모릅니다. 하지만 당시 당나라가 신라를 공격했을 때 풍랑으로 침몰한 것은 역사적 사실이라고 합니다.[75]

....
72. 신라와 고려시대에 호국의 염원을 담아 행한 종교의례_한국민족대백과사전
73. 한국사데이터베이스 〈삼국유사〉
74. 신라와 고려시대에 호국의 염원을 담아 행한 불교의식.
75. 이상훈, 《나당전쟁 연구》, 주류성, 2012.

● 또 다른 수호자, 금강역사

금강역사는 다양한 역할을 합니
다. 대표적으로 사찰에서 일주문[76]
다음에 나오는 금강문에 있는 금
강역사와 분황사 모전석탑[77] 1층
문앞의 부조 금강역사는 문지기
이고, 국립경주박물관의 구황동
절터 석탑 1층 몸돌의 금강역사
상은 사리 수호자죠. 또 부처님

금강역사_구황동절터 석탑1층 몸돌
ㅣ국립경주박물관
사찰의 문지기 또는 사리의 수호자 등 다양
한 역할을 한다.

석굴암 금강역사[78] ㅣ국립중앙박물관
인도에서는 금강역사 1명이 부처를 호위
하였으나 중국을 거치며 2명으로 바뀌었
다. 석굴암의 금강역사는 근육질의 몸과
역동적 동작이 특징이다.

을 호위하는 역할도 합니다. 대표
석으로 석굴암에 있는 금강역사
가 그러합니다(왼쪽 사진 참조). 인
도에서 금강역사는 한 명으로 부
처만 호위하였으나, 중국을 거치
면서 2명으로 바뀝니다.[79] 보통 왼
쪽에는 금강저라는 무기를 가지
고 항상 부처님을 호위하는 밀적
금강이 있고, 오른쪽에는 힘의 세
기가 코끼리 백만 배가 되며 악을

....
76. 절 같은 데서 기둥을 한 줄로 배치한 문.
77. 우리나라에 남아있는 탑의 금강역사상 중에서 가장 이른 시기에 만들어졌다.
78. 공공누리 제1유형(e뮤지엄에서 내려받음)
79. 유근자, 2015, 〈토함산 석굴 금강역사의 도상 연구〉, 《강좌미술사》 no.44, pp.149-181.

저지르는 자들을 혼내주는 나라연금강이 있습니다. 밀적금강은 입을 벌린 채 '아'하는 소리를 내고 있고, 나라연금강은 '훔'이라는 소리를 내기 위해 입을 다물고 있습니다. '아'와 '훔'은 모든 부처님 말씀의 처음과 끝을 비유적으로 이르는 말입니다. '아' 자는 입을 벌리고 내는 소리로 자음의 처음이며 '훔' 자는 입을 다물고 내는 소리로 자음의 끝입니다.

석굴암의 금강역사상을 좀 더 살펴보면 표정은 다소 화난 듯 보이고, 머리는 상투를 틀었습니다. 맨몸으로 울퉁불퉁한 근육질을 뽐내는 상반신은 마치 무술하듯 팔동작을 취하고 있죠. 하반신은 단단한 종아리가 드러난 짧은 바지를 입고, 허리춤에 펄럭이는 옷주름이 역동성을 더하여 금세 공격할 것 같은 모습입니다.

● 부처의 가르침으로 불교에 귀의한 여덟 신, 팔부중

끝으로 팔부(八部)중입니다. 이들은 고대 인도에서 존재하는 다양한 신들 가운데 부처의 가르침을 받고 불교에 귀의하게 된 여덟 신을 말합니다. '팔부'라는 말이 처음 등장하게 된 건 5세기 초로 그때는 사천왕의 무리, 범천의 무리 등과 같이 여덟 무리를 의미하는 것이었는데, 6세기 후반에 이르러 관정[80]이 지은 《관음의소》에서 '대위덕천, 용, 야차, 건달바, 아수라, 가루라, 긴나라, 마후라가'를 팔

---

80. 관정(灌頂)은 천태산이 있는 절강성(浙江省) 태주(台州)의 장안(章安)에서 오(吳)씨의 집안에 태어났다. 23세일 때 당시 46세이던 천태대사의 문하로 들어간 관정은 스승의 가르침에 따라 관문(觀門)을 깊이 궁구하여 마침내 인가를 받고 시자를 맡게 되었다(출처 : 금강신문 (https://www.ggbn.co.kr).

팔부중 | 국립경주박물관
팔부중 가운데 가루라와 긴나라이다. 팔꿈치 좌우로 흩날리는 천이 아름답게 조각되었다.

부중[81]으로 규정짓고 특징을 기술했습니다. 간략히 살펴보면 먼저 **대위덕천**은 팔부중 가운데 가장 서열이 높고, **용**은 구름을 일으켜 비를 내리게 하죠. **야차**는 사람을 먹고 살다 부처의 말씀에 귀의했으며, **건달바**는 수미산 남쪽에 사는 음악의 신, **아수라**는 만 개의 머리와 이만 개의 손을 가졌죠. 용을 잡아먹는 **가루라**는 날개와 머리가 금인 금시조(金翅鳥)고, **마후라**는 큰 뱀신입니다.[82] 또 악기를 연주하고 노래하며 춤추는 **긴나라**는 사람의 머리에 새의 몸 또는 말의 머리에 사람의 몸을 하는 등 형상이 일정치 않습니다.

위 사진은 국립경주박물관에 전시된 팔부중 중 가루라와 긴나라입니다. 탑의 위층 기단 면석에 새겨져 있죠. 하늘에 사는 존재라 그런지 연화좌 위에 앉은 자세가 붕 뜬 듯 보이기도 하고, 팔꿈치 옆으로 휘날리는 천의도 참 아름답습니다.

....

81. 경전에 따라 여래팔부중과 사천왕팔부중으로 분류된다. 여래팔부중은 천·용·야차·건달바·아수라·가루라·긴나라·마후라가이며, 사천왕에 소속된 팔부중은 용·야차·건달바·비사사·구반다·벽협다·부단나·나찰이다._한국민족대백과사전
82. 차윤정, 2023, 〈석굴암 팔부중상 연구〉, 《미술사와 시각문화》 Vol.,no. 31, pp.36-65.

불교문화에 반영된 신라인들의 믿음과 삶의 태도

신라를 대표하는 다양한 불교 유물들과의 만남이 즐거웠나요? 우리나라 얘기인 줄 알았는데 인도의 신화였던 것도 있고, 전설인가 싶었는데 역사적 사실임을 확인하고 놀랐을지도 모르겠군요. 이처럼 유물에는 다양한 옛이야기들이 담겨 있습니다. 특히 그 시대를 살았던 이들의 희로애락 그리고 바람과 안녕의 마음 말이죠. 또 그 시대를 지탱해 준 신념이나 사상도 짐작할 수 있지요. 우리가 살펴본 다양한 불교 예술작품들처럼요.

사실 우리나라의 불교 조각상은 루브르박물관의 '밀로의 비너스' 처럼 완벽한 황금비율과는 거리가 멉니다. 하지만 오히려 그 친근한 모습에서 볼수록 마음이 편안해지고 나도 모르게 자꾸 믿음이 가는 것은 왜일까요? 신비롭지만 천진난만한 아이의 미소가 은은하게 배어있는 부처, 내가 어느 곳에 있든 어떤 어려운 상황에 처했든 나타나 지켜줄 것만 같은 든든한 사천왕과 금강역사 그리고 팔부중까지 말입니다.

옛사람의 숨결이 고스란히 담긴 유물들을 찬찬히 들여보다 보면 각박한 현실을 살아가는 우리에게 삶의 여유와 지혜를 속삭여주는 것 같습니다. 좀 더 생생하고, 재미있고, 유익한 이야기를 더 듣고 싶다면 이번 기회에 직접 경주로 발길을 옮겨보면 어떨까요? 분명 책 속에 소개된 것보다 훨씬 더 다양한 이야기를 만나며 진한 감동도 느낄 수 있을 것입니다.

세상에 영원한 것은 없다고 하죠? 천년 사직을 이어온 신라도 결국 멸망의 길을 걷게 됩니다. 왕실의 왕위쟁탈전과 극심한 사치, 골품제의 와해 등을 통해 지방 분권화 현상이 나타났고, 아래로는 농민들의 저항도 거세졌죠. 이런 혼란 속에 고구려 유민을 등에 업은 궁예가 세력을 확장했고, 상주 사람 견훤에 의해 또 다른 권력이 몰리면서 후삼국 시대가 열립니다. 결국 935년 신라 경순왕이 고려의 태조 왕건에 굴복하며 신라는 역사 속으로 사라집니다. 이후 고려는 약 474년간 한반도를 지배했는데, 대표적인 문화유산으로는 너무나 유명한 고려청자, 팔만대장경 등이 있죠. 또한 고려는 활발한 대외무역활동을 통해 '고려(Corea)'라는 이름을 세계에 널리 알렸습니다. 불교를 국교로 숭상했기 때문에 다양한 불교 관련 유물을 만나볼 수 있어요. 신라의 불교문화와 어떤 차이가 있는지 살펴보는 것도 흥미롭겠죠? 자, 지금부터 함께 고려로 떠나봅시다!

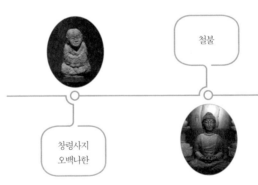

철불

창령사지
오백나한

4부

고려

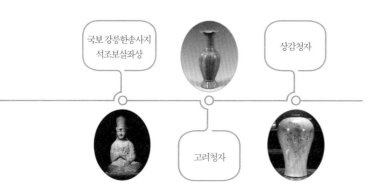

국보 강릉한송사지
석조보살좌상

상감청자

고려청자

일곱 번째 이야기

불상을 바라보며 마음챙김의 시간

▌마음이 복잡하여 이러지도 저러지도 못할 때

사람은 언제 가장 힘들까요? 개인적으로는 머리와 몸이 따로일 때가 아닌가 싶습니다. 강주원 작가의 에세이 《이러지도 저러지도 못하는 당신에게》(비로소, 2024)를 읽다가 아니라는 걸 알면서도 그걸할 수밖에 없을 때 가장 힘들다는 내용에 크게 공감했던 기억이 납니다. 그럴 때면 정말 이러지도 저러지도 못하죠.

이성은 분명 아니라고 말하는데, 마음은 자꾸 반대로 말합니다. 그러다 보면 어느새 몸도 마음을 따라 반대로 움직이지요. 그럴 때

창령사지 오백나한실 ┃국립춘천박물관

삶이 고단하고 마음이 어지러울 때, 국립춘천박물관을 들러보면 어떨까? 오백나한을 만나면 마음의 위로를 받을지 모른다.

주변 사람들은 왜 그런 어리석은 선택을 했냐며 혀를 끌끌 차고 틀렸다 말하는데, 누가 그걸 모르나요? 알아도 꼭 그렇게 살 수 없는 것이 인생입니다. 바보 같은 결정을 해서 바닥으로 떨어져 보기도 하고, 때론 그런 바보 같은 결정 덕분에 새로운 삶을 꿈꿔볼 용기를 얻기도 하니까요. 다만 온갖 시련에 시달리다 보면 불교에서 말하는 8가지 고통[1]에 휩싸여 마음이 속수무책으로 복잡해집니다. 그럴수록 차분하게 스스로를 'refresh'하며 마음을 추스르는 시간이 필요할 텐데, 국립춘천박물관에서 위로를 받아보면 어떨까요?

....

1. 생로병사(生老病死) 4고(苦)에 마음의 고통인 사랑하는 것과 헤어지는 고통, 싫어하는 것과 만나는 고통, 구하여도 얻지 못하는 고통, 오온(五蘊)에 집착하는 고통을 합한 것.

▌ 당신의 마음을 닮은 '창령사지 오백나한'

춘천(春川)하면 어쩐지 생기 가득한 '봄바람'이 떠오릅니다. 특히 국립춘천박물관 2층에 마련된 특별전시실에서 인간 세상의 온갖 번뇌를 내려놓고 최고의 깨달음을 이룬 '창령사지 오백나한'을 만난다면 깊은 마음의 위로를 받고 활력을 찾을지 모릅니다.

● 창령사 터에서 무더기로 발굴된 나한상의 정체는?

창령사는 고려시대에 창건된 절입니다. 영월에 있다는《신증동국여지승람(新增東國輿地勝覽)》[2]의 기록뿐, 존재 여부가 명확히 밝혀지지 않다가 2001년과 2002년 두 번에 걸친 영월 장원리 발굴조사로 '창령(蒼嶺)'이란 기와가 출토되며 존재를 확인했죠.[3] 창령사 터 발굴 조사에서 건물지 3곳과 탑지(塔地) 등이 발견되었는데, 1호와 2호 건물지는 고려 후기로 추정되는 돌로 만든 하나의 기단을 공유하고 있어 당시엔 하나의 건물이었다가 어떤 이유로 조선 중기에 둘로 나뉜 것으로 보입니다. 바로 이 1호와 2호 건물지에서 오백나한의 일부로 보이는 나한상 317점이 나온 것입니다.[4]

　나한은 아라한(阿羅漢)[5]의 줄임말로 불계로 출가하여 수행을 통

---

2. 《신증동국여지승람》은 조선전기 문신 이행·윤은보 등이《동국여지승람》을 증수하여 1530년에 편찬한 관찬 지리서이다._한국민족대백과사전
3. 윤석인, 영월 창령사지, 강원문화재연구소, 2002.
4. 강삼혜, 2020, 〈고려시대 영월 창령사 터 오백나한상 연구〉,《동원학술논문집 제21집》, p.30.
5. 산스크리스트어의 '아라한트(arahant)'를 한자로 나타낸 말.

해 최고의 경지에 오른 인간을 일컫습니다. 평범한 사람들도 수행하면 깨달음을 얻을 수 있다는 희망을 주는 존재이기도 하죠. 오백나한[6]과 관련된 신앙은 중국 당나라 때에 유행하기 시작해서 통일 신라말에 우리에게 들어왔고, 고려와 조선에서 유행합니다. 다만 고려시대에는 주로 외세의 침입이나 자연재해(특히 가뭄)의 극복을 바라며 나한을 만들었고, 조선시대에는 국가의 안녕과 왕실의 무병장수를 바란 점에서 차이가 있죠. 발견된 건

중국 당삼채 나한상 │영국박물관
선정에 든 자세로 미간을 찌푸린 채 엄한 표정으로 정면을 응시하고 있다. 사실적 묘사가 인상적이나, 어쩐지 선뜻 다가가기에는 거리감이 느껴진다.

물지에 고려와 조선의 흔적이 모두 엿보이다 보니 어느 시대의 나한인지 특정 짓기는 어렵습니다. 다만 조선 후기에 편찬된《영월부읍지》에 폐사된 창령사 터에 기우제를 지냈다는 기록과《고려사》에 목종과 예종 대에 가뭄을 극복하려 나한제(羅漢祭)를 했다는 기록 등에서 창령사는 고려시대에 조성되고 나한상도 만들지 않았나 생각됩니다.[7]

....
6. 오백나한은 초기 경전인 〈증일아함경〉에서 언급되었고 십육나한은 당나라 시대에 번역된 〈법주기〉에 나온다. 십팔나한도 있긴 하지만 중국과 일본에서 유행하였다.
7. 신광희, 2023, 〈고려-조선전기 나한신앙과 나한상의 특성에 대한 일고찰〉,《불교학보》제 101호, p.223.

● 창령사지 오백나한은 어떤 모습인가?

앞 장에서 살펴본 신라의 불상을 떠올려볼까요? 황금비율은 아니라도 어딘지 모르게 범접할 수 없는 신비로운 분위기가 느껴집니다. 그에 비해 '창령사지 오백나한'은 마치 이웃 사람처럼 소박하고 평범한 모습입니다. 비록 첫눈에 시선을 확 잡아당기지는 않지만, 발걸음을 멈추고 자꾸 다시 돌아보게 하는 매력이 있습니다. 볼수록 마음이 끌린다고 해야 하나요?

입꼬리를 살짝 들어 올린 작은 입술에 은은한 눈웃음을 지으며 이야기를 거는 듯한 나한, 고개는 숙이고 눈은 감은 채 선정에[8] 든 나한, 동그란 눈썹 아래로 지그시 눈을 감고 두 손은 가사에 넣고 무언가 깊은 생각에 빠진 듯 수행하는 나한, 도톰한 인중과 옆으로 찢어진 눈이 인상적인 머리에 두건을 두른 나한, 빡빡 깎은 머리에 눈꼬리는 처지고 찢어진 눈을 감고 입술은 살짝 올린 채 가사를 두른 나한, 입술 가득 미소를 띤 나한 등 다양한 모습을 하고 있습니다(171쪽 사진 참조).

'창령사지 오백나한'은 엄숙하고 다가가기조차 조심스러운 절대자의 모습이기보다는 곁에서 내 얘기에 귀를 기울여주는 인자한 스님처럼 친근한 모습이죠. 힘들 때면 따뜻한 위로를 건네주실 것 같습니다. 이런 나한은 중국과 일본에서는 좀처럼 볼 수 없는 우리나라만의 독특한 아름다움이기도 합니다.

....
8. 지혜를 얻고 부처가 되기 생각을 쉬는 수행으로 배꼽 밑에 왼손은 아래로 하고 오른손은 위로 하여 포갠 다음 손바닥을 위로 양손 엄지 끝을 맞댄다.

이야기하는 나한   선정에 든 나한

수행하는 나한   두건을 두른 나한

가사를 두른 나한   미소 띤 나한

창녕사지 오백나한 중 일부

그저 평범한 사람의 모습처럼 보이지만, 볼수록 시선을 잡아끄는 묘한 매력이 있다. 엄숙하고 다가가기 힘든 절대자의 모습이기보다는 내 옆에서 언제나 내 얘기에 귀를 기울여줄 것 같은 인자한 스님의 모습 같기도 하다.

▋ 짧게 유행하고 사라진 철불의 미스터리

'창령사지 오백나한' 전시실을 나와서 맞은편 오른쪽 끝으로 가면 고려의 불상과 불교 관련 유물을 볼 수 있는 전시실이 나옵니다. 특히 신라말에서 고려 초에 일시적으로 유행했던 철불을 만날 수 있죠. 현재 우리나라에 50여 구가 남아있는 철불은 왜 유독 그 시기에만 제작되었는지 확실한 이유를 찾지 못했습니다.

사회 문화적으로 신라말은 혼란의 시기였습니다. 삼국통일 후 불교가 더욱 성행하였는데, 이때만 해도 교리를 강조하는 '교종'이 발달했습니다. 고구려와 백제 유민을 신라의 백성으로 통합하는 한편 지배층과 중앙집권체제를 공고히 하는 사상적 기반이 되었죠. 하지만 말기로 갈수록 교리보다는 참선과 깨달음을 강조하는 '선종'이 중국으로부터 유입되어 빠르게 중앙과 지방으로 확산하였습니다. 중앙 권력에 끊임없이 도전하는 귀족들의 반란, 왕위 다툼으로 인해 잦은 왕의 교체 그리고 6두품 계열의 신분제도에 대한 불만 등으로 중앙 권력이 크게 약화되며 지방까지 힘이 미치지 못했죠.

바로 이런 혼란스러운 시대적 배경 속에서 철불 제작이 유행한 것이다 보니 신라말 선종의 전래 영향과 지방 호족의 성장 그리고 동(銅)의 부족을 이유로 꼽습니다. 하지만 어디까지나 추정일 뿐, 이들 중 어느 것 하나 확실한 이유를 설명하진 못합니다.[9]

----

9. 권보경, 2022, 〈신라 하대·고려 철불 연구〉, 동국대학교 박사학위논문.

● 선종이 유행했기 때문이다?

시기적으로 선종의 전래와 철불의 유행이 겹치기는 하지만 선종은
교종[10]과 달리 참선을 통한 깨달음을 강조합니다. 불상을 세우는
데 비판적이었고,[11] 일부 사찰은 아예 불상을 세우지 않기도 했죠.
불상을 모셔도 숭배가 아닌 수행을 위한 방편으로 이해하여 사찰의
한쪽 귀퉁이에 부처님을 모시고 신도들이 자유롭게 참배와 기도를
할 수 있도록 했습니다. 신라 말~고려 초에는 선종뿐 아니라 화엄종
과 법상종[12] 절에도 철불을 모셨습니다. 따라서 선종의 영향으로 철
불이 제작되었다고 보기는 어렵습니다.

● 지방 호족의 성장과 관련이 있다?

철불은 지방 호족이 성장하던 시기
와도 겹칩니다. 그러다 보니 지방
호족 세력이 철불 제작을 통해 자신
들의 권위와 세력을 과시했다는 주
장도 있습니다. 철이란 재료가 가
지는 강인한 느낌은 호족들이 자신
의 권위를 내세우기 위한 수단으로

장흥 보림사 철조비로자나불좌상[13]
철불은 신라말에서 고려말까지 일시적
으로 유행했다가 사라졌다. 우리나라에
는 현재 50구 정도가 남아있다.

----

10. 교종의 양대종파로 화엄종과 법상종을 꼽는다. 화엄종은 〈화엄경〉을 중심 경전으로 하며 비
   로자나불을 주불로 모시고, 법상종은 미륵신앙을 중심으로 미륵불을 주불로 모신다.
11. 권보경, 2022, 〈신라 하대·고려 철불 연구〉, 동국대학교 박사학위논문, p.21.
12. 교종은 불교 경전에 대한 이해와 그에 따른 깨달음을 중시하고 불경이나 불상과 같은 권위적
   인 교리나 의식을 강조하였다.
13. 공공누리 제1유형(국가유산청 홈페이지에서 내려받음)

철불을 제작했을 것 같기도 합니다. 하지만 초기 철불 제작은 호족이 아닌 오히려 왕실 주도로 이뤄졌다는 데서 논리적으로 빈약합니다. 장흥 보림사 철조비로자나불좌상이 있는데, 불상에 새겨진 명문(明文)에는 헌안왕(정왕이라고 적혀 있음)이 칙령을 내려 제작했다고 합니다. 남원 실상사 철조여래좌상은 신라시대 최초(현존하는)의 철불로 생각하고 있는데, 실상사는 신라 흥덕왕 대에 세워진 선종 사찰로 철조여래좌상은 왕실 주도로 관 소속 장인이 만든 것으로 추정됩니다. 그 이유는 왕실이 제작한 경주 백률사의 금동불이나 불국사 비로자나불[14]과 양식적으로 비슷한 면이 많기 때문입니다. 그런 만큼 철조여래좌상은 지방이 아닌 국가 소속 장인이 만든 것으로 생각할 수 있습니다.[15] 물론 지방 호족이 만든 철불들도 많이 있기는 하지만, 오직 호족 세력 때문에 철불이 유행했다고 해석하기에는 문제가 있다는 뜻이지요.

● 불상을 만들 동(銅)이 부족했기 때문이다?

동(銅)의 부족을 철불 유행의 원인으로 꼽기도 합니다. 중국은 고대 시기부터 동으로 화폐를 만들었기 때문에 동에 대한 관리가 필요했고 생산량에 비해 소비량이 많아 자주 금동령(禁銅令)을 내렸습니다. 동으로 불상을 만드는 데 제약이 있다 보니 동아시아에서

....

14. 보통 사람의 눈으로는 볼 수 없는 광명의 부처로 진성여왕이 화엄사상의 의미를 담아 제작한 불상이다.
15. 권보경, 2022, 〈신라 하대·고려 철불 연구〉, 동국대학교 박사학위논문, p.81.

처음으로 중국이 철불을 만들기
시작했고, 당나라 시기에 유행했
습니다. 하지만 신라나 고려의
사정은 조금 다릅니다. 중국처럼
화폐를 만들지 않았을뿐더러[16]
생산량에 비해 소비량이 많지 않
았습니다. 오히려 중국으로 수
출을 많이 해서 신라동(新羅銅)
과 고려동(高麗銅)이라 불리기도

'고려국조'가 새겨진 청동거울
｜국립중앙박물관
고려국조란 'Made in 고려'의 의미다. 이
렇게 제작된 청동거울이 중국으로 수출되
었다.

했죠. 국립중앙박물관에 가면 중국에 수출되던 'Made in 고려'란 의
미의 '고려국조(高麗國造)'가 새겨진 청동거울을 볼 수 있습니다(위
사진 참조). 따라서 신라말 고려 초 철불의 유행을 동(銅)의 부족으
로 보기는 어렵습니다.

● 이도 저도 아니라면 대체 무엇 때문일까?

비록 뚜렷한 이유는 찾지 못했지만, 앞서 살펴본 내용 중 신라말 지
방호족의 성장은 조금 관련이 있어 보입니다. 신라 말, 왕실은 금은
동에 비해 값싼 철불을 만들어 왕의 건재함을 알리는 데 어느 정도
효과를 보았죠. 이에 호족들도 철불을 만들어 자신의 권위를 내세

---

16. 고려시대에 접어들어 996년에 금속화폐 제작이 처음으로 명령되기 전까지는 한반도에서 독
　　자적인 금속화폐를 만들려는 시도는 없었던 것으로 본다(자료: https://h21.hani.co.kr/arti/
　　culture/culture_general/22291.html)

우려 했던 것이 고려까지 이어졌다고 추측해 볼 수 있죠.

하지만 우리나라의 철불 대부분은 고려 초에 만든 것입니다. 후삼국을 통일한 시점에서 중앙의 힘을 강화하려면 지방 호족의 힘을 빼야 하는데, 앞뒤가 맞지 않습니다. 차라리 그보다는 고려가 그동안 전쟁을 위해 확보했던 다량의 철제 무기가 힌트일 것 같습니다. 전쟁이 끝나고 평화의 시기에도 강력한 군대 유지는 중요하겠지만, 그보다 안정된 백성의 삶이 훨씬 더 중요했겠지요. 전시처럼 많은 무기는 필요치 않았을 테니, 무기의 재활용이란 측면에서 부처님의 힘으로 국가의 안녕과 민심 안정을 위해 무기를 녹여 철불을 만든 것은 최고의 선택지가 아니었을까 싶습니다.[17]

고려시대의 철불과 석불을 볼 수 있는 3전시실
고려가 전쟁에서 승리하면서 많은 양의 철제 무기를 확보한 후, 무기의 재활용 측면에서 부처님의 힘으로 국가의 안녕과 민심 안정을 위해 무기를 녹여 철불을 제작한 것이 아닐까 추정한다.

▌학성동 출토 석가모니불과 본저전동 출토 아미타불

3전시실에서 처음으로 마주하게 되는 것이 바로 앞서 설명했던 고
려시대 철불입니다. 전시된 3구의 철불 중 앞의 2구는 원주 학성동
에서 발견된 것으로 철조여래좌상(석가모니불)이지요. 그리고 뒤의
1구는 원주 본저전동(현재 우산동)에서 발견된 철조아미타여래좌상
입니다(아래 맨 오른쪽 사진 참조). 이외에도 학성동에서 출토된 또
다른 철조여래좌상(석가모니불) 1구와 철조약사여래좌상 1구가 더
있는데 국립춘천박물관에서 번갈아 가며 전시하고 있습니다.

철조여래좌상_94㎝_본관1976[18]
ㅣ국립춘천박물관

철조여래좌상_94㎝_본관 1971
ㅣ국립춘천박물관

철조아미타여래좌상_110㎝_
본관 1973 ㅣ국립춘천박물관

국립춘천박물관의 철불들
특히 본관 1976과 본관 1971은 자세히 들여다볼수록 마치 쌍둥이처럼 닮아 있는 모습이다.

. . . .
17. 이병희, 2016, 〈신라말 고려 초 철의 소비와 사원〉,《청람사학》Vol 25, pp.48-53.
18. 조선총독부에서 인수받은 소장품은 본관으로 시작하는 번호를 쓴다.

● 6세기 후반부터 나타나 고려까지 이어진 편단우견 불상

전시실의 철조여래좌상 2구는 거의 비슷한 자세입니다(177쪽 왼쪽과 가운데 사진 참조). 이런 자세는 상대방에게 대한 공경의 뜻을 담은 편단우견(偏袒右肩)[19], 즉 가사를 왼쪽 어깨에만 걸치고 오른쪽 어깨를 비운 채 오른손은 아래로 내리고 왼손은 손바닥을 위로 향하게 하여 결가부좌(結跏趺坐)를 튼 상태입니다. 불상을 처음 만들 때는 양쪽 어깨를 모두 덮는 통견(通肩)에 입상(立像)이었는데, 신라가 전성기를 맞이하는 6세기 후반부터 편단우견 입상에 보주(寶珠 보배로운 구슬)를 든 불상이 등장합니다.[20] 이런 양식이 고려까지 이어져 좌상의 불상으로 변하게 됩니다. 고려시대 석가모니불은 편단우견에 보리수 아래에서 악마를 물리치고 깨달음의 얻는 순간 취했던 항마촉지인[21]을 수인으로 한 좌상의 형태입니다.

● 부서진 부분까지 쌍둥이처럼 닮은 두 불상

철조여래좌상 2구는 쌍둥이로 착각할 만큼 흡사한 모습입니다. 부처는 32상 80종호[22]의 특징을 갖는데, '넓고 둥근 얼굴에 긴 눈, 코는 높고 길며, 눈썹은 초승달 같고 이마 중간에 흰털이 있는 모습'

....

19. 불교에서 상대에 대한 공경의 뜻을 나타내는 예법의 하나. 편단우견의 대표적인 불상은 석굴암 본존불상인데, 특히 항마촉지인을 결한 불상에서 많이 찾아볼 수 있다(출처: 불교언론 법보신문 http://www.beopbo.com)
20. 양수미, 2016, 〈보주를 든 편단우견 불상에 대한 몇 가지 문제〉, 《동원학술논집》 제17집, pp.5-29.
21. 결가부좌한 자세의 선정인에서 오른손을 오른쪽 무릎에 얹어 손가락으로 땅을 가리키는데, 석가모니가 악마의 장난을 물리쳤음을 지신(地神)으로 하여금 최초로 증명하게 하는 손의 모습이다.

이라고 합니다. 2구 모두 옆으로 찢어진 긴 눈과 오똑한 콧대가 이마까지 길게 이어져 있고, 눈썹은 가느다란 초승달 모양입니다. 그리고 2구 모두 편단우견에 결가부좌한 모습입니다. 게다가 발목 아래 부서진 부분까지 똑같아서 더욱 흥미롭습니다.

군이 두 불상의 차이를 꼽자면 '본관 1976'은 오른쪽 어깨 위에 또 다른 옷을 걸치고 있고 옷주름이 다소 형식적인 데 반해, '본관 1971'은 손가락이 모두 부러져있고 옷주름은 형식적이긴 하지만 왼쪽 팔꿈치 부근에 옷주름을 물결치듯 말아 올려 변화를 주었습니다. 2구의 철조여래좌상 모두 이마 한가운데는 흰 털을 표현하기 위해 보석을 박아둔 부분에 동그란 자국만 남았는데, 그 크기가 살짝 다른 것도 차이라면 차이겠지요.

철조여래좌상 2구의 모습이 이처럼 비슷한 이유는 비슷한 시기, 같은 곳의 같은 장인(혹은 집단)이 만들었기 때문으로 추정됩니다. 2구 모두 분할주조법[23]으로 제작했는데, 8매의 외형 틀(신체 전면은 머리와 몸체가 각각 1면씩 2면, 하체는 좌우 1면씩 2면, 신체 뒷면은 머리 후두부 1면, 왼쪽 등과 엉덩이 1면, 오른쪽 상반과 하반신 1면씩 2면이다)로 구성되어 있습니다.[24]

....

22. 부처는 삼십이상 팔십종호(三十二相八十種好)라고 해서 인간과는 다른 32가지의 모습과 80가지의 특징을 가지고 있다고 한다. 삼십이상 팔십종호는 과거 생에 공덕을 쌓아 깨달음을 얻은 부처가 갖춘 신체의 특수한 모습을 말하는 것이지만, 원래 인도에서 전통적으로 좋게 여겨졌던 인체의 특성을 모은 것이다._한국민족대백과사전

23. 거푸집을 여러 조각으로 나누어 만드는 방식으로 쇳물을 부을 때 거푸집과 조각 사이에 선 모양이 생기는데 분할선(Parting Line)이라고 한다.

24. 권보경, 2023, 〈원주 학성동 철불의 流轉과 시대 인식〉,《사림》, 제84호, pp.189-227.

● 충주에서 밀납주조법으로 만들다

국립춘천박물관에 있는 철불은 충주에서 제작된 것으로 보입니다. 사실 원주 바로 옆의 충주는 삼국시대 주요 철 생산지 중 하나였습니다. 또한 한강의 본류가 지나는 곳으로 교통이 편리했죠. 이런 점 때문에 삼국이 서로 차지하려 치열하게 싸웠던 지역입니다. 4세기부터 철 생산이 활발하게 이뤄져 지금까지 알려진 제철 관련 유적만도 129개소가 있는데, 특히 고려시대에는 제철소인 다인철소(多仁鐵所)와 숯을 굽는 탄촌부곡(炭村部)을 국가적으로 운영하였습니다.[25] 아마도 학성동에서 출토된 철불은 충주에서 제작해서 지리적으로 가까운 원주로 보낸 것이 아닌가 싶습니다.

한편 철조아미타여래좌상은 앞서 설명한 분할주조법과는 다른 밀납주조법으로 만들었습니다. 밀랍주조법은 먼저 흙으로 불상의 기본 형태를 만들어서 그 위에 밀랍으로 세밀한 모양을 조각합니다. 그리고 흙으로 덮고(거푸집) 가열하면 밀랍이 녹게 되는데, 이때 생긴 빈 곳에 쇳물을 붓고 식힌 후에 거푸집을 없애는 방식으로 만들어집니다. 밀납주조법으로 만든 불상은 표면이 매끄럽게 연결되어 있고, 불상의 외형을 만들 때 붓을 사용하므로 붓자국이 보이는 특징이 있습니다. 대표적인 불상으로는 국립중앙박물관에 전시된 국보금동미륵보살반가사유상 '1962-1'과 '1962-2'[26]이 있습니다.

....
25. 어창선, 2011, 〈충주 제철유적 현황과 성격〉,《선사와 고대》Vol 35, pp.279-308.
26. 기존 문화재 지정번호는 국보나 보물 등 문화재 지정 시 순서대로 부여했던 번호인데, 가치 순서로 오해하고 서열화하는 문제가 발생하여 지정번호를 삭제했다. 문화재 명칭이 동일한 경우에는 지정연도 및 순서를 문화재명과 함께 표시한다(2021년 11월 19일 공포).

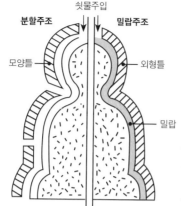

쇳물주입

분할주조   밀랍주조

모양틀   외형틀

밀랍

분할주조법과 밀랍주조법
밀납주조법은 분할주조법에 비해 불상의 표면
이 매끄럽게 연결되고, 불상 외형에 붓자국이
보이는 특징이 있다.

또한 철조아미타여래좌상은 앞의 철조여래좌상에 비해 26㎝ 정도
크기가 클 뿐 아니라 배꼽 위의 옷고름을 묶은 것과 아미타의 상품
상생(上品上生)[27] 수인을 가느다라면서도 길쭉한 손가락으로 표현
한 것 등 여러 면에서 조금 더 섬세해 보입니다. 눈썹의 모양도 철
조여래좌상에 비해 초승달에 더 가깝고, 실눈을 뜬 듯 보입니다. 눈
동자가 없어 자세히 들여다보면 섬뜩하기도 하지만, 코 아래 인중
과 도톰한 볼 등은 참으로 섬세합니다. 반면 옷 위쪽의 보풀 같은
것들, 볼록하게 부푼 목 아랫부분, 왼쪽 어깨 부분의 파인 곳 등은
조금 아쉽습니다. 전시실에는 이외에도 두 구의 비로자나 석불이
더 있는데 비교해 보는 재미가 있으니 놓치지 말기 바랍니다.

....
27. 아미타부처는 아홉 가지 수인 중 하나를 취한다. 중생들을 성품이나 불법을 받을 수 있는 능
    력에 따라 9단계로 나누어 놓고 수인에 따라 아미타 설법을 달리하는 모습을 하고 있다. 상
    품상생은 진실한 마음과 깊은 믿음과 자신의 공덕을 돌려 부처님이 살고 계신 곳에 태어나려
    는 마음을 갖추고 자비심과 끊임없는 수행으로 부처님이 계신 곳에 태어나는 자를 의미한다.

▌일본에서 돌아온 '국보 강릉 한송사지 석조보살좌상'

국립춘천박물관에는 고려시대의 철불뿐만 아니라 석조불상도 만나볼 수 있습니다. 특히 '국보 강릉 한송사(寒松寺)지 석조보살좌상'(아래 왼쪽 사진)은 놓치지 말았으면 합니다. 1912년 일본으로 반출되었다가 1965년에 체결된 한일협정에 따라 1966년 우리나라로 되돌아왔고, 1967년에 국보로 지정되었습니다. 한송사지에서 발견된 석조보살은 모두 2구로 나머지 한 구는 강릉시립박물관의 '보물 강릉 한송사지 석조보살좌상'(아래 오른쪽 사진)입니다.

국보 강릉 한송사지 석조보살좌상   보물 강릉 한송사지 석조보살좌상[28]

한송사지에서 발견된 석조 보살 2구

한송사지에서 발견된 석조 보살은 모두 2구로 그중 왼쪽의 '국보 강릉 한송사지 석조보살좌상'
은 일제강점기 때 일본으로 반출되었다가 1965년에 체결된 한일협정에 따라 1966년 우리나라
로 되돌아온 후, 국보로 지정되었다. 오른쪽의 '보물 강릉 한송사지 석조보살좌상'의 경우 안타
깝게도 목과 오른팔이 잘려있다.

....
28. 공공누리 제1유형(국가유산청 홈페이지에서 내려받음)

● 한송사지에서 나온 2구의 석조불상

'국보 강릉 한송사지 석조보살좌상'(182쪽 사진 왼쪽)은 사진에서는 잘 보이지 않지만, 자세히 들여다보면 잘렸던 머리를 도로 붙인 흔적이 있습니다. 이 흔적과 백호가 떨어져 나간 곳이 조금 아쉽지만, 그것만 빼면 거의 본래 모습 그대로죠. 반면, '보물 강릉 한송사지 석조보살좌상'(182쪽 사진 오른쪽)은 잘려 나간 목과 오른쪽 팔 등 온전히 보존되지 못한 점에서 아쉬움이 많습니다.

아무튼 한송사란 이름은 절 가까이에 경포대와 함께 강릉을 대표하는 명승지인 '한송정(寒松亭)'이 있었기 때문에 붙여진 것이며, 본래 이름은 '문수사'였다고 합니다. 한송사는 구전에 따르면 전성기에는 200여 칸[29]의 큰 사찰이었다고 하는데, 문수보살과 보현보살이 땅속에 솟아올랐다는 이야기와 문수보살과 보현보살이 돌배를 타고 건너왔다는 이야기가 전래됩니다. 그래서 한송사지에서 발견된 석조보살좌상 2구를 문수보살과 보현보살로도 보는데, 어느 것이 문수이고 보현인지는 명확히 밝혀지지 않았습니다.

앞서 언급한 것처럼 일본이 '국보 강릉 한송사지 석조보살좌상'만 반출해간 이유도 아마 원형 그대로의 모습을 지녔을 뿐 아니라, 통통하면서도 매끈한 아름다운 볼, 커다랗고 높은 보관을 쓴 조선에서 보기 어려운 이국적인 모습, 대리석이란 재료의 특이함과 전체적으로 섬세한 조각 솜씨가 뛰어났기 때문이지 싶습니다.

....
29. 1788년 강릉부사 맹지대가 지은 《임영지(臨瀛誌)》에는 20칸으로 나온다.

● 온갖 우여곡절을 겪게 된 사연

'국보 강릉 한송사지 석조보살좌상'을 조금 더 깊이 들여다볼까요? 원통 보관 위로는 부처의 육계와 같은 것이 볼록하니 솟아올라 있습니다. 가느다랗게 뜬 눈과 엷은 미소를 띤 작은 입, 코는 오뚝하고 볼은 통통한 모습입니다. 목에는 3개의 주름인 삼도가 있는데, 보살답게 목걸이를 두르고 자연스러운 옷주름이 돋보이는 화려한 옷을 입고 있습니다.[30] 양쪽 손목에는 팔찌를 차고 있으며, 오른손은 연꽃 가지를 쥔 채 검지를 대각선 아래로 향하고 있고 왼손은 가볍게 손등을 아래로 향한 채 손가락을 말고 검지만 펴고 있는데, 이는 이제껏 본 적이 없는 수인입니다.

일본으로 반출된 '국보 강릉 한송사지 석조보살좌상'은 제실박물관(帝室博物館)[31]에 보관되면서 근거도 없이 다라보살(多羅菩薩)이라는 뜬금없는 이름까지 지어졌죠. 원래 다라보살은 보관을 쓰고 청백색의 아름다운 여자 모습에 푸른 연꽃을 쥔 양손은 합장해야 하는데, 아무리 들여다봐도 갸우뚱합니다. 그들이 '국보 강릉 한송사지 석조보살좌상'이 있던 곳이 '문수사'고 만들게 된 이야기를 알았더라면 아마도 문수나 보현이라 부르지 않았을까 싶네요. 다만 이렇게 이름조차 잘 못 붙여질 만큼 저평가된 덕분에 결국 우리에게 다시 돌아올 수 있었는지도 모르니 한편으론 다행이지요.

....
30. 부처는 통으로 된 옷을 입고 보살은 윗도리(천의 天衣)와 아랫도리(군의 裙衣)가 구분되는 옷을 입는다.
31. 1872년 문부성박물관으로 시작하여, 1889년 도쿄제국박물관 그리고 1900년 도쿄제실박물관으로 이름을 바꾸었다가 1947년부터 도쿄국립박물관이란 이름을 쓰고 있다.

● 강릉에서만 발견된 또 다른 석조보살상들

'국보 강릉 한송사지 석조보살좌상'과 같은 형식의 보살은 강릉 지역
에서만 발견됩니다. 예컨대 '보물 강릉 신복사지 석조보살좌상'(아래
왼쪽 사진 참조)과 '국보 월정사 석조보살좌상'이 있죠(아래 오른쪽 사
진 참조). 이 두 보살좌상과 '국보 한송사지 석조보살좌상'과의 가장
큰 차이라면 앉은 자세가 아닐까요? '국보 한송사지 석조보살좌상'
은 오른쪽 다리를 결가부좌하고 왼쪽 다리를 넓적다리 밑으로 넣은

보물 신복사지 석조보살좌상　　　국보 월정사 석조보살좌상[32]

석조보살좌상

강릉 지역에서만 이러한 석조보살상이 발견된다. '국보 한송사지 석조보살좌상'과 위의 두 보
살좌상의 차이점은 앉은 자세에 있다.

....

32. 월정사 성보박물관에 전시되어 있으며 월정사 8각 9층 석탑 앞에는 복제품이 있다.

'반가부좌' 자세입니다. 한편 신복사지와 월정사 석조보살좌상은 오른쪽 무릎을 땅에 붙이고 오른발 끝은 뒤꿈치를 든 상태에서 왼쪽 무릎은 세우고 허리를 든 우슬착지(右膝着地) 자세입니다. 손은 오른손 손등을 왼손으로 살짝 감아쥐었는데 무엇인가를 쥐었던 것으로 보이는 작은 구멍이 남아 있습니다. 이런 자세는 부처님께 공경의 마음을 담아 공양하는 모습을 뜻하는데, 고려 초에만 만들어졌지요. 신복사지와 월정사 석조보살좌상이 이런 자세를 취하고 있는 것은 부처와 똑같은 신앙의 대상인 탑을 앞에 두고 있기 때문입니다.

또한 '국보 한송사지 석조보살좌상'과 '월정사 석조보살좌상'은

탑을 바라보는 석조보살좌상
석조보살좌상이 이런 자세를 취하고 있는 것은 부처와 똑같은 신앙의 대상인 탑을 앞에 두고 있기 때문이다. 복원공사 중일 때 방문하여 촬영한 사진이라 녹색 그물이 보인다.

동그랗고 기다란 보관만 머리에 쓰고 있지만, '신복사지 석조보살좌상'은 높이가 조금 낮은 보관 위로 불상의 머리를 가리는 팔각형 천개(天蓋)가 올려져 있고, 머리도 뒤로 살짝 젖혀져 있습니다. '신복사지 석조보살좌상'과 천개의 비례가 맞지 않고 고려시대 사각형 천개를 올려놓았던 것을 생각하면 지금 머리 위에 있는 것은 석등에 올렸던 옥개석(지붕모양의 돌)이 아닐까 싶기도 합니다.

▎잠시나마 시름을 내려놓은 시간이었기를

지금까지 고려시대 불상을 중심으로 국립춘천박물관을 둘러보았습니다. 대체로 신라 불상들에 비해 신체 비율을 포함해 자태가 세련되고 균형적이기보다 훨씬 소박하고 친근한 편입니다. 신라시대의 불교는 왕권 강화의 수단이기도 했던 만큼 불상들도 인자한 표정 뒤에 뭔가 범접할 수 없는 위엄을 드러냅니다. 한편 호족들이 세운 고려는 지방호족들의 다양한 얼굴이 불상의 모습에 반영되었지요. 또한 건국 초기 불교를 통해 성난 민심을 보듬으려 남는 철제 무기로 대형 철불도 만들었다고 짐작됩니다. 하지만 불상의 모습이 어떻든 간에 부처님의 마음은 하나이지 않을까요?

으레 박물관에 가면 조금씩이라도 모든 유물을 보고 와야지 하는 욕심이 앞서 마음이 급해지곤 합니다. 하지만 국립춘천박물관에 왔다면 부처님의 마음으로 욕심은 잠시 내려놓기를 권합니다. 이번에 소개한 이야기를 통해 잠시나마 자기 마음을 스스로 보듬는 '마음챙김'의 시간을 가졌다면 역사 공부 못지않은 의미 있는 시간이 되었을 것입니다. 이것이 국립춘천박물관에서 만난 나한과 철불 그리고 '국보 강릉 한송사지 석조보살좌상'을 보며 우리가 가져가야 할 마음이지 싶습니다. 그러다 보면 복잡한 삶이 단순해지고 나만의 길을 찾을 수 있지 않을까요? 또한 춘천박물관은 강원도 지역 유일의 국립박물관인 만큼 불상 외에도 역사적으로 의미 있는 유물들이 많이 있으니, 기회가 된다면 꼭 한번 방문해 보세요!

여덟 번째 이야기

세계를 사로잡은
원조 K-컬쳐를 만나다

▌ '도자기'란 이름은요…

고려 하면 '도자기', 특히 청자를 떠올리는 사람도 많을 거예요. 도
자기를 모르는 사람은 없겠죠? 그런데 혹시 '도자기'란 이름이 어떻
게 생겨난 건지 알고 있나요? 도자기는 도기[33]와 자기[34]를 합친 말
입니다. 엄밀히 말하면 둘은 서로 다르지요.

....
33. 붉은 진흙으로 만들어 볕에 말리거나 약간 구운 다음, 오짓물을 입혀 다시 구운 그릇. 검붉은
　　윤이 나고 단단하다.
34. 고령토 따위를 원료로 빚어서 아주 높은 온도로 구운 그릇.

● 도기와 자기는 서로 어떤 차이가 있을까?

얼핏 꼭 닮은 듯하면서도 서로 다른 도기와 자기. 이 둘은 어떻게 구분할까요? 가장 쉽게 구분하는 방법은 소리입니다. 즉 겉면을 살짝 두드려보았을 때, '챙' 하고 울리는 소리가 나면 자기이고, '퍽' 하는 둔탁한 소리가 나면 도기로 보면 된다고 합니다.[35] 이러한 소리의 차이가 나는 이유는 재료와 굽는 온도가 다르기 때문입니다.

먼저 도기는 지하 1~2m에서 발견되는 도토(陶土)라고도 하는 점토로 빚어 600~1,200℃ 사이에서 굽는데 끈기가 있고 열에 단단해지는 두 가지 성질을 가졌습니다. 한편 자기는 바윗덩어리를 으깨어 돌가루로 만든 다음 만드는데, 아무 바위나 으깨는 것이 아니라, 장석과 규석, 카올리나이트 등이 섞여 있는 것이어야 합니다. 자기의 재료가 되는 돌가루를 자토(瓷土)라고 합니다. 다양한 형태의 자기를 만들기 위해서는 돌가루에다가 점력이 있는 흙을 섞어 도기보다 높은 1,300℃ 가까이에서 굽습니다.

● 18세기 이전까지 오직 한중일만 구울 수 있던 자기

지금은 자기든 도기든 쉽게 접할 수 있죠. 과거에도 도기는 전 세계 어디에나 있었습니다. 하지만 자기는 18세기 이전까지 우리나라, 중국 그리고 일본만 구울 수 있었죠. 중국이 최초로 자기를 굽기 시작했고, 우리나라는 통일신라 말기부터 고려 초로 추정됩니다. 이후

....
35. 방병선(고려대 미술사학과), 〈흙과 돌-닮은 듯 다른 '도기와 자기'〉, 《문화재청 소식지》, 2017.04.04.

차세트_1770~1775_베를린 마누팩토리_프린세스호프[36]　　　　　I 국립중앙박물관
유럽은 동양보다 훨씬 뛰어난 기술을 가졌음에도 자기는 만들지 못했다. 중국의 자기가 유럽
에 수출된 후 100여년 지나서야 드디어 자기를 만드는 데 성공한다.

중국은 12세 초 송나라 때 도자기가 가장 위대했다[37]고 알려집니
다. 하지만 12세기에는 우리 고려청자도 비색이 절정을 이뤘고, 중
반 이후로는 독특한 상감기법을 창안하기도 했죠.

　일본은 그보다 한참 후인 임진왜란 때 조선에서 건너간 도공(陶
工) 이삼평이 1616년경 지금의 후쿠오카 아리타에서 자토를 찾아
내어 백자를 구운 것이 시작이었습니다. 유럽은 여러 면에서 동양
보다 훨씬 뛰어난 기술을 가졌음에도 자기는 만들지 못했죠. 1600
년대에 중국 자기가 유럽에 수출되고 1709년이 되어서야 독일 드
레스덴 연구실에서 자기를 만드는 데 성공합니다. 그리고 1710년
독일 마이센에 제작소를 세워 자기 생산을 시작했죠.

....

36. 국립중앙박물관 '도자기에 담긴 동서교류 600년' 전시 중(21.01.25.~22.11.13.) 촬영.
37. 윤용이,《우리 옛 도자기의 아름다움》, 돌베개, 2007.

▍청출어람 고려청자, 중국으로 수출하다

고려청자가 어떻게 한반도에서 널리 만들어지게 되었는지 궁금하지 않은가요? 고려청자의 대중적 유행을 이끈 중요한 이유 중 하나를 꼽자면 바로 불교입니다.

● 참선을 돕는 차문화, 청자의 유행을 이끌다

통일신라 말부터 우리나라에는 불교의 선종이 들어오기 시작합니다. 앞에서도 교종과 선종의 차이에 대해 잠깐 언급했지만, 선종은 불교 경전에 대한 이해를 중시했던 교종과 달리 참선(參禪)[38]과 같은 실천을 통한 깨달음을 강조합니다. 참선의 주요 방법이 바로 두 발을 꼬고 앉아 정신을 집중해 조용히 명상하는 좌선이죠.

참선이 생활인 스님들도 인간인지라 조용히 명상하다 보면 몰려오는 졸음을 이겨 내기가 어려웠을 겁니다. 그러다 보니 맑은 정신을 위해 카페인 성분이 있는 녹차를 즐겨 마시게 되었죠. 녹차를 마시기에 가장 좋았던 것은 '옥'으로 만든 '완(椀)'[39]이었는데, 옥은 너무 값비싸다 보니 이를 대신할 것이 필요했고, 그것이 절강성에서 만들던 청자였던 것이에요. 당연히 고려에도 선종과 함께 차(茶) 문화가 들어오게 되었고 청자도 유행하게 되었던 거죠.

....
38. 선(禪)에 들어간다는 뜻으로 깨달음을 얻기 위해 자기의 진실한 모습을 찾아가는 불교 수행법_한국민족대백과사전
39. 잔보다는 크고 대접보단 작은 것으로 찻잎을 말려서 갈아 만든 가루를 타서 마셨다.

● 중국도 감탄한 고려청자의 빼어난 비색과 자태

고려시대는 국가적으로 상업을 보호하고 장려하였습니다. 아마 여러분도 역사 시간에 고려의 상업과 국제무역 중심지인 벽란도에 대해 배웠을 것입니다. 고려의 수도인 개경과도 가까운 이곳은 상인, 외국사신, 세금을 관장하는 관원 등 사람들로 북적였지요. 중국을 포함하여 외국과의 교역이 활발했습니다.

고려의 청자도 중국의 영향을 받아 만들었습니다. 처음에는 중국의 제작 기술을 적극적으로 받아들였죠. 하지만 청출어람(靑出於藍)이라 했던가요? 오히려 고려만의 독특함으로 승화시켰고, 최상의 청자는 중국으로 다시 수출하기에 이르렀습니다. 그러다가 12세기 전반쯤 북송에서는 전 세계에 100여 점도 남지 않은 희귀한 여요(汝窯)[40] 청자가 제작됩니다. 앞서 잠깐 언급한 것처럼 이 시기 고려청자의 비색(翡色)[41]은 가히 절정을 이루죠. 고려청자가 여요(汝窯)[42] 청자와 얼마나 비슷하고, 또 얼마나 뛰어난지는 1124년 송나라 사신 서긍이 지은 〈선화봉사고려도경〉이란 책의 '권32 기명조와 도존조'에서도 확인할 수 있습니다.

....
40. 송나라 궁궐에서 사용하는 도자기를 생산했던 가마. 남송대 엽치의 〈탄재필형〉에 가마에 대한 기록은 있으나 가마터의 위치나 생산 제품의 특징에 대한 내용이 남아있지 않아 더 많은 연구가 필요하다.
41. 비(翡)는 물총새의 수컷을 이르는 말로 비색(翡色)은 회청이나 청록색을 말한다. 당나라 월주요에서 제작된 청자도 비색이라 하는데 한자가 다르다. 월주요 비색(秘色)은 취색(翠色)이라고도 하는데 '취'는 물총새의 암컷을 이르는 말로 수컷에 비해 녹색이 더 많다고 한다.
42. 송나라 궁궐에서 사용하는 도자기를 생산했던 가마. 남송대 엽치의 〈탄재필형〉에 가마에 대한 기록은 있으나 가마터의 위치나 생산 제품의 특징에 대한 내용이 남아있지 않아 더 많은 연구가 필요하다.

청자_북송 관요(官窯)_12~13세기 ｜대만고궁박물관

송나라의 여요와 고려의 청자 모두 우리가 비색이라 부르는 청록색으로 매우 유사하다. 시작은 중국의 영향을 받은 것이나 오히려 시간이 흐를수록 어떤 면에서는 고려청자가 중국에 큰 영향을 미치지 않았나 추측하게 된다.

> 도기의 빛깔이 푸른 것을 고려인은 비색(翡色)이라고 하는데, 근년의 만
> 듦새는 솜씨가 좋고 빛깔도 더욱 좋아졌다. 술그릇의 형상은 참외 같은
> 데 위에 작은 뚜껑이 있는 것이 연꽃에 엎드린 오리 형태를 하고 있다.
> 산예추향(狻猊出香) 역시 비색인데, 위에는 쭈그리고 있는 짐승이 있
> 고 아래에는 앙련화(仰蓮花)가 있어서 그것을 받치고 있다. 여러 기물
> 들 가운데 이 물건만이 가장 정절(精絕)하고, 그 나머지는 월주의 고비
> 색(古秘色)이나 여주(汝州)의 신요기(新窯器)와 대체로 유사하다.[43]

여요는 아주 적은 양의 청자만 제작했고 그마저도 황실에서 특별히 관리했다고 합니다. 사실 청자는 시기와 제작 장소에 따라 그 색이 다릅니다. 그런데 흥미로운 점은 12세기 송나라의 여요청자와 고

---

43. 강성곤, 2016, 〈고려청자에 나타난 중국자기의 특징과 상관성에 관한 연구〉,《한국도자학연구》 vol.13, no.3, 통권 25호 pp.7-25.

려청자 모두 우리가 비색(翡色)이라 부르는 청록색으로 매우 유사한 점입니다. 그러다 보니 2021년에는 독일 드레스덴 박물관에서 고려청자라고 알려졌던 작품이 얼마 후 여요청자로 밝혀지기도 했습니다.[44] 이처럼 맑고 은은한 푸른색[45]을 띤 여요청자와 고려청자는 시각적으로 꽤 비슷해 보이는데, 오히려 고려청자가 중국 여요에 영향을 미친 것[46]은 아닌가 하는 생각이 들기도 합니다.

● 고려청자가 중국에서 큰 인기를 끌었다는 증거

고려청자의 인기는 송나라 황궁 주변과 황족 유적지에서 고려청자가 발견된 것에서도 확인할 수 있습니다. 많은 양은 아니지만 제법 질적으로 뛰어난 고려청자로 아마 송나라 상인들이 수입해서 황족들에게 팔았던 것들이 아닌가 싶습니다.

원나라 시기에 접어들면 어떨까요? 1975년 우리나라 신안에서는 송나라와 원나라 도자기 이천여 점이 실려있던 가칭 '신안선'이라 불리는 침몰 된 배가 발견되었습니다. 일본 하타카(현재 후쿠오카)로 떠났던 배인데 중국제 도자기 외에도 7점의 고려의 청자와 청동거울 그리고 수저 등이 실려있었죠. 고려가 중국에 청자를 수출했음을 알려주는 증거라 할 수 있습니다.

특히 원나라에 들어와서는 고려청자의 수출이 좀 더 많아진 듯합

....

44. 차병섭, 〈'고려청자가 아니네'… 독일서 中 북송시대 희귀 자기 확인〉, 《연합뉴스》, 2021.02.15.
45. 9세기 당나라 월주요에서 청록색을 띠던 것이 (북)송나라 초기에는 회청색과 회록색으로 바뀌었다. (남)송나라 오면 천청색과 짙은 청색을 보인다.
46. 방병선, 2012, 〈고려청자의 중국 전래와 도자사적 영향〉, 《강좌미술사》 vol., no.40, pp.13-38.

니다. 송나라 대에 비해 여러 유적에서 상당수의 고려청자가 발견되었기 때문이지요. 예컨대 원나라 초기 하북지역에서 가장 큰 세력이었던 '사천택'의 묘에서 중국의 유명한 청자뿐 아니라 고려청자도 출토됩니다. 중국의 귀한 청자 못지않게 고려청자의 높은 가치 평가를 방증합니다. 아마도 원나라청자에 비해 상감기법[47]을 사용한 독특함에 매료된 왕실과 귀족들 사이에서 높은 수요가 있었기 때문으로 생각됩니다.

▌ 우리 청자의 아름다움 톺아보기

국립중앙박물관에는 도자전시실이 따로 마련되어 있습니다. 국보와 보물로 지정된 질적 수준이 탁월한 아름다운 청자들을 만날 수 있죠. 사실 예전에는 많은 수의 청자들 틈에 국보와 보물을 군데군데 섞어 전시하다 보니 이런저런 음식들을 나열해 놓은 뷔페처럼 감상의 맛이 조금 떨어지곤 했습니다.

하지만 수작을 엄선해 놓은 지금은 반찬 하나하나 정성을 담뿍 담아 차린 귀한 밥상처럼 무엇 하나도 허투루 넘길 수 없죠. 전시실의 작품 대부분이 수작이지만, 그중에서도 놓치지 알아야 할 몇 점의 청자를 꼽아보았습니다.

....
47. 금속이나 도자기, 목재 따위의 표면에 여러 가지 무늬를 새겨서 그 속에 같은 모양의 금, 은, 보석, 뼈, 자개 따위를 박아 넣는 공예 기법.

● 비색의 극치, '국보 청자 참외모양 병'

고려청자의 아름다움이라고 하
면 생김새와 문양도 빼놓을 수
없지만, 특히 비색(翡色)의 아름
다움이 돋보이는 순청자를 '엄
지 척'하고 싶습니다. 대체로 청
자는 10세기 후반에 제작하기 시
작하여 12세기 전반에 비색이 잘
발휘된 순청자를 완성한 것으로
봅니다. 비색청자를 대표하는 작
품으로는 '국보 청자 참외모양
병'을 빼놓을 수 없죠. 이 작품은
고려 왕실 청자의 품격을 보여준
다고 할 수 있는데요. 고려 17대

국보 청자 참외모양 병[48] ㅣ 국립중앙박물관
비색청자를 대표하는 작품으로 고려 왕실
의 청자 품격을 보여준다.

임금인 인종의 장릉에서 '황통[49] 6년(1146)'이라는 시호가 기록된 책
과 함께 발견되어 왕실의 물품인 것과 제작 시기도 어느 정도 짐작
할 수 있는 청자입니다.

위 사진에서 볼 수 있는 것처럼 병의 입구는 여덟 장의 꽃잎이 펼
쳐진 듯 보이고, 몸통은 참외 모양입니다. 병의 제일 아랫부분은 마

....
48. 공공누리 제1유형(e뮤지엄에서 내려받음)
49. 황통(皇統, 1141년 1월~1149년 12월)은 금나라 희종(熙宗) 완안 단(完顔 亶)의 첫 번째 연호
이다.

치 주름치마처럼 생긴 굽다리를 높게 만들었습니다. 목 중간쯤 가로로 세 줄을 가느다란 음각으로 그린 가로줄이 세 개 있고, 목 아랫부분에는 조금 굵은 줄이 하나 있습니다. 용도는 꽃병으로 짐작되는데, 그 이유는 중국 산시성에서 발견된 무덤 벽면에 참외모양 병에 연꽃을 꽂아 놓은 장식 조각이 있었기 때문이죠. 이처럼 고려청자의 매력은 비색과 섬세한 생김새가 조화를 이루며 배가됩니다. 특히 향로와 주전자도 빼놓을 수 없는데, 하나씩 살펴볼까요?

● 비색과 섬세한 조각이 어우러진 '국보 청자 사자장식 뚜껑 향로'
우선 '국보 청자 사자장식 뚜껑 향로'입니다. 사자장식 아래에 있는 화로에서 피운 향이 사자의 입으로 뿜어져 나오도록 만들어졌죠. 앞서도 인용했던 송나라 사신 서긍이 지은 〈선화봉사고려도경〉에 나왔던 내용 일부를 다시 가져와 보겠습니다.

> '산예추향(狻猊出香) 역시 비색인데, 위에는 쭈그리고 있는 짐승이 있고 아래에는 앙련화(仰蓮花)가 있어서 그것을 받치고 있다'

국보 청자 사자장식 뚜껑 향로야말로 위의 글에 가장 적합한 청자가 아닐까요? '산예(사자)'의 모양도 빼어나지만, 청아한 비색이 역시 대단하다고 생각됩니다. '산예'는 위엄이 있고 용맹스러워서 일찍이 신령스러운 동물로 여겼습니다. 특별히 '사자 모양 향로'를 만든 것은 사자의 힘으로 나쁜 기운을 몰아내고 평안을 누리고자 하

국보 청자 사자장식 뚜껑 향로
ㅣ국립중앙박물관

국보 청자 투각 칠보무늬 향로
ㅣ국립중앙박물관

청자 용모양 향로ㅣ국립중앙박물관

국보 청자 인물형 주전자ㅣ국립중앙박물관**50**

고려시대 청자 향로와 주전자들

청자 특유의 비색뿐만 아니라 생김새가 재미있는 청자 향로와 주전자들이다. 위의 네 개의 청자 모두 한눈에 봐도 화려한 생김새가 눈에 확 들어올 만큼 아름답다.

. . . .
50. 공공누리 제1유형(e뮤지엄에서 내려받음)

는 마음을 담은 것으로 보입니다.[51]

　군이 아쉬운 점을 찾자면 '산예'가 중앙에서 약간 벗어나 왼쪽으로 치우친 점입니다. 아마도 '산예'를 따로 조각해서 뚜껑에 붙일 때 유약을 바르면서 살짝 미끄러진 것이 아닌가 생각됩니다. '산예'는 뒷다리를 구부리고 웅크려 앉아있는 모습인데 오른쪽 앞다리로 둥근 구슬을 잡고 있는 모습에서 수컷으로 여겨집니다. 왜냐하면 중국의 전통 집이나 중요한 건물에 가면 문 앞 좌우로 '산예' 두 마리를 세워두는데, 둥근 구슬을 잡은 것이 수컷, 발바닥에서 나오는 젖을 먹는 새끼를 함께 조각한 것이 암컷이니까요. 즉 둥근 구슬과 새끼로 사자의 암수를 구별한 거죠. 이처럼 '국보 청자 사자 장식 뚜껑 향로'는 국보에 걸맞게 아름다운 우리의 비색과 섬세한 조각이 잘 어우러진 12세기 고려청자의 모습을 제대로 보여줍니다.

● 화려하고 사랑스러운 '국보 청자 투각 칠보무늬 향로'

한편 전시실에 있는 청자 중 가장 화려하면서도 사랑스러운 작품을 하나만 선택하라고 하면 개인적으로 '국보 청자 투각 칠보무늬 향로'을 꼽고 싶습니다. 이 향로는 '도자기에 사용 가능한 모든 장식 기법을 볼 수 있죠. 왼쪽에는 전체를 찍은 사진을 제시했지만, 200쪽에 있는 사진은 토끼 부분만 찍은 것입니다. 향로의 뚜껑을 투각[52]

....
51. 임영주,《한국의 전통 문양》, 대원사, 2004 p.114.
52. 조각에서, 묘사할 대상의 윤곽만을 남겨 놓고 나머지 부분은 파서 구멍이 나도록 만들거나,
　　윤곽만을 파서 구멍이 나도록 만듦. 또는 그런 기법.

으로 장식했으며, 몸체의 연꽃잎은 한 장 한 장 만들어 붙였는데, 잘 살펴보면 꽃잎마다 줄기를 도드라지게 새겼습니다. 그리고 받침대에는 옴폭하게 무늬를 새겨 장식했지요. 마지막으로 철사(鐵砂) 물감을 사용해 토끼의 눈을 찍었습니다. 이처럼 많은 장식 기법을 사용한 만큼

국보 청자 투각 칠보무늬 향로_토끼 부분
많은 장식기법이 사용된 만큼 화려함의 극치인 작품이다. 사진은 198쪽의 전체 사진 부분에서 전체 향로 중 토끼부분만 초점을 맞춰 찍은 것이다.

그 화려함이 다른 청자에 비할 바가 아닙니다. '국보 청자 투각 칠보무늬 향로'에서 가장 화려한 부분은 뭐니 뭐니 해도 몸체의 연꽃입니다. 아무래도 고려는 불교 국가였던 만큼 불교를 상징하는 연꽃을 자주 사용했습니다. 연꽃 아래에는 받침이 있는데, 이 받침을 토끼 세 마리가 어깨로 짊어지고 있습니다. 향로 자체가 높이 15.3㎝에 지름 11.5㎝로 크지 않다 보니 토끼의 크기도 매우 작습니다. 작은 토끼의 눈이 얼마나 앙증맞으면서도 똘망똘망하게 보이는지 그 사랑스러움이 이루 말할 수 없을 정도입니다.

● 역동성이 돋보이는 '청자 용 모양 향로'

이번에 살펴볼 것은 개성에서 출토된 '청자 용 모양 향로'입니다. 용의 형상을 잘 살펴보면 몸은 똬리를 틀고 상체를 꼿꼿이 세운 채 하늘을 향해 고개를 당당히 들어 올린 모습이 마치 금방이라도 승천

하려는 듯 역동적입니다. 몸체에서 피운 향은 역동적인 자세에 맞게 용의 입을 통해 연기가 뿜어져 나오도록 만들어졌지요. 또 음각으로 용의 비늘과 주름을 섬세하게 새겨 넣었으며 날카로운 이빨과 발톱, 갈기 등이 빠짐없이 표현된 모습입니다. 오른쪽 다리로는 여의주를 들고 있고, 왼쪽 다리는 날카로운 발톱을 곧추세우고 있습니다.

청자 용모양 향로 부분
위의 용 외에도 사자나 기린 등 불교와 관련된 동물을 상상하여 만든 작품들을 볼 수 있다.

고려시대 청자 향로의 뚜껑에는 원앙·오리 등 실재하는 동물들인 경우도 있지만, '청자 용모양 향로'처럼 불교와 관련된 사자·기린·용 등의 동물을 상상하여 만든 작품들도 많았습니다. '청자 용모양 향로'의 용은 형태가 중국 하남성에 있던 청자 조각과 매우 비슷합니다. 이런 모습에서도 고려와 중국 간의 활발한 문화적 교류를 짐작할 수 있지요. 앞서 소개한 3종의 향로들만 봐도 알 수 있지만, 특히 '향로' 중에 명품들이 많습니다. 아무래도 향로는 의례(식) 때 가장 중요한 기물 중 하나다 보니 상서로운 기운이 깃들도록 장인들도 한층 더 공들여서 만들지 않았나 생각됩니다.

● 도교적 색채가 엿보이는 '국보 청자 인물형 주전자'

이번에 살펴볼 '국보 청자 인물형 주전자'는 1971년 대구시에서 조금 떨어진 과수원에서 발견되었습니다. 출토지가 분명한 몇 안 되는 13세기 상형 청자 중 하나입니다. 머리에는 봉황을 도드라지게 새겨 넣은 관(冠)를 쓰고 도인의 옷을 입었으며, 손에는 복숭아 6개가 담긴 쟁반을 들고 있습니다. 도인, 천도복숭아 그리고 구름 모양의 대좌(臺座)에 앉은 모습 등으로 미루어 불교보다는 도교적 색채가 깃든 작품이라고 할 수 있습니다. 봉황이 장식된 관과 복숭아 그리고 도교를 종합하여 생각한다면 주전자의 모델은 아마도 중국 한무제에게 복숭아를 주었다는 서왕모이지 싶습니다. 비록 고려가 불교를 국교로 숭상한 것은 맞지만, 유교, 도교, 무속신앙 등을 금하지 않고, 신앙의 자유를 인정하였기에 도교적 색채를 띤 훌륭한 작

국보 청자 인물형 주전자[53]　　　　　　　　　　　　Ⅰ국립중앙박물관
이 주전자의 모델은 복숭아를 든 쟁반으로 미루어 도교 전설에서 불사약을 구하던 한무제에 복숭아를 주었다는 서왕모로 추정된다. 등 쪽으로는(오른쪽 사진) 주전자의 용도에 맞게 손잡이가 달려있다.

....
53. 공공누리 제1유형(e뮤지엄에서 내려받음)

품도 남아있는 게 아닐까요?

사진에서 보듯 주전자라는 용도에 맞게 등 뒤에는 손잡이가 있습니다. 비록 뚜껑이 사라지긴 했지만, 모자에 뚫린 구멍을 통해 물을 넣을 수 있게 만들어졌습니다. 또 복숭아 아래로 뚫린 작은 구멍을 통해 물을 따를 수 있도록 하는 등 주전자의 기능을 모두 갖추고는 있지만, 높이 28.0㎝, 밑지름 11.6㎝로 너무 작아서 실제 주전자로는 사용하지 않았을 것으로 생각됩니다.

● 세계를 사로잡은 고려의 상감기법

지금껏 살펴본 것처럼 도자기의 아름다움은 생김새, 빛깔, 무늬의 조화에서 비롯됩니다. 고려는 중국의 청자 제작 기술을 받아들여 만들기 시작했지만, 기술적으로 더욱 발전시키면서 생김새와 빛깔에서 가히 최고의 수준에 다다릅니다. 그 결과가 고려의 순청자이고 중국으로 수출까지 하지요. 고려청자는 생김새와 빛깔 못지않게 무늬도 뛰어납니다. 특히 상감(象嵌) 기술은 도자기의 종주국인 중국도 따라하기가 쉽지 않았던 것 같습니다. 중국에서도 '흑유각화진백채(黑釉刻花塡白彩)'라는 흑갈색의 물감을 사용하고 꽃을 음각으로 그린 다음 백색으로 채워 넣는 방법을 시작으로 물감인 백유(白釉)를 사용하여 꽃을 그리거나 메꾸는 방법 등 상감기법을 발전시키기 위해 노력했지만, 고려만큼 발전시키지 못했으니까요.[54]

....
54. 나성철, 2020, 〈한중 상감기법의 종류와 기술적 차이〉, 《역사와 담론》, vol., no.93, pp. 311-354.

국립중앙박물관에 있는 상감청자 중 완성도를 고려한다면 보물 '청자 상감 매화 대나무 학무늬 매병(1986)'이 으뜸이라 할 수 있습니다. 상감청자 하면 '매병'이 상징과도 같은 형태라 할 수 있는데, 순청자의 매병처럼 좁은 입에 짧은 목 그리고 떡 벌어진 어깨를 따라 내려오는 풍만한 몸체에 좁아지는 허리가 매혹적입니다. '청자 상감 매화 대나무 학무늬 매병(1986)'은 생김새가 아름다우면서도 회화미까지 어우러져 도자기를 감상하는 재미를 더합니다. 매병의 가운데 앞뒤로 대나무와 매화를 흑상감으로 그려 넣었고 좌우로는 노니는 학들이 있습니다. 매병의 주둥이와 몸체 아래

청동은입사[55] 포류수금무늬정병_고려
ㅣ국립중앙박물관

청자는 아니지만, 상감기법과 같은 방법을 섬세하게 무늬를 새겼다. 고려의 상감기법은 오히려 중국의 기술을 뛰어넘는다.

쪽에는 번개무늬가 있고, 어깨에는 고사리무늬를 백상감 기법으로

....
55. 청동기 표면에 강철 끌로 무늬를 새기고 그 홈에 금실과 은실로 메꾸는 것으로 도자기의 상감과 같은 방법이다.

장식했습니다. 높이 38.9㎝, 아가리 지름 5.1㎝, 밑지름 15.6㎝의 상당한 크기의 청자로 균형감이 돋보입니다. 색깔은 맑은 하늘색에 전체적으로 빙렬[56]이 고르게 나타나 있습니다.

국립중앙박물관에는 매병에 같은 무늬를 하고 있는 또 다른 '보물 청자 상감 매화 대나무 학무늬 매병(1993)'이 있습니다. 둘은 똑같은 이름에 보물로 지정된 해만 달라서 '1986'과 '1993'으로 구분합니다. '1993'은 '1986'보다 아가리 지름이 0.1㎝ 더 크고 높이 33㎝. 밑지름 11㎝로 전체적인 크기는 살짝 작습니다. '1986'이 떡 벌어진

보물 청자 상감 매화 대나무 학무늬 매병(1986)   보물 청자 상감 매화 대나무 학무늬 매병(1993)

고려의 상감청자
도자기 표면에 흑상감과 백상감을 사용해 섬세하게 무늬를 새겨 빛깔과 생김새는 물론 회화미까지 어우러진 작품들이다.

....
56. 도자기의 표면이 그물망처럼 미세한 금이 있는데, 얼음을 깬 형태를 닮았다 하여 붙여진 이름이다. 도자기에 유약을 씌어 가마에 넣고 구울 때 유약의 수분이 마르고 수축하면서 유약 표면에 생긴다.

어깨를 가진 남성적 모습이라면 '1993'은 좁고 부드럽게 떨어지는 어깨와 가느다란 허리를 가진 여성적 모습이죠. 그래서인지 몰라도 전체적인 실루엣이 여리여리하면서도 풍만한 느낌입니다. 또 둘 다 흑상감과 백상감을 사용해서 그림을 그렸는데, 바람에 흔들거리는 나무와 하늘을 날고 있는 학이 '1986'보다 '1993'에서 좀 더 율동적으로 보입니다. 또한 1993은 병 일부에 빙렬 틈으로 흙물이 스며들고 굽다리 안쪽은 일부 깨졌다고 합니다.

▌고려청자, 그 이후…

우리나라 도자기는 고려시대를 지나 조선시대로 접어들면서 청자에서 분청사기 그리고 백자로 제작 흐름이 바뀝니다. 고려청자 이후로 우리나라의 도자기가 어떻게 변화되었는지도 알아볼 겸 간략하게나마 조선의 분청사기와 백자에 대해서도 살펴봅시다.

● 된장국처럼 구수한 분청사기
청자의 유행이 선종의 유행과 더불어 '차(茶) 문화'를 위한 고급화 속에 이뤄졌다면 분청사기는 도자기의 서민화와 관련이 있다고 할 수 있습니다. 분청사기의 흙은 청자와 같지만, 그 질은 조금 떨어지는 회흑색을 띠고, 유약 역시 청자와 같은 녹색을 쓰지만 좀 더 탁합니다. 분청사기는 청자보다 질적으로 떨어지다 보니 가리기 위해 황색을 띤 투명한 백색 유약을 입힙니다. 그래서인지 분청사기 하면 거친 질감과 오묘한(?) 색감 탓에 질적으로 매우 떨어진다는 선입견이 강합니다. 게다가 '사기(沙器)'라는 이름도 그렇습니다. '청자'와 '백자'라는 말과 달리 '사기'라는 이름을 쓰기 때문에 마치 도자기가 아닌 듯 오해하기도 하지만, '사기'는 '자기'의 또 다른 말입니다. 옛날에는 '청자'와 '백자' 그리고 '청사기'와 '백사기'란 말을 크게 구분하지 않고 썼으니까요. 따라서 '사기'니까 '자기'보다 못하다는 것은 분명한 오류라 할 수 있습니다. 게다가 분청사기는 고려 말부터 조선 태종까지 200여 년간 유행했던 양식으로 왕실에서 사용할 만큼 질적으로 우수한 것도 있었습니다.

국립중앙박물관이 소장하고 있는 대표적인 분청사기로는 '국보 분청사기 박지 모란무늬 자라병', '보물 분청사기 음각 수조문 편병', '보물 분청사기 상감 연꽃 넝쿨무늬 병'이 있습니다.

분청사기는 우리 도자기의 멋이 제대로 담겨있습니다. 매끄럽기보다는 투박한 질감에 커다란 무늬로 장식하는 데 추상적인 것들이 많아서 신비로움이 느껴집니다. 조선시대보다는 어쩐지 우

국보 분청사기 박지 모란무늬 자라병[57]
ㅣ국립중앙박물관

분청사기는 도자기의 서민화와 관련이 있다. 투박한 질감과 추상적 무늬가 주는 신비로움이 있다.

....
57. 공공누리 제1유형(국립중앙박물관 홈페이지에서 내려받음)

보물 분청사기 음각 수조문 편병 **58**
ㅣ국립중앙박물관

보물 분청사기 상감 연꽃 넝쿨무늬 병 **59**
ㅣ국립중앙박물관

보물 분청사기들

청자는 특유의 비색이 뿜어내는 서늘함이 긴장감을 자아낸다. 한편 분청사기는 투박한 색감과
무심하게 그려넣은 듯한 무늬의 조화에서 오는 수더분한 아름다움이 사람의 마음을 따뜻하게
해준다.

리가 살고 있는 현대와 더 어울린다는 생각이 듭니다. 청자와 분청
사기를 비교하면 분청사기의 멋은 더욱 뚜렷해집니다. 예컨대 청자
는 특유의 서늘한 비색이 뿜어내는 색감부터 차갑기도 하고, 완벽
주의를 추구하는 듯한 각종 장식이나 형태 등에서 긴장감이 느껴집
니다. 반면 분청사기는 투박한 색감과 무심하게 그려넣은 듯한 무
늬의 조화에서 오는 수더분한 아름다움이 사람의 마음을 푸근하게
해줍니다. 마치 구수한 된장국처럼 오래된 친구와 만났을 때의 느
낌이랄까요.

....
58. 공공누리 제1유형(국립중앙박물관 홈페이지에서 내려받음)
59. 공공누리 제1유형(국립중앙박물관 홈페이지에서 내려받음)

● 무기교의 기교, 청아한 백자

'아름다움'이란 지극히 주관적인 것이지만, 보편적 시각에서 조선백자는 가장 '한국적인 미'를 드러냅니다. 우리의 마음 깊이 자리 잡은 원형적 심상[60]을 구현했다고 해야 할까요? 조선백자에는 겸손과 조화로움 그리고 가치 지향적 삶의 추구, 즉 소박미가 담겨 있기 때문입니다.[61] 백자의 단정하고 청아한 아름다움은 청렴을 강조한 유교사상과도 잘 들어맞는 것 같습니다.

가장 먼저 살펴볼 '백자 끈 무늬병'은 조선 전기를 대표하는 작품입니다. 병 특유의 풍만함과 곡선미 그리고 잘록한 목에서 시작해서 굽까지 늘어뜨리다 끝을 살짝 말아 올린 한 가닥 끈은 예사롭지 않은 노련한 기

백자 끈 무늬 병
조선 전기를 대표하는 백자로 무늬로 그려진 한 가닥 끈의 모습에서 장인의 내공을 짐작할 수 있다.

백자 끈무늬 병 바닥[62]
바닥에 적힌 글로 미루어한글 창제쯤 만들어진 작품으로 추정된다.

---

60. 인류나 민족의 무의식 속에 있어 면면히 이어져 내려오는 보편적인 상징. 시대를 초월하여 반복성과 동일성을 지니고, 모든 인간에게 유사한 의미를 환기한다는 특징을 지닌다.
61. 오승진, 2015, 〈조선백자의 흰색을 통해 본 한국인의 원형적 심상연구〉,《예술심리치료연구》vol.11, no.3, 통권 32호 pp.223-244.
62. 공공누리 제1유형(국립중앙박물관 홈페이지에서 내려받음)

교(?)를 보여줍니다. 흰색 바탕에 갈색(철화 물감을 사용해서)의 끈은 단순화면서도 힘찬 느낌이죠. 아마도 도자기 장인이 망설임 없이 한 번에 쭈욱 내려그었을 것 같은 데 그의 내공이 만만치 않음을 짐작할 수 있습니다. 조선시대 사대부 사회에서 중요시했던 선비의 격조와 문기(文氣)[63]가 유감없이 발휘된 예라고 할 수 있습니다. 굽 안쪽 바닥에는 뜻은 알 수 없으나 '니나히'라고 쓴 한글로 미루어 아마도 한글 창제쯤 만들어진 작품으로 추정됩니다.

　바로 이어서 살펴볼 것은 조금 색다른 '백자 청채 육각병'입니다. 18세기 이후로는 다각을 통해 장식 효과를 드러낸 각병이 많이 만들어졌죠. 차와 술을 마실 때 주로 사용했다고 합니다. 특히 19세기에는 오른쪽 사진처럼 몸체와 주둥이 그리고 굽도 다각으로 만들었죠. 이 도자기는 특히 청채로 채색한 것이 신선한 느낌을 주는데, 중국 청나라의 영향을 받은 것으로 보이며, 최상류층에서 주로 사용하던 것입니다. 다만 한눈에 봐도 색감을 포함해 우리나라 특유의 미적

백자 청채 육각병
18세기 이후로는 다각을 통해 장식 효과를 드러내는 이런 각병이 많이 만들어졌다

....
63. 문기란 문자향 서권기, 즉 '문자의 향기'와 '서책의 기운'이라는 뜻으로, '좋은 책을 읽으면 기운이 솟는다'는 의미이다. 인격이 결백(潔白)하고 기품(氣品)이 높으며 옛빛을 띠고 아담(雅澹)함을 의미한다.

감수성과는 조금 결이 다르다 보니 내적 친밀감에서 우러나오는 익숙한 좋은 느낌보다 생경함에서 오는 '오~ 이건 또 뭐지?' 하는 궁금증을 자아내는 백자입니다.

끝으로 '백자 동채 생황 모양 연적'은 생황이란 악기를 본떠 만들었습니다. 생황은 17개의 가느다란 대나무 관이 통에 둥글게 박혀 있는 악기로 음색은 하모니카 소리처럼 맑고도 부드럽고 국악기 중 유일하게 화음을 냅니다. 연적은 먹을 갈기 위해 벼루에 붓는 물을 담아 두는 그릇입니다. 물을 넣는 구멍과 붓는 구멍 두 개의 구멍 있습니다. '백자 동채 생황 모양 연적'에도 두 개의 구멍이 있는데, 하나는 생황을 부는 주구(注口)이고 다른 하나는 반대쪽 몸체 위쪽에 작은 공기구멍이 있습니다. '백자 동채 생황 모양 연적'도 장식적

인 측면에서 여러 방법이 사용되었습니다. 대나무 관에는 구웠을 때 홍색을 내는 '진사(辰砂)'라는 물감을 사용했고, 몸체와 주구에는 푸른 색의 청화(靑華) 물감을 사용했죠. 몸체에는 '만수무강'이란 네 글자를 백색으로 썼다고는 하는데 사진에서도 그러하지만, 잘 보이지는 않습니다. 아마도 노인에게 장수를 기원하며 선물로 준 것이 아닌가 하는 생각이 듭니다.

백자 동채 생황 모양 연적
생황이란 17개의 가느다란 대나무 관이 통에 둥글게 박혀 있는 악기다. 이 악기를 본 따 만든 연적이다.

▋ 담백하고 소박한 멋에 취하다

역사와 문화유산을 공부하면서 국내뿐만 아니라 해외 박물관도 종종 다니게 되었습니다. 가까운 중국과 일본 그리고 유럽까지 유명하다는 박물관을 열심히 찾아다니며, 잘 만들었다는 중국과 일본의 도자기도 많이 보았습니다. 상대적으로 외국 박물관에 우리 도자기는 몇 점 정도밖에 전시되어 있지 않았지만, 팔이 안으로 굽는지 몰라도 보면 볼수록 우리나라 도자기들의 매력이 돋보인다는 생각입니다.

　유럽에 동양의 도자기가 본격적으로 알려지기 시작한 것은 15세기입니다. 유럽 여러 나라에서는 중국 자기 판매점들이 생겨났으며, 유럽 왕가에서는 중국의 도자기를 전시하기 위한 '도자기 방'을 만들기도 했습니다. 특히 제작 기술이 최고조에 다다랐던 명대 청화백자는 유럽의 여러 나라로 수출했는데, 16세기 이탈리아 부와 권력의 중심에 있던 메디치 가문에서도 중국 도자기를 수입했다고 합니다. 하지만 17세기 명·청 교체기에 중국산 도자기 수출이 일시적으로 중단되자 일본이 아리타지역 백자를 유럽으로 수출했고 인기를 끌게 됩니다.[64] 지금도 유럽에서 도자기 하면 중국과 일본을 꼽는 이유입니다. 하지만 제 눈에는 그렇게 보이지 않습니다. 정말 잘 만들었다고 전해지는 중국과 일본의 도자기에는 우리 도자기가

64. 김희정의 《도자기에 담긴 동서교류 600년》(국립중앙박물관, 2020) 중 〈칼럼. 동서교류에서 도자기의 의미_장남원〉 참고

가진 구수하고 소박한 맛을 찾아볼 수 없기 때문이죠. 개인적으로는 쨍한 색감에 반으로 잘랐을 때 대칭을 이루는 완벽한 형태의 도자기는 어쩐지 아름다워 보이지 않습니다. 우리의 '달항아리'는 둥글둥글하지만, 한쪽으로 좀 기울어져 있습니다. 두 개를 이어 붙이다 보니 구워지는 과정에서 한쪽으로 내려앉아 삐뚤기도 합니다. 그리고 백자라고는 하지만 표면은 시리고 창백한 새하얀 색이 아니라 포근하고 따뜻한 우

보물 백자 달항아리 ｜국립중앙박물관

잘 만들어서 아름다운 것도 있겠지만, 모든 걸 품어내는 너그러운 아름다움이야말로 우리 자기가 세계를 사로잡은 매력이 아닐까?

윳빛에 가깝습니다. 이러한 우리 도자기의 포근한 멋은 비단 '달항아리'에만 국한되지 않습니다. 완벽하게 만들어서 아름답기보다는 모든 걸 있는 그대로 품어줄 것만 같은 너그러움이야말로 우리 도자기 특유의 멋이자 미덕이 아닐까요? 기회가 된다면 국립중앙박물관 '조각·공예관'의 전시실을 둘러보면서 우리네 미학에 어울리는 나만의 최고 도자기를 찾아보면 어떨까 합니다.

조선시대는 드라마에서도 워낙 자주 다루다 보니 앞선 시대에 비해 좀 더 친근하고, 정보도 많이 알려져 있습니다. 이는 조선시대의 정치, 외교, 군사, 제도, 법률, 경제, 산업, 종교 등을 망라하는 어마어마한 역사적 사실이 기록된 조선왕조실록을 통해 비교적 자세한 기록이 남아있기 때문이기도 하죠. 조선은 이성계가 고려를 멸망시키고 1392년에 세운 새로운 나라죠? 이후 조선은 1910년에 일제에 나라를 빼앗기기까지 약 500여 년간 27명의 임금이 다스렸습니다. 고려와 가장 다른 점은 뭐니 뭐니 해도 권력의 중심 세력이 호족에서 사대부로, 근본사상은 '불교'에서 '유교'로 바뀐 점일 것이에요. 여기에서는 지금의 서울, 즉 조선 개국 후 새로운 수도가 된 '한양' 이야기로 시작해 18세기 후반 조선 부흥의 꿈을 느낄 수 있는 화성도 둘러보려 합니다. 그리고 궐 이야기와 함께 조선의 과학기술을 엿볼 수 있는 유물도 두루 살펴보겠습니다.

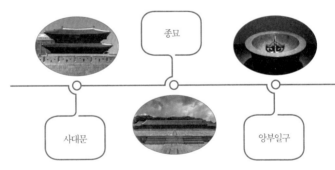

종묘

사대문

앙부일구

5부

조선

천상열차분야지도,
평혼의, 인검,
앙부일구, 자격루

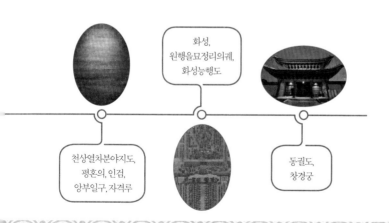

동궐도,
창경궁

말은 제주로,
사람은 서울로!

▌ 우리가 미처 몰랐던 서울의 매력 속으로

'말은 나면 제주도로 보내고 사람은 나면 서울로 보내라'라는 말이 있습니다. 이 말은 서울로 보내 공부하게 해야 한다는 뜻이지만, 꼭 교육 환경 때문만은 아닐 것입니다. 그만큼 서울은 예나 지금이나 특별한 매력이 넘치는 도시입니다.

오늘날 서울의 이미지는 현대적인 초고층 아파트와 빌딩이 빽빽이 들어선 첨단도시일 것입니다. 도로를 가득 메운 자동차와 너나 할 것 없이 바쁘게 움직이는 사람들을 보고 있으면 다소 삭막함마저 느껴지기도 하죠. 한편으론 정반대의 매력도 넘쳐납니다. 500년 역사를 간직한 조선의 으뜸 도시였던 만큼 경복궁을 비롯한 조선의 궁궐들과 오랜 역사의 증인 같은 건물들이 자리하고 있어 발길 닿는 곳곳이 살아있는 박물관이라고 해도 과언은 아니니까요. 실제로 서울을 구석구석 둘러보다 보면 마치 보물찾기를 하듯 다양한 조선의 흔적들을 발견할 수 있죠. 그래서 이번에는 서울역사박물관, 종묘 등을 여러분과 함께 둘러보면서 조선이 어떻게 시작되었고, 조선의 근간은 무엇이었는지 살펴보려고 합니다. 우리가 미처 몰랐던 서울의 숨은 매력 속으로 함께 빠져봅시다.

서울역사박물관
종로에 위치한 서울역사박물관은 서울의 역사와 기억을 한가득 저장하고 있다. 이곳에 가면 오늘날 세계도시로 우뚝 성장한 서울의 탄생과 변화를 한눈에 볼 수 있을 것이다.

서울이라는 이름

'서울'은 무슨 뜻일까? 우리나라 대표 도시들은 저마다 의미 있는 한자어 이름을 갖고 있다. 예컨대 '대전(大田)=한(큰)밭', '광주(光州)=빛고을', '춘천(春川)=봄내' 등이 그러하다. 하지만 '서울'만은 순우리말이다. 혹시 그 어원이 궁금하지 않은가?

태조 이성계가 한양(漢陽)에 도읍을 정한 후 큰 눈이 녹지 않고 쌓인 곳만 따라가며 성을 쌓았다고 하여 '설(雪)울이 되었다'는 〈택리지〉에 실린 이중환의 말이 있긴 하지만, 그대로 믿기는 어렵다. 한편 일제강점기에 태어나 1970년대까지 국문학자로 활약했던 양주동은 〈처용가〉의 첫 구 절인 '東京明期月良(동경명기월량)'을 '시볼 볼긔 드래'[1], 즉 '서울 밝은 달에'로 해석해서 '시볼 → 서라벌 → 서울'로 변했다고 주장하기도 한다. 신라의 도읍이었던 경주를 서라벌로 부르고, 백제의 도읍이었던 부여를 소부리라고 불렀던 것으로 미루어 삼국시대부터 '서울'이 도읍을 가리키는 말이었다고 생각한 것이다.

조선시대 들어 '서울'의 공식 명칭으로는 '한성(漢城)', '한양 (漢陽)', '수선(首善)' 등 여러 한자어가 쓰였다. 하지만 일반 백성들은 서울이란 순우리말을 더 많이 쓴 것 같다. 그래서 조선 말기 우리나라에 들어왔던 선교사들도 백성이 주로 사용한 '서울'이란 말이 더 익숙했을 것이다. 1896년 4월에 창간된 《독립신문》 영문판에도 'Seoul'이라고 표기한 것을 보면 알 수 있다. 1902년 캐나다 선교사 게일이 왕립 아시아 학회 기관지인 《Transaction》에 조선에서의 선교 보고를 하면서 한성부 지도를 실었는데, 거기에는 'HAN-Yang(Seoul)'이라고 이름을 적었다.

....
1. 한국민족대백과사전 '처용가'에서

▌서울, 조선의 중심으로

고려시대 '한양'은 남경(南京)으로 불
렸습니다. 고려의 수도는 개경(開京)[2]
인데, 개경 말고도 3개의 경(京)이 더
있었죠. 지금의 평양인 '서경(西京)',
옛 신라의 수도였던 경주가 '동경(東
京)' 그리고 한양인 '남경'이죠.

● 고려시대부터 위상이 높았던 서울

남경은 양주로 불리다 개경의 기운이
쇠하였다는 풍수지리설의 영향으로
(고려)문종 21년(1067) 처음 남경이
되었고 궁궐까지 만들었습니다. 남

조선팔도고금총람도[3]
ㅣ서울역사박물관

고려시대에 '남경'으로 불리던 한양
은 이미 정치적 위상이 높았다. 자연
히 조선이 개국할 때 유력한 수도 후
보지로 떠오른 것이다.

경은 다시 양주로 이름을 바꾸기도 했지만, (고려)숙종 대에 남경으
로 바꾸고 도선의 풍수지리설을 신봉하였던 김위제는 《도선비기》
속 '삼경순어설(三京巡御說)', 즉 왕이 세 곳의 수도(송악(중경), 서울
(남경), 평양(서경)을 의미)에서 고르게 정무를 봐야 국운이 트인다고
한 것을 근거로 남경 천도를 주장하기도 했죠.

....
2. '개성'의 옛 이름. 태조 왕건이 고려 왕위에 오른 이듬해에 궁궐을 새로 지어 도읍지로 정하였
   던 곳이다.
3. 공공누리 제1유형(서울역사박물관 홈페이지에서 내려받음)

1360년(공민왕 9) 7월에는 남경으로 도읍을 옮기고자 전 한양윤(漢陽尹)[4] 이안을 보내 성과 궁궐을 수리하도록 했습니다.[5] 또한 1390년(공양왕 2) 12월 17일엔 남경에 오랫동안 머무는 왕에게 개경으로 돌아갈 것을 형조판서 안원 등이 상서하기도 합니다.[6] 이러한 기록을 통해 한양은 고려시대부터 이미 정치적 위상이 높았기 때문에 조선의 유력한 수도 후보지로 부상했던 것임을 짐작할 수 있죠.

● 한양으로 천도를 결정하기까지

다만 한양으로의 천도가 단번에 결정된 것은 아닙니다. 계룡산이 도읍지로 더 좋다는 의견도 있었으니까요. 1393년 1월 태실증고사(胎室證考使) 권중화가 길지를 찾았다며 계룡산 도읍도를 바칩니다. 그해 2월 태조가 직접 내려가 일대를 둘러보고 김주 등에게 성곽을 쌓게 했죠. 3월엔 계룡

호정집 ㅣ서울역사박물관

호정집은 하륜의 시문집이다. 도읍지는 나라의 중심에 있어야 한다고 주장한 내용이 들어 있다.

산의 도읍 예정지 주변에 81개의 주·현·부곡 등을 확정합니다. 그런데 12월 하륜이 계룡산은 나라의 남쪽에 치우쳐 있고 풍수적으로

. . . .
4. 벼슬 이름으로 한성판윤이라고도 하며 한성부의 최고위 관직이다.
5. 고려사절요 권27
6. 고려사 권 제45

"산은 건방(乾方, 서북방향)에서 오고 물은 손방(巽方, 동남방향)으로 흘러 물이 오래도록 가는 것을 막아 안 된다."는 글을 올려 계룡산 천도는 중단됩니다. 결국 태조 3년(1394) 왕사 자초[7]와 여러 신하의 의견을 들어 한양으로의 천도를 결정합니다.

> 임금이 또 왕사(王師) 자초(自超)에게 물었다.
> "어떠냐?"
> 자초가 대답하였다.
> "여기는 사면이 높고 수려(秀麗)하며 중앙이 평평하니, 성을 쌓아 도읍을 정할 만합니다. 그러나 여러 사람의 의견을 따라서 결정하소서."
> 임금이 여러 재상들에게 분부하여 의논하게 하니, 모두 말하였다.
> "꼭 도읍을 옮기려면 이곳이 좋습니다."
> — 태조 3년(1394년) 8월 13일 1번째 기사[8]

1394년 8월, 태조는 도평의사사에게 한양으로 도읍을 옮길 것을 명하고, 삼사우복야 이염을 내려보내 궐을 짓게 합니다. 심지어 그해 10월, 아직 궐 공사가 끝나지 않아 기존 관아 건물을 임시 거처로 써야 했음에도 천도를 단행했죠. 신하들은 궐의 미완성, 민심의 동요 등을 이유로 반대했지만, 새로운 왕조의 의지를 보여주려 했던 태조는 뜻을 굽히지 않습니다.

....
7. 조선 태조 대에 왕사로 임명된 승려로 무학대사의 법명이다.
8. 국사편찬위원회 조선왕조실록 참조

● 태종에 이르러 완전히 마무리된 환도

한양으로의 천도가 결정되자, 그다음은 일사천리로 진행됩니다. 1394년 9월 신도궁궐조성도감(新都宮闕造成都監)을 설치하여 종묘와 새 궁궐을 짓도록 하고, 1395년 9월 종묘와 궁궐을 완성합니다. 10월엔 신하들과 새 궁궐에서 연회를 베풀면서 개국공신 정도전에게 새 궁궐의 이름을 짓도록 했죠. 정도전은 《시경》에 나오는 "군자만년개이경복(君子萬年介爾景福)", 즉 군자의 큰 덕으로 백성 모두가 태평하다는 구절에서 새 나라가 큰 복을 누려 태평할 것을 염원하며 '경복궁(景福宮)'이라 짓습니다.

드디어 1395년 12월 28일, 태조 이성계는 의장과 호위를 갖추고 위풍당당하게 경복궁으로 입궁합니다. 그와 함께 서울로의 천도도 완결되는 듯했으나, 뜻하지 않은 일이 발생하고 말았죠. 왕자의 난이 잇따르며 정국이 혼란에 휩싸이고 맙니다.

1398년 8월 다섯째아들 이방원이 1차 왕자의 난을 일으키자 충격에 빠진 태조는 정종에게 양위하고 상왕으로 물러나죠. 1399년 정종은 불안정한 정국 상황을 고려해 개경으로 환도합니다. 1400년 이번엔 넷째아들 이방간이 주도한 2차 왕자의 난을 이방원이 진압하면서 그해 2월 4일 왕세자에 책봉됩니다. 같은 해 11월 13일 정종이 양위하며, 태종이 즉위하죠. 정종실록에 보면 태상왕이었던 태조는 개경으로 다시 환도하였던 것을 심히 부끄럽게 여겼다고 합니다. 태조는 태종에게 한양으로 다시 돌아갈 것을 요구하였고, 태종 5년(1405)에 명실상부한 수도로 자리매김합니다.

한양은 계획도시다?

이제 한양을 본격 탐색해 볼까요?
당시 한양의 모습이 담긴 지도인
'수선전도'가 안내해 줄 거예요.

● 한 폭의 수선화 같은 수선전도

아무래도 여러분에게 한양이나
한성보다 '수선(首善)'이라는 이름
은 조금 낯설죠? '가장 선한 곳'이
란 의미로 부르던 이름인데, 《사
기(史記)》의 〈유림열전〉에서 유래
된 말입니다.

수선전도 | 서울역사박물관

마치 한 폭의 수채화 같기도 한 수선전도
는 조선시대의 한양을 가장 잘 보여주는
지도다. 사진은 김정호의 '수선전도'를 따
라 다시 만든 것으로 추정된다.

> 建**首善**自京師始
>
> 으뜸가는 선을 세우는 것은 경사(京師, 서울)에서 시작한다.

위의 지도를 보면 마치 산수화를 보는 것과 같은 느낌이 듭니다. 궁
궐의 경우에는 담장을 두르고 그 안에 있는 나무들을 산수화의 표
현 방법인 미점[9]을 찍어 표현하였습니다.

....
9. 부드러운 곡선을 이룬 토산이나 녹음이 무성한 여름 수림을 그릴 때 붓을 옆으로 기울여 큼직
   한 묵점(墨點)을 찍어나가며 표현하는 것을 말한다.

서울역사박물관 소장 수선전도는 1825년경에 김정호가 만든 고려대학교박물관 소장 '수선전도' 목판과 거의 비슷해서 김정호의 '수선전도'를 따라 다시 만든 것으로 보고 있습니다. 오른쪽과 왼쪽의 위쪽 여백에는 '식년문과초시정수'와 '생진초시정수'라는 글이 쓰여 있는 것을 볼 때, 과거시험을 준비하는 선비들을 위한 지도임을 알 수 있습니다. 또 왼쪽 아래에는 '갑자완산중간'이란 글자가 있는데, 갑자년(1864)에 완산(전주)에서 중간(다시 펴낸)한 것을 말합니다.

연세대학교 박물관에는 또 다른 수선전도가 있습니다. 김정호의 '수선전도'를 펜으로 그린 것인데, 1892년[10]경에 제작되어 미국인 선교사들이 사용했던 것으로 추정됩니다. 지도의 위쪽에는 굵은 한자 아래 붉은 글씨로 '슈션젼도'라는 옛한글 이름과 함께 오른쪽에는 한양도성의 크기인 "한양도성 주회가 구천구빅 칠십오보 고는 샤십척이촌 셩문이 여덜이라" 쓰여있고, 왼쪽에는 "오부샤십구방 동부는 십이방 셔부는 팔방 즁

수선전도[11] | 연세대학교박물관
한글본 한양지도가 거의 남아있지 않은 상황에서 지도사학적·어문학적 가치가 높다.

....
10. 1890년(고종 27)에 준공된 러시아 공사관인 아라사 공사관이, 1896년에 헐리는 서대문 밖의 모화관이 표기되어 있어 그 사이에 필사된 것으로 판단된다. _한국민족대백과사전
11. 공공누리 제1유형(국가유산포털에서 내려받음)

부는 팔방 남부는 십일방 북부는 십방"이란 행정구역을 써 놓았습니다. 지도 하단에는 지도에 표기된 번호들의 이름이 쓰여있습니다. 현재 전해지는 한글본 한양 지도가 거의 없어 수선전도는 조선 말 한양의 구체적인 지명 확인 등 지도사학적, 어문학적 가치가 높은 유물이지요. 그럼 이제 수선전도 안으로 들어가 볼까요?

● 한양을 둘러싼 네 개의 산과 도성들

먼저 한양을 둘러싸고 있는 네 개의 산, 즉 내사산(內四山)[12]인 백악산, 타락산, 목멱산(남산), 인왕산이 보입니다. 현재 북악산의 정식 명칭이 바로 흰(白) 바위들이 많은 큰 산(岳)이라는 뜻의 백악산이죠. 또 한양의 동쪽으로는 현재 낙산으로 불리는 '타락산'이 있습니다. 낙타의 형상을 닮았다고 붙여진 이름인데, 이곳에는 조선시대 궁궐에 우유를 공급하던 유우소(乳牛所)가 있었다고 합니다.

내사산을 중심으로 방어를 위해 도성을 쌓았습니다. 도성에는 네 개의 큰 문인 흥인문(興仁門), 돈의문(敦義門), 숭례문(崇禮門), 숙정문(肅靖門)의 사대문이 있고, 네 개의 작은 문인 혜화문, 소의문, 광희문, 창의문 사소문이 있습니다. 사대문의 이름 가운데 글자에는 '인의예정(仁義禮靖)' 글자가 들어갑니다. 유교에서 말하는 기본적인 덕목 오상(五常)인 '인의예지신(仁義禮智信)'을 의미합니다. 다만

....
12. 한양 도성의 4대문을 연결해서 쌓은 성벽을 기준으로 네 방위의 산을 내사산이라고 하고 그 밖의 네 방위에 있는 산을 외사산이라 한다. 외사산으로는 용마산(동쪽), 덕양산(서쪽), 관악산(남쪽), 북한산(북쪽)이 있다.

북문은 지혜 '지(智)'자가 아닌 꾀 '정(靖)'자를 써서 숙정문이라 했는데, 아마도 '지(智)'와 '정(靖)'의 뜻이 서로 통하기 때문에 바꾼 것으로 보입니다. 그렇다면 '신(信)'자는 어디에 있을까요? 사대문이라 '신'자는 큰 문의 이름에는 넣지 못했지만, 다른 곳에서 찾을 수 있습니다. 바로 한양 한가운데 위치한 종각인 보신각(普信閣)입니다. 종각이란 큰 종을 매달아두는 누각을 뜻하죠. 조선이 추구하던 사회상을 엿볼 수 있는 작명입니다.

● 작명에서 여전히 엿보이는 풍수지리의 영향력

'수선전도'에 보면 동대문 이름으로 '흥인문'이라 쓰여 있는데, 현판에는 '흥인지문'이라 적혀있습니다. 혹시 최근에 이름이 바뀌었나 싶을 수도 있는데, 조선왕조실록을 보면 '흥인문'으로 기록된 것이 208회, '흥인지문'으로 기록된 것이 세조실록과 중종실록 각 1번씩 2회 나옵니다. 조선 초부터 현판은 '흥인지문'으로 만들고, 대체로 '흥인문'이라 불렀던 것 같습니다. 여기서 궁금증 하나! 사대문 중

흥인지문
사대문 중 유일하게 이름이 네 글자다. 이는 풍수지리적인 이유로 알려진다.

세 곳은 세 글자인데 왜 동쪽의 흥인지문만 네 글자일까요? 이는 풍수지리적인 이유로 알려집니다. 서쪽 인왕산은 높고 웅장한 데 비해 동쪽 타락산은 상대적으로 낮습니다. 그러다 보니 개천물이 도성 밖으로 빠져나가는 오간수문도 설치되어 있었지요. 아마도 동쪽은 땅의 기운이 약하기 때문에 풍수적으로 기운을 북돋아 주려 '지(之)'자를 넣고 한양의 성문 중 유일하게 옹성[13]도 만들었던 것으로 보입니다.[14]

또 영조도 흥인지문이라는 이름에 의문을 품었던 기록이 남아있습니다. 영조 17년 4월 11일 승정원일기에 영조가 한림 황기원과 주서 이기원에게 '흥인문'의 현판이 네 글자인 이유를 물었다는 내용이 나오죠. 이에 주서 이기원이 이유를 정확히는 모르지만, 아래와 같이 답했고, 이를 들은 영조가 일리가 있다며 화답했다 합니다.

'예전에 듣기로 도성 동쪽에 있는 수구(水口)의 지세가 매우 취약하였기 때문에 별도의 곡성(曲城)을 쌓고 현판에도 '之' 자를 더 써넣었다고 합니다. 한 글자를 더 넣는다고 해서 수구의 취약함을 보강하는 데에 아무런 도움이 되지 않을 것 같기는 합니다만 예전 사람들은 그렇게들 말했습니다'[15]

....
13. 성문을 보호하기 위해 성문 밖으로 한 겹의 성벽을 둘러 쌓아 성벽을 만든 것.
14. 정은주, 2016, 〈한양 도성의 동문, 흥인지문과 주변 이야기〉,《미술사와 문화유산》Vol5, pp.79-109. 풍수의 이상적 입지 환경과 여건이 부족할 때 인문적·자연적 요소를 보충함으로써 풍수적 조화를 이루고 개선하도록 하는데, 이를 비보(裨補) 한다._국립민속박물관 홈페이지
15. 한국고전번역원, 승정원일기 번역. '흥인지문'이란 불린 까닭 중.

● 문은 문인데…

사대문과 사소문 중 평소 드나들지
않던 문도 있습니다. 바로 숙정문과
창의문이죠. 태종 13년(1413) 풍수
가 최양선의 "장의동문(창의문)과 관
광방 동쪽 고갯길(숙정문)은 지맥(地
脈)을 온전히 하기 위해 길을 열지 말
라."는 건의[16]로 평상시에는 닫아두
었다가 봄·여름 가뭄이 들었을 때만
기우(祈雨)를 위해 열었다고 합니다.

창의문[17]

숙정문과 더불어 평소에는 닫아두었
다. 임진왜란 때 문루가 부서졌지만,
영조 때 복원된 것이 현재까지 이어
진다.

그러다 보니 북쪽에서 한양으로 들어올 때는 돈의문과 혜화문을
사용했다고 합니다. 중국 사신을 맞이했던 모화관이 돈의문 밖에
있는 것도 숙정문과 창의문은 닫아두었기 때문입니다. 숙정문과 창
의문은 잘 사용하지 않다 보니 크나큰 국가 위기 상황을 거치면서
도 그나마 보존될 수 있었습니다. 숙정문 문루는 부서져 복원한 것
이지만 좌우의 성벽은 온전히 남아 있었죠. 또 창의문도 임진왜란
때 문루가 부서지긴 했지만 영조 때 다시 지은 것이 현재까지 남아
있습니다.[18] 아무튼 서울은 내사산을 중심으로 사대문과 사소문 안
에 조성한 요즘 말로 하면 일종의 계획도시입니다.

······················
16. 유홍준,《나의 문화유산답사기 10》, 창비, 2017.
17. 도성 안에서 바깥으로 나가는 길.
18. 1958년 약간의 보수 공사는 이루어졌다.

전하, 종사를 보존하소서!

사극을 보다 보면 임금 앞에 엎드
려 앉은 신하들이 이렇게 목 놓아
외치는 장면이 종종 나옵니다.

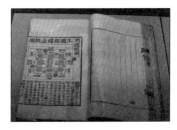

　　　"전하, 종사를 보존하소서!"

주례 　　　　　　　　ㅣ서울역사박물관
궁궐을 중심으로 좌우에 종묘와 사직이
있어야 한다는 내용이 담겨 있다.

종사가 대체 무엇이기에 이토록

왕께 간절히 청하는 것일까요? **종사**란 종묘와 사직단의 줄임말입니
다. 새 나라 조선이 도읍지 한양을 건설하면서 경복궁보다 먼저 세
운 것도 바로 종묘와 사직이죠. 그만큼 종묘와 사직은 나라를 떠받
드는 중요한 곳으로 여겨졌습니다.

● 종묘, 왕조의 정당성과 정통성을 상징하다

중국의 경서《주례(周禮)》에 보면 '좌묘우사(左廟右社)'**[19]**란 말이 나
오는데, 궁궐을 중심으로 좌우에 종묘와 사직이 있어야 한다는 뜻
입니다. 우선 종묘는 조선왕조 역대 왕과 왕비 그리고 추존된 왕과
왕비의 신주를 모신 사당입니다. 종묘는 조선이 유교 사상을 기반
으로 세운 나라여서 조상에게 효를 다하는 것이 중요하기도 했고,

....
19. 조금 더 구체적으로 왕의 궁궐 앞에는 조정, 뒤에는 시전, 왼쪽에는 종묘, 오른쪽에는 사직을
　　두어야 한다는 유교국가 원칙의 하나.

왕조의 정당성과 정통성을 상징하는 건물로서도 의미가 있습니다. 일본 건축계의 거장이라는 시라이 세이이치(1905~83)는 종묘를 보고 "서양에 파르테논 신전이 있다면 동양에는 종묘가 있다."며 극찬했다고 하죠. 종묘는 조선 역대 국왕의 혼령을 모셔둔 일종의 신전으로 가장 신성한 공간이었습니다. 이를 반영하듯 전체적으로 경건함과 엄숙함이 감도는 기품 있는 모양새입니다. 정전과 영녕전을 중심으로 공신당과 칠사당 등이 종묘의 주요 건물이죠.

종묘가 처음 지어졌을 땐 영녕전도 없었고 정전의 크기도 지금과 같은 19칸이 아닌 5칸에 불과했습니다. 아마 승하할 왕들의 위패 자리를 미리 만들어 놓기도 그렇거니와 왕조가 얼마나 오래 지속될지도 모르는 상황에서 무작정 크게 만들 순 없었던 것으로 보입니다. 아무튼 그 5칸에는 태조와 태조의 고조, 증조, 할아버지, 아버지가 모셔져 있었죠. 그런데 정종이 승하하면서 문제가 발생하게

정전[20]

영녕전

정전과 영녕전
정전과 영녕전을 중심으로 공신당과 실사당이 종묘의 주요 건물로 꼽을 수 있다.

....
20. 공공누리 제1유형(국가유산포털에서 내려받음)

됩니다. 제후국에서는 5대조를 모시는 게 원칙이니 목조의 신위가 종묘에서 나오고(이를 '조천(祧遷)'이라 한다) 정종의 신위가 맨 아랫자리로 들어가면 되는데 태종으로서는 조상의 신위를 땅에 묻는 것이 꺼림칙했을 거라 생각합니다. 그래서 다음번 조천까지 생각해서 신실을 4칸으로 만들고 양옆에 익실을 1칸씩 붙인 6칸 건물인 영녕전(永寧殿 조종과 자손이 함께 편안하다)을 짓고 목조의 신위를 옮깁니다. 이러면서 본래의 사당은 정전이라고 부르게 되었고, 승하하는 왕들이 늘면서 영녕전과 정전의 크기도 점점 커졌죠.

건물이 커지는 방식도 매우 단순 명료합니다. 건물의 옆쪽으로 앞에 있던 것과 똑같은 크기의 신실로 만들었는데, 이것이 종묘만의 미(美)가 되었습니다. 유홍준 교수는 종묘 건축의 미학으로(정전을 예로) "100미터가 넘는 맞배지붕이 19개의 둥근 기둥에 의지하여 대지에 낮게 내려앉아 불가사의할 정도로 침묵이 감도는 공간을 보여준다는 점에 정전 건축미의 핵심이 있다."라고 말하기도 합니다. 단순해 보이는 구조지만, 좌우 대칭인 듯 대칭 아닌 월랑(月廊)의 모습이 변화를 주어 지루함을 덜어내고 있죠.

● 조천과 불천위

정전과 영녕전에는 각각 누구를 모셨을까요? 앞서 말했듯이 오대봉사가 원칙이므로 그 윗대 조상은 정전에서 영녕전으로 옮기는 '조천(祧遷)'을 하게 됩니다. 이때 공덕이 많은 임금의 신위는 조천하지 않고 정전에 계속 모시는 불천위(不遷位)라는 제도가 있습니다. 하지만 역대 임금 중 감히 누구를 공덕이 없다고 꼽을 수 있었을까요? 결국 조선의 임금 모두를 조천하지 않고 정전과 영녕전에 공덕의 정도에 따라 나누어 모십니다. 영녕전에는 태조의 4대조를 위시하여 역사에서 이름이 조금 덜(?) 알려진 분들이 계시고, 정전에는 역사에서 그 공이 뛰어나다고 기록된 왕들이 모셔져 있죠. 즉 승하한 모든 왕은 정전에 계시다가 한참 후에 영녕전으로 모셔지든 정전에 남든 하게 됩니다. 선대왕을 바로 영녕전으로 모시는 것은 유교의 효(孝)에 비춰볼 때 쉬운 일이 아니기 때문이죠.

현재 정전에는 열아홉 분의 왕(왕비까지 49위)을 모셨고, 영녕전에는 열여섯 분의 왕(왕비까지 34위)을 모셨습니다. 우리가 알고 있는 묘호[21](태정태세문단세…)는 스물일곱 명인데 서른다섯 명의 왕이 모셔진 것은 태조 이성계의 선조 네 분을 포함해 훗날 왕으로 추존된 분들이 열 분 더 계시기 때문입니다. 그래도 조금 이상합니다. 스물일곱 명 더하기 열 명은 서른일곱 명인데 왜 서른다섯 명일까요? 종묘에 없는 왕, 바로 연산군과 광해군이 빠졌기 때문입니다. 사도세자의 경우 죽을 때는 세자에서 폐위된 채 평민의 신분으로 죽었지만, 정조 때에 세자로 복권되었다가 고종 때에 비로소 장조로 추존되었습니다. 고종이 사도세자의 고손(5대손)이라는 것이 영향을 미쳤겠다고 생각할 수 있지요. 연산군과 광해군은 그 자손이 왕이 되지 못하여 끝내 추존되지 못했고 종묘에 신위가 모셔지지 못했습니다.

....
21. 종묘에서 부르는 이름으로 임금이 죽은 뒤에 생전의 공덕을 기리어 붙인다.

● 농경의 중요성을 말해주는 사직

사직단은 임금이 토지의 신인 '사(社)'와 곡식의 신인 '직(稷)'에 제사 지내기 위해 흙을 쌓아 올려놓은 두 개의 단(壇)을 말합니다. 조선시대를 포함한 고대사회는 농경이 매우 중요했습니다. 그만큼 사직

사단과 직단[22]
토지의 신과 곡식의 신계 제사를 지내기 위해 쌓은 단이다. 농경을 얼마나 중시했는지 알 수 있다.

단에서 토지와 곡식의 신에게 제사를 지내는 것은 국가의 기반과 백성들의 삶을 위해 중요한 행사였죠. 사직단 제사는 음력 2월 중춘(仲春)[23], 8월 중추(仲秋)[24] 그리고 납일(臘日)[25] 세 번을 원칙적으로 지냈습니다. 그리고 가뭄 때에는 기우제를 지내고 비가 많이 올 때는 기청제(祈晴祭)를 지내기도 했습니다. 사직단 제사는 나라의 큰 제사이기는 했지만, 숙종 이전까지는 연간 1회 정도도 지내지 않았습니다.[26] 사직단은 서울뿐만 아니라 지방의 각 군현에도 설치

....
22. 공공누리 제1유형(국가유산포털에서 내려받음)
23. 중춘은 중양이라고도 한다. 중(仲)은 그 계절의 두 번째 달을 뜻하고 양(陽)은 따뜻한 봄을 뜻하므로, 봄을 의미하는 석 달(1월, 2월, 3월) 중 두 번째 달인 음력 2월을 나타낸다.
24. 중추는 가을에 해당하는 7, 8, 9월 중에서 가을의 한가운데에 있다는 의미로 음력 8월을 달리 부르는 말이다.
25. 납일은 동지 뒤 세 번째 미일(未日). 조선시대 날짜는 천간과 십이지를 합쳐 육십갑자로 매겼다.
26. 문동석,《한양, 경성 그리고 서울》, 상상박물관, 2013.

해서 지방관이 주관하여 사직 제사를 지내게 했습니다.

사직단을 처음 가면 각 대문의 방향이 맞지 않아 조금 의아한 생각이 들지 모릅니다. 동문이라고는 하는데 남쪽을 향하고 있고, 북문이라고 하는데, 동쪽에 가까우니까요. 하지만 이것은 방향을 몰라서 그렇게 지은 것이라기보다 사직단이 인왕산의 줄기에 걸쳐 있다 보니 지형과 조화되도록 약간 동남쪽으로 틀었기 때문입니다. 창덕궁도 그렇지만 자연을 인위적으로 바꾸기보다 자연과 어울리게 건물을 지으려 했던 우리 선조들의 마음이 엿보입니다.

▌ 사람들로 북적이던 운종가와 육조거리

한양의 대표적인 거리라 하면 관청 거리인 육조거리와 상권 중심의 운종가를 들 수 있습니다.

● 국가 통치를 위한 관청 거리

육조거리는 국가 통치를 위한 관청 거리입니다. 경복궁의 정문인 광화문 앞으로 큰길을 내고 좌우에 의정부를 비롯한 육조와 핵심적인 관청들을 배치하였습니다. 경복궁을 중심으로 앞에 조정을 두고 다시 그 앞에 시장을 두었죠. 이 또한 《주례》를 살짝 변형해서 적용한 결과입니다. 《주례》에는 '전조후시(前朝後市)'라 하여 궁궐을 중심으로 그 앞에는 조정을 배치하고 뒤로는 시장을 조성하라는 원칙이 있습니다. 하지만 한양은 '배산임수(背山臨水)'라는 풍수를 고려해야 했기 때문에 궁궐 뒤로는 산이 자리하고 있어 시장을 조성할 수 없었습니다.

육조거리는 '이, 호, 예, 병, 형, 공'의 육조 관공서가 들어서서 붙여진 이름입니다. 의정부와 사헌부, 한성부 등도 이곳에 있었죠. 국왕은 경복궁이나 창덕궁에서 정사를 돌보며 광화문 밖 정부에서

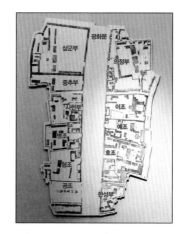

광화문 앞 육조거리 모형
| 서울역사박물관
'이, 호, 예, 병, 형, 공'의 육조 관공서가 들어선 이유로 붙여진 이름이다.

신하들과 국정을 논하고, 또 육조에서 결정된 정책들이 집행될 수 있게 했습니다. 경복궁 옆 청와대를 포함해 지금도 육조거리에는 정부종합청사와 여러 정부 부처가 있습니다.

조선시대 도성 안에 도로는 대로·중로·소로의 기준에 따라 각각 56척·16척·11척[27]으로 만들었는데, 육조거리는 대로의 기준인 56척보다 좀 더 컸다고 합니다. 아무래도 공간이 넓다 보니 육조거리 앞에서는 서양의 광장처럼 다양한 행사가 치러집니다. 세종 24년 (1442)에는 국왕이 광화문 앞에 자리한 가운데 무과를 시행하기도 했고, 영조 45년(1769)엔 관례에 따라 예조 앞에다가 음식을 차려놓

....
27. 세종대의 황종척을 기준으로 하면 1척은 34.48㎝로 56척은 약 20m다.

관원들의 모임 인증샷, 계회도

계회도(契會圖)란 같은 관청에서 근무하는 관원들의 친목 모임인 계회를 그린 것이다. 계회의 주요한 목적 중의 하나가 바로 신참례(新參禮)였다. 참여자는 각 관청의 신진 낭관 이하의 관료들이다. 신참례는 관직에 나간 신임 관원들이 선배들에게 인사하는 일종의 신고식 같은 것으로, 업무 참여를 허락하는 허참(許參)과 신참(新參)을 면하게 한다는 면참(免參)의 절차로 진행되었다.[28] 신참례는 선배와 후배 관리들 사이에 위계질서와 공동체성을 강화하고 원활하게 일할 수 있게 돕는 장점도 있었지만, 신임 관원들에게 가혹한 벌칙이나 모욕을 주기도 하고 금전적인 부담을 주는 등 폐해도 적지 않았다. 이런 관례는 조선 후기까지 이어졌는데, 때때로 조선의 국왕들은 신참례를 금하기도 하였다.

서울역사박물관의 '비변사계회도'는 비변사 관원들의 모임을 그렸다. 위

쪽에 '비변사계회도'란 제목이, 오른쪽에는 학문에 뛰어났던 신광한이 지은 시가, 마지막엔 '가정경술동(嘉靖庚戌冬)[29]이란 글씨가 적혀있어 명종 5년(1550)의 모임임을 알 수 있다.

조선시대의 계회도
계회도는 고려와 조선시대 관료들의 친목 모임인 '계회' 광경을 그린 그림을 말한다.

비변사계회도[30] | 서울역사박물관

....

28. 윤진영, 2004, 〈조선시대 관료사회의 신참례와 계회도〉, 《역사민속학》 Vol.,no.18, pp.135~164.
29. 공공누리 제1유형(서울역사박물관 홈페이지에서 내려받음)
30. 가정(嘉靖)은 명나라 세종의 연호로 경술년은 1550년이 된다.

고 60세 이상의 노인들을 위한 잔치인 기로연(耆老宴)[31]을 열기도 했습니다. 기로연은 유교 사회인 조선에서 먹고 살기 힘든 연로한 백성에게 쌀과 옷감 등을 하사함으로써 위민(爲民)을 행하는 국왕의 중요한 정치적 퍼포먼스였습니다.

경복궁이 정궁으로서 역할을 하지 않을 때조차 육조거리에는 여전히 관청이 머물렀습니다. 특히 임진왜란으로 한양의 궁궐과 관청이 모두 불타버려 국왕이 지금의 덕수궁에서 임시로 생활할 때도 관청만큼은 경복궁 앞 원래 위치에 세웠죠. 아마도 국왕 곁에서 눈과 귀가 되는 관리들은 궐내각사(闕內各司)라 하는 궁궐 내 관청에서 일을 했기 때문에 실제 업무를 실행하는 육조는 굳이 궐 가까이 있지 않아도 되었기 때문일 것입니다.

● 활발한 상거래가 이루어지다

운종가(雲從街)는 구름 운(雲)자가 들어간 데서 짐작할 수 있는 것처럼 '사람들이 구름처럼 모였다 흩어지는 거리'라는 뜻입니다. 흥인지문과 돈의문 사이 큰길에 형성된 시장통을 가리키죠. 서울역사박물관에서는 운종가를 재현해 놓은 모형도 만날 수 있습니다. 운종가는 현재의 종로 1가인 혜정교에서 광교 일대까지로 관청에서 허가한 시전이 있었죠. 전국 방방곡곡의 물건이 모이는 상권 중심지였죠. 특히 운종가의 중심에는 종루(종각)가 있었고, 그 양옆으로

....
31. 60세를 기(耆)라 하고, 70세를 노(老)라 한다.

운종가 재현

|서울역사박물관

운종가는 전국 방방곡곡의 물건이 모이는 상권 중심지였다. 현재의 종로 1가인 혜정교에서 광교 일대까지로 관청에서 허가한 시전이 있었다.

는 육의전(六矣廛)이라 부르는 시전을 대표하는 여섯 개의 큰 상점이 있었습니다. 비단을 파는 선전, 무명을 파는 면포전, 명주를 파는 면주전, 각종 어물을 파는 내어물전, 종이를 파는 진전, 모시·베를 파는 저포전을 말합니다. 육의전은 관청에서 필요한 물품과 청에 방문하는 사신들이 가져갈 물품들을 조달하는 일을 했습니다.

물론 한양에는 시전만 있었던 것은 아닙니다. 오늘로 치면 노점상과 같은 난전들이 숭례문 밖의 칠패(七牌)[32]시장과 혜화문 안쪽의 이현시장에 모여 있었죠. 특히 이현시장은 성균관과 화성으로 이전하기 전 사도세자의 사당인 경모궁과 가깝습니다. 이곳에서 성균관

....
32. 포도청의 순라군이 감찰하는 여덟 개의 패(牌) 가운데 남대문 밖에서 연지(蓮池)까지 순라를 도는 칠패가 주둔하는 곳에서 유래하였다._우리역사넷
33. 조선시대 성균관에 딸려 쇠고기 장사나 전통연희에 종사하던 천민_한국민족대백과사전

노비인 반인(泮人)[33]은 소를 도축하고 쇠고기를 판매할 수 있는 현방(懸房) 운영의 독점권을 가지고 있어 경제적 성장을 이룰 수 있었습니다. 그리고 정조 때 경모궁을 조성하는 과정에서 유입된 모민(募民)은 여객주인권(旅客主人權)을 통해 숙박시설의 제공뿐만 아니라 서울로 들어오는 여러 물건을 위탁 판매하는 권리를 가지고 있어 한양의 3대 시장으로 성장할 수 있었습니다.[34]

▌조선의 인재를 길러내는 성균관

예나 지금이나 우리나라 교육열은 대단하지요. 조선시대의 엘리트 양성소라 할 수 있는 성균관은 창경궁 집춘문에서 걸어서 2분 정도로 아주 가까웠습니다. 조선시대 국왕들이 집춘문을 통해 성균관에 드나들며 유생들을 격려했다고 합니다. 특히 세종대왕은 다음과 같이 성균관의 그 중요성을 강조하였습니다.

> 학교는 풍속과 교화(敎化)의 근원이니, 서울에는 성균관과 오부 학당(五部學堂)을 설치하고 지방에는 향교(鄕校)를 설치하여, 권면(勸勉)하고 훈회(訓誨)한 것이 지극하지 않음이 없었는데[35]

....
34. 유슬기·김경민, 2017, 〈조선시대 한양도성 안 동부지역의 상업 도시화 과정〉,《서울학연구》 Vol, no.67, pp.239-264.
35. 조선왕조실록, 세종 즉위년(1418) 11월 3일 12번째 기사

● 성균관으로 들어가면?

성균관에는 중국과 우리나라 유학자의 위패를 모셔둔 대성전과 유생들의 강의실인 명륜당을 중심으로 기숙사인 동재와 서재 그리고 여러 부속 건물들이 있습니다. 성균관은 정문을 들어서면 대성전이 나오고, 그 뒤로 명륜당이 있는 전묘후학(前廟後學)의 배치로 지방의 사설 교육기관인 서원의 전학후묘 배치와는 차이가 있습니다.[36]

도성도[38] 중 일부 | 국립중앙박물관
지도에서도 알 수 있는 것처럼 조선의 국왕은 집춘문을 통해 드나들며 성균관 유생들을 격려했다.

특히 눈에 띄는 것은 대성전 앞마당의 은행나무[37]입니다. 공자가 행단(杏壇)에서 제자를 가르쳤다는 기록에 따라 심었다고 하는데, 정작 중국 취푸의 공자를 모신 공묘(孔廟) 대성전에는 살구나무(杏:살구 행)가 있다고 합니다. 둘 다 같은 행(杏)자를 쓰다 보니 우리나라에서 은행나무로 오해한 거라는 얘기가 있죠.

....

36. 국가에서 만든 지방 교육기관인 향교는 평지에는 전묘후학으로 배치하고 구릉에는 전학후묘로 한다. 성현을 높이고자 하는 의도라 볼 수 있다.
37. 서울특별시기념물로 지정된 이 나무의 수령은 450년 이상으로 추정된다.
38. 공공누리 제1유형(국립중앙박물관에서 내려받음)

성균관의 대성전

도쿄의 대성전³⁹

우리나라와 일본의 대성전

왼쪽은 성균관 대성전이다. 대성전(大成殿)은 선조 34~35년(1601~1602)에 지은 건물로, 공자를 비롯해 4대 성인과 공자의 뛰어난 제자 그리고 우리나라 명현 18인의 위패를 모시고 있다. 오른쪽의 도쿄 대성전은 유시마세이토 안에 있는데 역시 유학자들의 위패를 모셔둔 전각이다. 개방을 잘 하지 않아서 내부를 보기는 쉽지 않다.

● 성균관 유생들의 생활은?

자, 그러면 조선 최고의 교육기관인 성균관의 현실은 어땠을까요? 성균관 유생들은 향후 국가의 요직을 맡게 될 인재들인 만큼 특별 대우를 받았습니다. 국왕들은 성균관 유생들을 위해 술과 어육, 책 등을 주고 병에 걸리는 유생들을 위해 의원을 두도록 하기도 했지요. 그럼에도 불구하고 성균관에서 생활하기란 쉽지 않았나 봅니다. 무엇보다 유생들이 생활하는 기숙사는 온돌방이 아니었고, 평소에는 음식도 부실하여 실제로 성균관에 머물며 공부하는 유생의 숫자는 많지 않았다고 합니다. 이러한 점 때문인지 성균관 정원은 이백 명인데 그 숫자가 모두 채워진 적이 없다고 합니다. 특히 병자

....
39. 대성전은 검은색 건물에 녹색 기와를 올렸고 현판이 우리와 달리 세로로 달려있다.

호란을 겪은 인조 때에는 성균관에서 생활하는 유생이 단 한 명도 없어 그 대책을 마련하기도 했다[40]는 기록도 남아있습니다.

성균관과 같은 유학 교육기관은 중국과 조선뿐 아니라 베트남과 일본의 수도에도 있습니다. 베트남의 하노이에 가면 현재 관광지가 된 공자를 모신 사당인 '문묘(文廟)'가 있습니다. 도쿄에 있는 일본의 '문묘'는 '유시마세이도(湯島聖堂)'[41]라고 불리는데, 황거(궁)에서 2km 정도 떨어져 있습니다. 다만 이곳은 찾는 사람도 많이 없고 개방을 잘 하지 않아 아쉽게도 내부를 보기는 쉽지 않습니다.

▌단언컨대 최고의 관광지, 서울

서울은 태조 이성계가 새 나라 조선의 도읍으로 정한 이래 대한민국의 중심 도시로서 630여 년이라는 시간의 흔적을 고스란히 담고 있습니다. 그와 함께 대한민국의 미래를 열어가는 곳이기도 합니다. 과거와 현재 그리고 미래가 자연스럽게 공존하는 도시답게 세계 각지에서 찾아온 여행객들도 끊이질 않습니다. 그저 말뿐이 아니라 서울은 세계에서도 손꼽히는 최고의 여행지입니다. 싱가포르에서 열린 2023 트립닷컴 글로벌 파트너 시상식에서 서울시가 '2023 최고의 인기 여행지 상(Most Popular Destination of the year)'을

....
40. 조선왕조실록, 인조 7년(1629) 7월 24일 2번째 기사
41. 유시마는 도쿄의 지역명이다.

수상[42]했으니까요.

서울에는 조선을 대표하는 경복궁, 창덕궁, 창경궁, 덕수궁(경운궁), 경희궁 다섯 궁궐뿐 아니라 북촌과 서촌의 한옥마을 등이 옛 모습을 간직한 채 보존되고 있고, 세계문화유산으로 지정된 창덕궁과 종묘 그리고 조선왕릉 일부 등 그야말로 문화유산의 보고이기도 합니다. 앞서 소개했던 '수선전도' 한 장 들고 서울로 문화유산 답사를 떠나보면 어떨까요? 답사의 출발점을 서울역사박물관으로 해도 좋을 것 같습니다.

....
42. https://mediahub.seoul.go.kr/archives/2009439

하늘의 뜻을 받들어
나라를 다스리다

▌왜 천문학이 발달했을까?

조선은 유교를 통한 이상사회 실현을 목표로 하였습니다. 아무래도
과학기술에 대한 관심은 낮은 편이었고, 그나마도 특정 분야에 쏠
려 있었죠. 예컨대 병을 고치기 위한 의학, 농사 관련 간단한 기술,
일상생활의 편리를 도모하는 도구 제작 정도에 국한되어 있었습니
다. 하지만 이런 조선에서 양반들조차 관심을 기울인 과학 분야가
있었으니 바로 천문과 역학입니다.

세종대왕은 천문 분야의 발전을 위해 신분의 차별 없이 인재를

등용한 것으로 유명합니다. 대표적인 인물이 노비 출신의 장영실이지요. 세종대왕은 장영실 같은 인재들이 능력을 마음껏 발휘하도록 지원했고, 그 결과 천문학 등 과학기술을 꽃피우게 됩니다.

천문학은 농업과 관련이 깊습니다. 농업은 나라의 재정적 안정은 물론 백성의 생존이 달린 만큼 대단히 중요시되었습니다. 농업 생산량은 날씨에 크게 좌우되므로 사계절, 밤낮의 길이, 더위와 추위, 장마와 가뭄 등 주기적인 자연현상인 천시(天時)를 늘 예의주시할 수밖에 없었겠지요. 아마도 그 이유 때문에 더더욱 풍수지리나 천문학 분야가 발달했을 것입니다.

조선의 천문학 수준이 대체 어느 정도였는지 궁금하지 않은가요? 그래서 이번에는 국립고궁박물관으로 가볼까 합니다. 이곳에서 조선시대의 뛰어난 천문학 기술을 엿볼 수 있는 훌륭한 문화유산들을 만나봅시다.

국립고궁박물관
'조선의 국왕', '조선의 궁궐', '대한제국', '왕실의례', '궁중서화', '과학문화' 등으로 나눠 전시하고 있다. 전시 주제도 다양하고, 전시된 유물의 양도 워낙 방대한 만큼 한 가지 주제로 여러 번 답사할 것을 권한다.

국립고궁박물관의 기원

경복궁에 가려고 광화문을 들어서면 왼쪽으로 기와가 돋보이는 멋진 건물이 하나 보인다. 바로 국립고궁박물관이다. 얼핏 작아 보이지만, 안으로 들어가면 3시간은 꼬박 걸어 다녀야 모두 볼 수 있을 정도로 규모가 꽤 큰 편이다. 국립고궁박물관의 시작을 따져보면, 아직 일제에 완전히 나라를 빼앗기기 전인 대한제국으로 거슬러 올라간다. 우리나라 최초의 박물관은 '이왕가박물관'으로 1908년 1월부터 제반 시설을 준비하고, 1909년 11월 1일 동물원·식물원과 함께 일반인들에게 공개하였다. 1909년 순종이 즉위하면서 덕수궁에서 창덕궁으로 이어(移御)[43]하게 되는데 일본인들이 '순종을 위한 위락 시설'이란 명분으로 창경궁에 만들었다.[44] '이왕가박물관'은 대한제국기를 거쳐 일제강점기까지 이어졌는데, '제실박물관'으로 불리기도 하고, 박물관이 위치한 곳 때문에 '창경원박물관'과 '창덕궁박물관'으로 불리기도 했다.

조선시대와 대한제국기의 왕실 유물을 중심으로 '조선의 국왕', '왕실생활', '대한제국', '왕실의례', '궁중서화', '과학 문화' 등의 주제는 상설전시 중이다. 주제도 다양하고, 전시된 유물의 양도 워낙 방대한 만큼 한 번에 모든 것을 다 보려고 하기보다는 한 가지 주제로 여러 번 답사할 것을 권하고 싶다.

....
43. 임금이 거처를 옮기는 것을 말함.
44. 김아란, 2023, 〈이왕가 박물관 설립 과정에 대한 재검토〉, 《서울과 역사》 no.113, pp.221-259. 이왕가박물관은 창덕궁의 정전인 명정전(明政殿) 내부와 명정전 뒤쪽 툇간(退間)에 석조 유물을, 함인정과 환경전, 경춘전에는 금속기와 도기, 칠기류 유물을, 통명전과 양화당에는 회화 유물을 전시하는 한편, 1911년 옛 자경전 자리에 건립한 신관 건물에는 금동불상과 나전칠기, 청자와 같은 이른바 명품 유물을 전시하였다._국가유산청 2020.11.25. 보도자료 중

▌ 천상열차분야지도, 하늘을 읽다

국립고궁박물관에서 '천상열차분야지도(天象列次分野之圖)' 각석과 목판본만큼은 절대 놓치지 말았으면 합니다. 이름 속 '천상(天象)'은 천체의 변화 현상을 뜻하니 그와 관련된 물건이겠지요?

● 하늘을 노하게 하지 말지어다

예로부터 국왕은 하늘의 뜻을 받들어 나라를 다스린다고 여겼습니다. 조선에서 천문은 '제왕학(帝王學)'으로서 통치의 논리적 근거였죠. 왕은 천명(天命)을 받드는 초월적 존재이기에 관상수시(觀象授時)[45]는 국왕의 임무 가운데 으뜸으로 여겨졌습니다.

일식과 월식, 별똥별, 각종 기상이변은 왕이 부덕하여 하늘이 분노한 결과로 여겨졌기에 관련 행사는 당연히 정성을 다해 엄중히 진행했죠. 다음은 일식 행사 관련 세종대왕 때의 기록입니다.

> 일식이 있으므로, 임금이 소복(素服, 하얗게 차려입은 옷)을 입고 인정 전의 월대(月臺, 궁전 앞에 있는 섬돌) 위에 나아가 일식을 구(救)하였다.
> […중략…] 추보(推步, 천체의 운행을 관측하는 것) 하면서 1각(刻, 15분)을 앞당긴 이유로 술자(術者, 조선시대에 관상감에서 일식이나 월식 따위의 일을 맡아보던 벼슬) 이천봉(李天奉)에게 곤장을 쳤다.

....
45. 역법이 발달하기 전에 천체 움직임을 관측한 결과를 바탕으로 절기와 날짜, 시간 등을 정하며 널리 알리는 일을 뜻한다.

앞에 소개한 글은 세종 4년(1422) 1월 1일 기미 2번째 기사의 내용 일부입니다. 뭔 내용인가 하면 임금이 고관대작을 거느리고 거행한 일식 행사가 오늘로 치면 담당 공무원인 술자의 계산 착오로 15분 앞당겨졌고, 해당 술자는 곤장을 맞았다는 거죠. 지금도 주요 국가 행사에서 실수를 범한 담당자는 징계를 피하기 어렵겠죠? 그런 점을 감안하더라도 고작 15분 때문에 곤장까지 치다니! 일식 의례를 얼마나 엄중히 여겼는지 짐작할 수 있죠.

중국의 사마천은 《사기》에서 "왕이 성을 바꾸고 천명을 받을 때는 필히 신중하게 처음을 시작해야 하니, 정월 초하루를 고치고, 의복의 색깔을 바꾸며, 하늘이 시작되는 근본을 헤아려 그 뜻을 순순히 받들고 따라야 한다."고 했습니다. 왕조를 새롭게 세우려면 반드시 역법[46]부터 세웠다는 얘기입니다. 이는 조선도 마찬가지였습니다. 태조 이성계는 조선을 세우자마자 하늘의 별자리 지도를 만들도록 하는데, 그것이 바로 태조 4년(1395)에 만든 '천상열차분야지도'입니다. 중국과 조선에서 볼 수 있는 별들과 절기[47]마다 남쪽에 위치하는 28수(宿)(249쪽 글상자 참조)에 대한 설명이 적혀 있죠.

....

46. 천체의 주기적 현상을 관측한 뒤 계산에 따라 시간 단위를 지정하는 것을 '역(曆)'이라 하고, 이러한 '역'을 편찬하는 방법을 '역법'이라 부른다.
47. 절기는 태양년을 태양의 황경에 따라 24등분한 기후의 표준점이다. 시령·절후라고도 한다. 황경이란 태양이 춘분에 지나는 점을 기점으로 하여 황도에 따라 움직인 각도를 말하며, 황경이 0°일 때를 춘분으로 하여 매 15°마다 새로운 절기로 구분한다. 계절을 세분하여 대략 15일 간격으로 나타낸 달력이라 할 수 있다. 24절기는 다시 홀수 번째 절기를 절로, 짝수 번째 절기를 중으로 구분한다. 중이 되는 절기는 음력 열두 달의 이름을 정하는 절기인데 음력의 달에서 24절기의 중기가 빠진 달이 생기면 이 달을 윤달로 쳐서 양력과 음력의 차이를 보완한다._한국민족문화대백과사전

3원28수

서양의 별자리는 하늘에서 태양이 지나다니는 길인 황도대를 30°씩 12개로 나눠 태양이 지나가는 별자리를 나타내었고, 동양은 북극과 적도를 기준으로 북극과 주변을 3원(자미원, 태미원, 천시원)이하 하였고, 바깥쪽 영역을 동서남북 7개씩 28수의 별자리로 나타냈다.

여기서 28수(二十八宿)란 하늘의 적도를 따라 남북에 있는 별들을 28개의 구획으로 구분한 별자리다. 구역마다 별자리들이 여러 개 속해 있는데, 그중 대표적인 것을 그 구역의 수(宿)라고 한다. 우리나라를 비롯하여 중국, 일본 등에서 오랜 시간 사용된 별자리 체계로 황도와 천구의 적도 주변 28개의 별자리이다.

| 3원28수의 별자리들 |

	3원	태미원(太微垣), 자미원(紫微垣), 천시원(天市垣)
28수	동방:청룡	각(角), 항(亢), 저(氐), 방(房), 심(心), 미(尾), 기(箕)
	북방:현무	두(斗), 우(牛), 여(女), 허(虛), 위(危), 실(室), 벽(壁)
	서방:백호	규(奎), 루(婁), 위(胃), 묘(昴), 필(畢), 자(觜), 삼(參)
	남방:주작	정(井), 귀(鬼), 류(柳), 성(星), 장(張), 익(翼), 진(軫)

● 별자리를 담은 천상열차분야지도

이제 유물을 살펴볼까요? 먼저 천상열차분야지도각석(天象列次分野之圖刻石) 각각의 글자들을 나눠서 살펴봅시다. '천상'은 하늘의 모양, '열차'는 동양의 별자리인 12차를 목성 기준으로 벌여놓은 것입니다. '분야'는 하늘의 별자리와 땅의 해당 지역을 대응한 것, '각석'은 돌에 새긴 것이니 돌에 새겨놓은 별자리 지도겠군요.

현재 천상열차분야지도각석은 2개가 남았는데, 하나는 태조 4년(1395)에 만든 것으로 국보로 지정되었고, 다른 하나는 숙종 13년(1687)에 다시 만든 것으로 보물로 지정되었습니다. '국보 천상열차분야지도각석'은 조선의 태조 때 학자 권근(1352~1409년)에 의해 새로 완성된 것이지요.

천체의 위치와 운행을 나타낸 천상도는 고구려 때부터 만들었습니다. 조선 개국 후 새로운 천상도를 만든 건 형식적으로는 고려시대에 병란(전쟁)으로 나라 안 석본과 인본(印本 인쇄한 지도)이 모두 없어졌고, 기존 별자리도 틀렸다는 이유입니다. 하지만 이면에는 천문도가 사라진 것을 고려의 멸망과 연관 짓고, 새 나라 조선이 잘못을 바로잡았다며 건국의 명분을 세우려던 게 아니었을까요?

태조 때 완성한 천상열차분야지도각석은 1960년대 말 창경궁 명경전 뜰에서 우연히 발견되었는데, 황당한 사연이 있습니다. 당시에는 '유원지 창경원'이었는데, 놀러 온 사람들이 천상열차분야지도각석을 널판처럼 사용하다가 발견되었다고 하니까요. 현재 국립고궁박물관에서는 국보(251쪽 사진 왼쪽)와 보물 모두를 전시하고 있는데, 국보는 아무래도 오랜 시간이 지나다 보니 돌이 마모되고 깨진 곳도 많아 각석의 내용을 알아보기란 쉽지 않습니다. 내용은 국립고궁박물관에 함께 전시된 목판본으로 확인할 수 있죠(아래 사진 오른쪽). 이 목판본은 선조 4년인 1571년에 제작한 것으로 관상감에서 태조 때 만들었던 각석본을 목판에 새겨 찍어낸 것입니다. 모두 120점을 찍어 일부는 2품 이상 문신들에게 하사했다고 합니다. 은하수를 제외한 천문도 바탕은 옅은 푸른색으로 칠하고 적도와 28수 별자리는 붉은색으로 표시했습니다.

지금도 천문학에서 별자리 지도는 필요하지만, 당시에는 천체 관측 자체보다는 더 중요한 목적이 있었죠. 천문도 제작자이기도 한

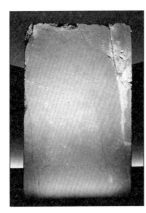
국보 천상열차분야지도각석(1395년)
ㅣ국립고궁박물관

천상열차분야지도목판본(1571년)
ㅣ국립고궁박물관

천상열차분야지도
조선시대의 천문학은 제왕학이었다. 위 사진 왼쪽은 국보 천상열차분야지도각석이다. 오른쪽은 태조 때 만든 각석을 목판에 새겨 찍은 선조 4년에 제작한 목판본이다.

권근이 "공경으로 마음을 가지시고 위로는 천시(天時)를 받들며, 아래로는 민사(民事)를 부지런히 하시면, 신성한 공렬(功烈)이 또한 요·순과 같이 높아질 것인즉"이라고 했는데, 하늘의 뜻을 알아 백성을 다스리려 만들었음을 짐작할 수 있습니다. 또한 천상열차분야지도는 동아시아에서 가장 오래된 중국의 '순우천문도(淳祐天文圖, 1247년)' 바로 다음에 제작된 것으로 동양 천문도를 대표하는 유물이자, 조선의 뛰어난 천문 관측 기술을 짐작할 수 있습니다.

별자리를 통해 시간과 계절을 측정하다

이번에 소개할 유물도 역시 천문과 깊은 관련이 있습니다. 바로 별자리의 위치를 통해 시간과 계절을 측정하기 위해 만든 '평혼의'입니다. 평혼의에는 남반구와 북반구의 별들이 표시되어 있습니다. 혼천의[48]를 좀 더 간편하게 만든 것으로 하늘을 입체적인 원이 아닌 평면의 원으로 나타낸 것이 차이점입니다. 황동판 양면에 북반구와 남반구 별자리들을 각각 새겨놓았는데 원반은 회전할 수 있습니다. '환당창제(桓堂刱製)'라는 글씨가 새겨져 있어 19세기 북학파

....
48. 고대 중국에서 천체의 운행과 위치를 관측하던 장치를 뜻한다.
49. 공공누리 제1유형(국가문화유산포털에서 내려받음)
50. 환당(桓堂), 환당(瓛堂), 환경(桓卿) 모두 박규수의 아호로 알려짐(남문현 건국대학교 명예교수). 박규수는 조선후기 애로호 사건, 제너럴셔먼호 사건 등과 관련된 실학자이자 개화론자이다. 1807년(순조 7)에 태어나 1877년(고종 14)에 사망했다. 박지원의 손자로 북학파의 영향을 많이 받았다._한국민족대백과사전

평혼의 | 국립고궁박물관   혼천의[49]

평혼의와 혼천의

평혼의(좌)는 혼천의(우)를 좀 더 간편하게 만든 것이다. 하늘을 입체가 아닌 평면 원으로 표현한 것이 가장 두드러진 차이점이다.

박규수[50]가 제작한 거라고 오해할 수 있는데, 박규수가 제작한 것은 두꺼운 종이로 만든 것이고, 이건 1850년경 천문에 뛰어났던 대제학을 지낸 남병철[51]의 주도로 관청에서 제작한 것으로 추정합니다.[52] 또 다른 이름으로 혼평의라고도 부르는데, 남병철은 '이 의기는 벗 박환경(桓卿 박규수의 자)이 제작했다.'[53]라고 밝혔죠. 박규수가 종이로 만든 평혼의는 실학박물관에서 소장하고 있습니다.

종이에 별자리를 그린 '천문도'도 만나볼 수 있습니다. 본래는 《천문성시도》라는 책의 마지막 장에 실린 대형 천문도인데 현재

....
51. 남병철은 철종 14년에 죽었는데 조선왕조실록에 실린 졸기에 보면 '성력(星曆)에도 널리 통달하여 천문(天文)의 미묘한 이치를 세밀히 분석해 내었다.' 평하고 있다.
52. 이용삼, 2005, 〈조선의 천문도를 활용한 천문의기와 혼천시계의 천상운행 재현〉, 고천문학 연구센터.
53. 실학박물관 평혼의 설명 중

책은 전시하지 않고 '천문도'만 전시하고 있습니다. 《천문성시도》는 별자리 그림을 엮은 책으로 동양의 대표 별자리인 28수 중에서 14수의 형태와 이름을 수록하였습니다. 하늘을 원형으로 그리고 별자리를 그려 넣은 것은 '천상열차분야지도'와 같지만, 별자리 모양이 청나라에서 새롭게 들어온

천문도_천문성시도 중 ㅣ국립고궁박물관
동양의 대표 별자리 28수 중 14수의 형태와 이름을 수록한 책의 마지막 장에 실렸던 것이다.

천문학을 반영한 점[54]에서 차이가 있습니다.

▌하늘의 힘을 새긴 인검

천문과학 전시실에는 얼핏 하늘과 무관해 보이는 유물도 전시되어 있습니다. 바로 **인검(寅劍)**인데, 조선 초기부터 궁중에서 제작된 칼입니다. 사악한 기운을 막기 위한 벽사(闢邪)용이자, 복을 부르는 길상(吉祥)[55]적인 물건이기도 합니다. 동서양을 막론하고 칼은 벽사의 기물로 여겨졌습니다. 특히 동아시아에서 불교의 금강검, 도교

....
54. 조선 후기 역관 이준양이 〈연경실측신서〉를 참고하여 〈신법보천가〉라는 책을 썼는데, 이를 참고한 책이 〈천문성시도〉다.
55. 길상吉祥은 '길사유상吉事有祥'이라는 말을 줄인 단어로, 넓게 보아서는 인간이 살면서 이루어지길 소망하는 모든 것을 아우른다.

의 순양검은 물론 무당이 굿에 사용하는 칼 모두 신령한 힘으로 나쁜 기운이나 재앙 등을 물리치려는 용도였습니다.

다만 칼에 서린 용맹함을 뜻하는 무(武)의 기운은 음양(陰陽) 중 음에 해당합니다. 그래서 음의 기운을 누르고자 양의 기운이 넘칠 때 만들었지요. 인검의 '인(寅)'은 십이지신 중 양의 기운에 해당하는 호랑이를 가리킵니다. 10개의 천간[56]과 십이지지를 순서대로 조합한 육십갑자 중 양의 기운을 띤 갑·병·무·경·임과 인(寅)이 만나는 해(갑인년, 병인년 등)는 양의 기운이 배가됩니다. 게다가 인월·인일·인시에 만들면 순양(純陽)의 기운이 넘치게 되죠.

인검은 다시 사인검과 삼인검으로 구분됩니다. '인년(寅年)·인월(寅月 3월)·인일(寅日 3일)·인시(寅時·새벽 3~5시)'에 맞춰 제작한 칼은 사인검, '인년·인월·인일'에 만든 칼은 삼인검이죠. 또 칼의 재료

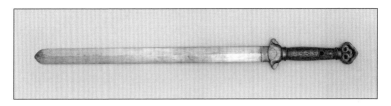

사인참사검[57]_창덕26661 | 국립고궁박물관

실전 무기용이 아닌 주술적 용도로 만들어진 칼이다. 이름 속 '인'은 십이지신 중 '호랑이'를 뜻한다. 사인검이란 인년, 인월, 인일, 인시에 맞춰 제작된 것이다.

....

56. 천간(天干)이란 십간이라고도 하는데, 甲(갑)·乙(을)·丙(병)·丁(정)·戊(무)·己(기)·庚(경)·辛(신)·壬(임)·癸(계)를 말한다. 또한 십천은 양과 음이 번갈아 가며 구성한다. 갑은 양이고 을은 음, 병은 다시 양이다.

57. 공공누리 제1유형(국립고궁박물관 홈페이지에서 내려받음)

도 중요한데, 주로 사용한 지 오래된 철로 만듭니다. 그 이유는 일정한 시간이 지난 철은 잡성분이 섞인 부분이 부식되므로 그 부분만 제거하면 순수한 철을 얻을 수 있었기 때문입니다.

사인검은 벽사 기능을 강화하기 위해 사진에 보이는 것처럼 별을 새겨넣습니다. 즉 하늘의 신령한 힘을 빌어오기 위해 북두칠성과 동양의 별자리인 28수를 칼날에 새긴 것이에요. 특히 북두칠성은 칼날에 새기는 가장 기본적인 문양으로 신령함의 상징이라 할 수 있습니다. 궁중에서 만드는 인검에 북두칠성을 새길 때에는 북두칠성의 여섯 번째 별인 개양성 아래에 별을 하나 더 붙여 8성 일조나 개양성 위와 아래에 두 개의 별을 넣어 9성 일조로 합니다.[58]

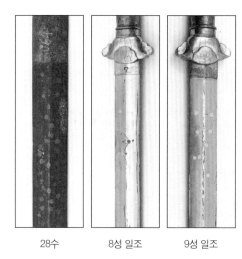

| 28수 | 8성 일조 | 9성 일조 |

사인검[59]　ㅣ국립고궁박물관
검에 별을 새긴 것은 벽사 기능을 강화하기 위함이다.

58. 이석재, 2020, 〈인검의 벽사원리와 기능에 관한 연구〉, 《한국민속학》 vol.71, pp.213-242.
59. 공공누리 제1유형(국립고궁박물관 홈페이지에서 내려받음)

육십갑자

동양에서 시간과 방위를 가리키는 것을 간지라 하는데, 십간과 십이지를 줄인 말이다. 십간은 '갑을병정무기경신임계(甲乙丙丁戊己庚辛壬癸)'로 천간(天干)이라고도 하고, 십이지는 '자축인묘진사오미신유술해(子丑寅卯辰巳午未申酉戌亥)'로 지지(地支)라고 한다.

천간은 하늘의 기운으로 동양에서는 물건의 등급이나 종류, 순서를 나타내기 위해 사용한다. 국회의원 선거구 구분이나 가상의 인물 이름을 나타낼 때 등에 쓰이는 식이다. 십이지는 간지에서 뒤에 붙는 열두 가지로 땅을 의미하는데 동양에서는 시간이나 방향을 가리키는 데 주로 사용한다. 예를 들어 자(子)라고 한다면 밤 11시부터 새벽 1시까지의 시간과 북쪽을 의미한다. 십간은 십이지와 함께 사용해서 갑자부터 계해까지 60개의 간지(干支, 시간의 순환을 의미)를 만드는데 이를 육십갑자라 하고 한 해(年)의 이름이 된다.

십이지신도[60]　　　　　　　　　　　　　　| 국립중앙박물관
땅을 지키는 열두 수호신이다 쥐, 소, 호랑이, 토끼, 용, 뱀, 말, 양, 원숭이, 닭, 개, 돼지의 열두 마리 동물로 상징된다.

....
60. 공공누리 제1유형(국립중앙박물관 홈페이지에서 내려받음)

▍백성에게 시간을 알려주는 것은 임금의 의무

국립고궁박물관에서 놓치지 말아야 할 또 다른 과학 문화유산을 소개하면 바로 해시계 **앙부일구(仰釜日晷)**입니다. 일반적으로 해시계는 시각선이 그려진 평평한 판 위에 막대기를 세워놓고 태양의 움직임에 따라 그림자의 위치가 변하고 시각을 알아내는 원리입니다. 전 세계 모든 곳에서 문명이 시작되면서 만들어졌죠.

역사상 가장 오래된 해시계는 이집트의 '왕의 계곡'에서 발견된 돌에 새겨진 조각으로, 기원전 1500년경에 제작된 것으로 추정하고 있습니다. 그렇다면 우리나라는 어떨까요? 고려시대에도 해시계나 물시계가 있었을 것으로 추정되지만, 안타깝게도 당시 천문관측기구 중 현재 남한에 남은 것은 아무것도 없습니다. 다만 개성 송악동에 있는 고려 왕궁터 만월대 서쪽에는 충렬왕 7년(1281)에 건축되었다고 알려진 첨성대가 남아있습니다.

개성 첨성대[61]
고려 충렬왕 7년에 건축된 것으로 알려졌다.

....
61. 공공누리 제1유형(국가유산지식이음 홈페이지에서 내려받음)

조선시대를 대표하는 해시계인 앙부일구는 세종대왕 때 처음 만들어졌습니다. 앙부일구는 시반면(時盤面)[62]이 평평하지 않고, 반구형으로 오목합니다. 그 모양이 '하늘을 우러르는[仰] 가마솥[釜] 같다.'고 해서 '앙부'요, '일구(日晷)'는 해그림자를 뜻합니다. 안타깝게도 세종대왕 때 장영실이 만들었던 앙부일구는 남아있지 않습니다. 현재 고궁박물관에는 보물로 지정된 1899년(광무 3년)에 제작된 것과 정확한 시기는 알 수 없지만 1713년 이후[63]에 제작된 앙부일구 2개를 전시하고 있습니다.

그러면 앙부일구는 왜 만들었을까요? 자, 세종 4년(1422) 1월 1일, 천문학자인 술자(術者) 이천봉이 일식 시간을 1각 앞당겨 계산하는 바람에 곤장을 맞았다고 했던 것을 기억하나요? 조선시대에는 임금을 상징하는 해가 사라지는 것은 하늘의 경고로 보았기에 늘 하늘을 주시했습니다. 백성에게 시간을 알려주는 일도 하늘의 뜻을 받드는 임금만이 가진 특권이자 의무였죠. 특히 앙부일구는 뒤에서도 설명하겠지만, 시간과 절기를 함께 백성들에게 알려줄 수 있습니다.

조선시대의 하루는 새벽 4시경에 종을 33번 치는 파루로 시작했죠. 이후 밤 10시경 종을 28번 쳐서 인정(人定)을 알려 통행금지가 시작되며 하루가 끝납니다. 즉 임금이 시간을 알려주는 일은 백성들의 생활리듬 조절 및 사회질서 유지를 위한 통치행위인 셈이었죠.

....
62. 해그림자가 표시되는 시각이 새겨진 면.
63. 앙부일구에 한양의 북극고도 값이 37도 39분으로 새겨져 있는데, 이는 1713년(숙종 39년)에 실측된 것으로 이후에 만들어졌다고 생각할 수 있는 근거다.

▌앙부일구로 시간을 어떻게 확인하지?

앙부일구에는 시각을 나타내는 7개의 세로선과 계절(혹은 절기)을 나타내는 13개의 가로선이 있습니다. 안쪽에 해그림자를 만드는 뾰족한 영침이 있는데, 한양의 위도에 맞춰 37도 30분 비스듬히 북극을 향해 고정되어 있죠. 계절에 따라 해의 고도가 달라지므로 그림자 길이도 동지에 가장 길고 하지에는 가장 짧아집니다. 즉 동지에는 가로선 가장 바깥쪽에, 하지에는 가로선 가장 안쪽에 그림자가 집니다. 해는 동쪽에서 떠서 남쪽을 지나 서쪽으로 지므로 영침의 그림자는 반대로 서쪽에서 북쪽을 지나 동쪽으로 이동하죠.

보물 앙부일구(1713년 이후)
┃국립중앙박물관

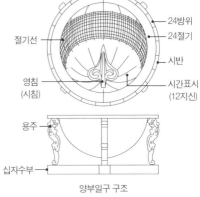

앙부일구 구조

앙부일구의 사진과 구조
다리에는 여의주를 물고 있는 용을 음각으로 새겨놓았고 다리와 시계판을 연결하는 곳에는 구름무늬가 있다. 바깥 테두리에는 한양의 위도인 '북극고 37도 39분 15초'가 새겨져 있는데, 정조 20년에 간행된 〈국조역상고〉에는 1713년(숙종 39년)에 새로 측정한 한양의 북극고도다. 이 앙부일구가 1713년 이후에 제작된 것임을 알 수 있다.

조선시대에 앙부일구는 휴대용으로도 제작되었습니다. 국립고궁박물관에는 고종 18년(1881) 강윤이 만든 세로 10.2㎝, 가로 5.7㎝, 높이 3.3㎝ 정도의 아주 작은 휴대용 앙부일구도 전시하고 있습니다. 손바닥 위에 올려놓고 사용할 수 있는 크기인데, 틀은 나무로 만들어졌습니다. 휴대용 앙부일구는 크게 두 부분으로 이루어지는데, 위로는 나

휴대용 앙부일구 ㅣ 국립고궁박물관
방향을 맞추는 나침반과 시간을 읽을 수 있도록 만들어졌다.

침반을 두어 방향을 맞출 수 있도록 했고, 아래로는 둥그런 시반면에 청동으로 만든 영침이 있어 시간을 읽을 수 있도록 했습니다. 몸체에는 한양의 북극고도(앞면)와 제작자와 제작 시기(뒷면)가 새겨져 있습니다. 광무 3년(1899년)에 동생 강건이 제작한 앙부일구도 함께 전시되어 있는데, 강윤과 강건 형제는 김홍도의 스승으로 알려진 강세황의 증손입니다. 당시 최고의 시계 제작자로 조선말에서 대한제국 시기에 여러 개의 앙부일구를 제작했습니다. 강윤은 고종에게 휴대용 해시계를 제작해 올리기도 했습니다. 강윤과 강건 집안은 천문에 탁월해서 문인화가로도 유명한 아버지 강이오[64]는 혼천의도 만들었다고 합니다.

....
64. 강세황의 손자로 벼슬은 군수를 지냈다. 문인화가로 유명했는데 매화와 산수에 능했다고 한다. 현재 국립중앙박물관에는 보물로 지정된 화가 이재관이 그린 '강이오 초상'이 있다.

기존 해시계와 물시계의 단점을 보완한 자격루

해시계는 그림자의 길이로 시간을 알아내는 원리라 오직 낮에만 사용할 수 있었죠. 또 낮이라도 구름이 태양을 가리거나 비가 오면 무용지물이었습니다. 그래서 지역이나 날씨, 밤낮에 지장 없이 사용하도록 만들어진 것이 물시계입니다.

물시계는 물의 증가 또는 감소로 시간을 측정하는 것으로 누각(漏刻)·경루(更漏)라고 불립니다. 기원전 7세기경 중국에서도 물시계를 사용했다고는 하는데 확실하지는 않습니다. 또 《삼국사기》에도 (통일)신라 성덕왕 때인 718년 6월 '처음으로 누각(漏刻 물시계)을 만들었다.'[65]라는 기록이 있고, 경덕왕 8년(749년) 때에는 누각전(漏刻典)에는 '천문박사 1인과 누각박사 6인'[66]을 두었다고 합니다. 하지만 물시계도 치명적인 단점이 있었습니다. 바로 항상 물을 갈아줘야 한다는 것과 누군가 반드시 지키고 앉아 시간을 재야 했죠. 아무래도 사람이 하는 일이라 틀릴 때가 많았다고 합니다. 이에 의정부에서 세종께 물시계의 불편함과 문제점을 아뢰게 되었죠.

문제 해결을 위해 세종은 장영실 등에게 자동 물시계를 만들도록 했고, 1433년(세종 15) 자격루(自擊漏)를 만드는 데 성공합니다. 자격루는 높은 곳에서 물을 떨어뜨리는 크기가 다른 파수호(물통) 4개를 놓고 그 아래에 물을 받는 기다란 물통 수수호 2개를 놓습니다. 수

....
65. 한국사데이터베이스 〈삼국사기〉 참조
66. 한국사데이터베이스 〈삼국사기〉 권 제9 신라본기 경덕왕

수호 속 물의 높이가 올라갈수록 잣대가 위로 올라가 미리 정해놓은 눈금에 닿으면 그곳 지렛대를 건드려 구슬을 굴려 구멍에 넣어주고 다시 구슬이 다른 구슬을 계속 굴려줌으로써 자격루 안에 있던 인형이 밖으로 나와 북과 징을 치며 시간을 알려주게 됩니다.

자격루가 대단한 것은 자동으로 시간을 알려준 것도 있지만, 조선의 복잡한 시간을 정확히 반영했다는 점입니다. 조선은 하루 24시간을 십이지에 맞춰 2시간씩 나눈 정시법(定時法)을 기본적으로 사용하지만, 밤에는 정시법과 함께 부정시법(不定時法)이란 것도 함께 사용합니다. 밤 시간은 해가 졌다가 다시 뜨는 길이를 오등분

복원 자격루[67]　　　　　　　　　　　　　　　　　　| 국립고궁박물관
자격루는 그림자의 길이로 시간을 알아내는 해시계의 단점을 보완하였다. 밤낮, 계절, 날씨를 가리지 않고 시간을 측정할 수 있다. 국보로도 지정된 자격루는 현재 물통 부분만 남아있는데 얼마 전까지 경운궁(덕수궁)에 전시되어 있었다.

....
67. 공공누리 제1유형(국립고궁박물관 홈페이지에서 내려받음)

해서 오경(更)으로 만들고, 경(更)을 다시 오등분 해서 점(點)으로 만든 경점법(更點法)을 사용했습니다. 계절마다 낮과 밤의 길이가 달라지기 때문에 경점법을 부정시법이라고도 부른 거죠.

계절마다 달라지는 밤의 시간을 대체 어떻게 정확히 알릴 수 있었던 걸까요? 그 비밀은 바로 주전(籌箭)에 있습니다. 자격루는 물의 양과 빠르기 조절로 시간을 측정하는 물시계와 시간을 자동으로 알려주는 시보장치로 구성됩니다. 수수호 속에서는 물의 높이가 올라갈수록 잣대도 올

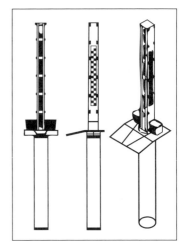

자격루 주전 내부구조

다른 파수호(물통) 4개를 놓고 그 아래에 물을 받는 기다란 물통 수수호 2개를 놓았다. 수수호 속 수위가 올라갈수록 잣대가 위로 올라가 미리 정해놓은 눈금에 닿으면 그곳 지렛대를 건드려 구슬을 굴려 구멍에 넣어주며 그 구슬이 계속 다른 구슬을 계속 굴려주다 자격루 속 인형이 밖으로 나와 시간을 알려준다.

라가 구슬을 굴려주는 시보장치와 연결하게 되는데, 여러 종류의 나무와 구슬 방출기구가 합쳐진 이것을 '주전'이라고 합니다. 자동물시계인 자격루는 부정시법의 단점을 보완하고자 11개의 경점용 주전을 사용[68]하여 백성들에게 계절마다 다른 밤 시간을 정확히 자동으로 알려줄 수 있었던 것이에요.

....

68. 윤용현·김상혁·민병희·오경택, 〈조선 전기 자동물시계의 주전(籌箭) 연구〉, 국립중앙과학관, 2021.

▌볼거리로 가득한 국립고궁박물관

'조선의 과학문화'를 중심으로 국립고궁박물관을 둘러보았습니다. 하지만 이곳에는 그 밖에도 다양한 유물들을 만날 수 있습니다. 대표적으로 숙종 9년(1683) 태조 이성계에게 '정의광덕'이란 시호[69]를 추가로 올리며 제작한 '태조추상시호 금보와 옥책(세계기록문화유산)', 조선왕조실록 오대산사고본, 영조와 철종 그리고 고종의 어진, 왕실의 제례용기 등이지요.

위낙 볼거리가 많은 만큼 혹시 국립고궁박물관에 간다면 시간을 넉넉히 잡고 둘러보면 좋겠습니다. 조선의 역사가 어떻게 흘러왔는지, 지도자는 어떤 사상과 마음으로 백성들을 위한 정치를 펼쳤는지 유물들을 통해 엿볼 수 있기를 바랍니다.

태조 추상시호 금보 | 국립고궁박물관[70]

영조어좌 | 국립고궁박물관[71]

국립고궁박물관의 여러 유물들
조선시대와 대한제국에 걸친 다양한 유물들이 전시되어 있으므로 시간을 넉넉히 잡고 방문해 볼 것을 권한다.

....
69. 왕·왕비를 비롯해 벼슬한 사람이나 학덕이 높은 선비들이 죽은 뒤에 그의 행적에 따라 국왕으로부터 받은 이름._한국민족문화대백과사전
70·71. 공공누리 제1유형(국립고궁박물관 홈페이지에서 내려받음)

화성에서 발견한
조선 부흥의 원대한 꿈

▍조선의 르네상스를 아시나요?

14세기 유럽에서 문예와 학문 분야의 부흥 운동이 일어났던 시기를 르네상스라고 합니다. 조선의 르네상스를 꼽는다면 바로 조선 후기 영·정조 시대입니다. 이때 예술과 학문을 아우르는 부흥이 일어났는데, 대표적으로 회화에서는 진경산수화의 대가인 정선과 김홍도·신윤복이라는 천재적인 화가가 등장하였고, 문학에서는 진경시라 불리는 우리의 산수(山水)를 노래한 이병연과 양반 사회를 신랄하게 풍자하고 비판했던 박지원이 있었습니다. 또 학문적으로는 실학

수원화성박물관

세계문화유산 화성의 중심부에 자리잡고 있다. 화성 축성의 전반을 이해할 수 있는 유물과 다양한 모형을 전시하고 있다.

이 꽃을 피운 시대이기도 하지요. 그리고 정조의 야심작이라 할 수 있는 수원 화성(華城)이 건축된 것도 빼놓을 수 없습니다.

화성은 정조의 명으로 1794년 1월 공사를 시작해 32개월 만에 완공합니다. 부친의 무덤을 지금의 화성시인 수원부 읍치로 옮기고, 기존의 수원부 읍치를 팔달산 아래로 옮기면서 건설하였죠. 다만 화성 건설은 아버지에 대한 효도 이상의 의미가 있습니다. 성곽, 방어시설, 행궁 등 시설물을 포함하는 화성 건축의 총공사비는 약 87만 3천 517냥 7전 9푼(노동자의 하루치 품삯은 2전 5푼이었음을 참작하면 당시로선 엄청난 규모)에 돌은 약 20만 1천 403덩어리나 사용된 대공사였죠. 그리고 화성에는 정조시대 최고의 군대라 할 수 있는 장용영 외영[72]을 배치했습니다. 화성 건축은 국가의 막대한 재정과 노동력이 들어간 조선 후기 최대 국가사업인 셈이죠.

자, 이제 수원 화성의 한가운데인 종각[73] 인근 수원화성박물관에서 정조와 화성 이야기를 들어봅시다.

....
72. 관련 설명은 279쪽 각주 87번 설명 참조
73. 1794년쯤 행궁 앞 십자로에 세웠다고 추정되나 일제강점기, 한국전쟁통에 원형은 사라졌다.

▌ 사도세자의 아들, 왕이 되다

조선의 22대 임금인 정조는 학문과 무예가 모두 뛰어나, 문무를 겸비한 임금으로 알려집니다. 정치적으로는 할아버지인 영조의 탕평책을 이어받아 붕당 간 분쟁을 넘어 통합과 개혁의 정책을 이루었으니, 가히 조선 후기 최고의 군주라 할 만합니다.

● 정조는 어떤 인물인가?

정조는 사도세자와 혜경궁 홍씨의 사이에서 영조 28년(1752)에 태어납니다. 여러분도 정조를 주인공으로 한 다양한 드라마나 영화를 접한 적이 있을 것입니다. 공통적으로 남다른 천재성과 학구열을 가진 인물로 그리고 있죠. 실록에도 이를 뒷받침하는 기록들이 남아 있습니다. 정조실록 1권, 정조대왕행장(行狀)[74]에 다소 과장이 있었을 거라는 점을 감안해도 정조가 학문에 대한 열정이 얼마나 대단했는지 그 흔적을 찾을 수 있으니까요. 예컨대 유년 시절 날이 밝기도 전에 일어나 책을 보는 탓에 모친 혜경궁 홍씨가 아들의 건강을 걱정하여 일찍 일어나지 말라고 타이르자, 등불을 가린 채 세수하고 책을 읽었다는 이야기도 남아 있습니다. 그런데 가장 유명한 이야기는 역시 정조의 부친 사도세자의 죽음에 관한 것이겠지요.

....
74. 행장은 사관들의 역사 편찬이나 고인의 명문·전기 등에 필요한 자료를 제공하기 위하여 고인의 세계, 성명, 자호, 관향, 관작, 생졸연월, 자손록 및 평생의 언행 등을 서술하는 한문 문체이다._한국민족대백과사전

● 아무리 밉기로 어떻게 아들을…

정조가 고작 11살이 되던 1762
년, 영조가 아들 사도세자를 뒤
주에 가둬 죽인 임오화변(壬午
禍變)이 일어나죠. 이는 조선왕
조 500년 중에 아버지가 아들
을 '공식적'으로 죽인 유일무이
한 사건입니다. 사도세자의 죽
음에 대해서는 노론과 소론의

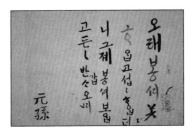

정조의 편지 | 국립한글박물관

1759년 2월 이전, 정조가 원손시절 큰외숙모
여흥민씨에게 보낸 편지다. 해석하면 '오래
편지를 못하여 섭섭하였는데 그저께 편지를
보니 든든하고 반가웠다는 내용이다.

당파싸움으로 인한 희생양이라는 주장도 있습니다. 하지만 조선왕
조실록 영조 38년(1762) 윤5월 13일부터 21일까지의 기록을 보면
사도세자의 바르지 못했던 생애와 그동안 사도세자와 함께 악행을
저질렀던 여러 관료의 죽음 그리고 생모인 영빈이씨의 밀고가 결정
적이었던 것 같습니다.

사도세자를 죽음으로 몰아갈 만큼 영조의 노여움을 부채질하고,
뒤주에 가둬 죽이는 엽기적인 징벌의 방법을 생각해 낸 신하들의
기록은 남아있지 않다 보니 조선왕조실록만으로 모든 상황을 명확
하게 그려 볼 수는 없습니다. 다만 남아있는 기록으로 미뤄볼 때,
죽음의 원인이 사도세자에게 있지 않았을까 짐작만 할 뿐이지요.
특히 생모인 영빈이씨가 친아들을 죽이라고 청한 것은 사도세자가
왕으로서 자질이 부족하다는 것을 너무 잘 알았고, 또 그렇게 했기
때문에 손자인 정조라도 지킬 수 있었을지 모릅니다.

● 과인은 사도세자의 아들이다

영조실록에 따르면 당시 왕세손
이던 정조는 영조 50년(1774) 5월
12일 처음 영조를 모시고 부친
의 묘를 찾는데, 애통함과 그리
움이 사무쳤겠죠. 영조 52년 2월
4일 정조는 실록에 사도세자의
죽음을 기록하였으니 〈승정원

경모궁 터
현재 서울대학교병원 자리인 이곳에 장헌세자
(사도세자)의 사당이 있었다. 이후 왕위에 오른
정조는 부친의 묘를 수원부로 이장하였다.

일기〉 기록만이라도 세초(洗草)[75]할 것을 영조께 청하여 허락을 받
습니다. 그해 3월 5일 묘시 영조의 승하 후, 3월 10일 경희궁 숭정
문에서 즉위하자마자 자신이 누구의 아들인지 천명합니다.

> 빈전(殯殿) 문밖에서 대신들을 소견하였다. 윤음을 내리기를,
> "아! 과인은 사도세자(思悼世子)의 아들이다."
>
> – 정조 즉위년 3월 10일 4번째 기사

이윽고 정조는 부친의 무덤인 수은묘(垂恩墓)를 '영우원(永祐園)'으
로 높이고, 사도세자의 존호(尊號)는 장헌(莊獻)이라 부르게 합니
다. 그리고 지금의 서울대학교병원 자리에 있던 장헌세자의 사당인
수은묘(垂恩廟)를 '경모궁(景慕宮)'으로 합니다.[76]

....
75. 조선 시대 실록을 편찬한 후 초고 등을 없앴던 일을 뜻한다.
76. 장헌세자의 무덤과 사당 모두 '수은묘'인데, 한자만 무덤은 '묘(墓)', 사당은 '묘(廟)'를 쓴다.

▌정조, 화성을 축성하다

정조는 급기야 부친의 무덤을 옮기기로 합니다. 이에 정조 13년 (1789) 7월 11일, 영우원을 수원부 읍치(현재의 화성)로 옮기는 중차대한 일을 단 하루 만에 일사천리로 결정해 버렸죠.

● 정조의 마음속에 그려진 큰 그림은?

금성위 박명원[77]이 장헌세자의 천장(遷葬)에 대한 상소를 올리자마자 정조는 다른 어떤 곳보다도 수원부 위치가 가장 좋다고 합니다. 그러자 판중추부사 김익 또한 그러하다 맞장구를 칩니다. 거기에 정조는 수원부에 살고 있는 백성의 이주 계획이 이미 마련되어 있다고까지 합니다. 애초에 박명원과 김익이 사전에 정조와 충분한 공감대를 쌓고, 답을 미리 정해놓았다는 합리적 의심이 듭니다.

수원부 읍치가 있던 자리는 예로부터 명당으로 여겨졌습니다. 훨씬 오래전인 삼국시대에는 수원부 읍치가 있던 곳 인근에 당성(唐城)을 쌓았는데, 서해의 여러 섬을 관찰하는 군사적 요충지이자 중국과의 교섭 출발점이기도 했죠. 워낙 길지(吉地)로 유명한 곳이다 보니 선대인 선조와 효종의 능으로 쓰려 했지만, 이미 그곳에 정착한 백성들이 있고, 언제든 전쟁의 한가운데서 놓일 수 있는 위험 때문에 왕릉을 조성하지 않았던 것입니다.

....
77. 영조의 부마. 화평옹주와 혼인하여 금성위(錦城尉)에 봉해졌다.

그럼에도 정조는 뜻을 굽히지 않았는데, 근거로 삼은 것이 실학자 유형원의 《반계수록》입니다. 유형원은 전쟁이 일어나면 평지에 있는 삶의 터전이 피해를 보기 쉬우므로 팔달산 아래 성을 쌓아 도시를 건축하면 전쟁도 대비하고 백성의 일상도 지킬 수 있다고 했죠. 이에 공감한 정조가 영우원을 수원부 읍치로 옮기며 팔달산 아래에 화성을 쌓고 마을을 조성하려 한 것입니다.

● 화성 축성의 또 다른 주역 정약용과 거중기

화성의 건축 설계를 맡은 정약용도 빼놓을 순 없죠. 정조 16년(1792)에 정약용은 정조에게 화성 둘레의 길이와 재료, 공사비 등을 담은 화성건설계획안인 〈성설(城說)〉을 올립니다. 이를 본 정조는 옹성과 포루, 현안, 거중기 등에 대해 더 자세히 보완하라 명하죠. 화성 축조 보고서인 《화성성역의궤[78]》에 따르면 화성 성곽 둘레는 3,600보에서 4,600보로 늘어난 약 5.74km, 성벽 높이는 4m인 곳도 있고 6m인 곳도 있는데, 성벽 높이가 이처럼 들쑥날쑥한 것은 화성은 지형이 다른 평지와 산에 걸쳐 쌓은 평산성이기 때문입니다.

철저하고 용의주도하게 준비한 신도시 계획안도 축성 기간 단축에 기여했지만, 녹록, 유형거, 거중기와 같은 새로운 장비와 옛 장비들의 활약을 빼놓을 수 없습니다. 《화성성역의궤》에 따르면 거중기, 유형거, 녹로, 평차, 동차 등 10종류의 장비가 사용되었다고

---

78. 조선 순조 1년(1801) 9월에 발간된 책으로 김종수가 화성 성곽 축조에 관한 제도와 의식을 정조 20년(1796)에 집필했다.

합니다.[79] 평차는 76량, 동차는 192량을 만들었는데 공사가 끝난 후 각각 14량과 27량만 남아 활용도가 컸다고 짐작됩니다.

한편 화성 축조의 상징인 거중기는 《화성성역의궤》에 따르면 공사 시작할 때 제작한 1부가 공사 후 그대로 남았다고 합니다. 얼핏 혹독한 공사를 버텨낼 만큼 엄청 튼튼했나 생각되겠지만, 거의 활용하지 않은 것으로 추측됩

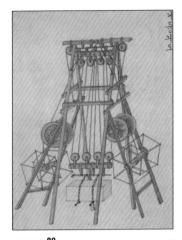

거중기도[80]
'화성 축조'하면 떠오르는 상징물이지만, 실제 성곽 공사에서는 거의 사용되지 않았을 것으로 보인다.

니다. 정약용은 거중기를 설계할 때, 예수회 선교사 테렌츠의 《기기도설》과 명나라 왕징의 《제기도설》을 참고했습니다. 여러 도르래를 이용해 작은 힘으로도 무거운 재료를 들 수 있지만, 다리가 고정식이라 거중기 아래까지 돌을 가져와야 했죠. 굳이 거중기까지 돌을 싣고 와서 다시 거중기를 이용해 수레에 옮기는 것은 솔직히 비효율적입니다. 게다가 거중기는 그리 크지 않아서 아래에 많은 돌을 쌓아둘 수도 없어 이래저래 불편했을 테지요. 그럼에도 조선 후기 실학의 산물로서 충분히 의미 있는 도구입니다.

....
79. 김동욱, 《실학 정신으로 세운 조선의 신도시 수원화성》, 돌베개, 2002 참조
80. 퍼블릭 도메인 라이선스(한글본 정리의궤_BIBLIOTHÈQUE NATIONALE DE FRANCE(프랑스 국립도서관) 홈페이지에서 내려받음)

● 덜 유명하지만, 실용성은 뛰어난 축성의 일등공신들

비록 거중기보다 상징성은 낮지만, 실용성 면에서는 녹로와 유형거가 단연 돋보입니다. **녹로**는 도르래를 이용하여 무거운 돌을 10m 정도 들어 올리는 도구로 성벽을 쌓는 데 많이 사용되었습니다. 훗날 순조 3년(1803)에 창덕궁 인정전을 재건할 때도 녹로를 사용했다고 알려집니다.

한편 **유형거**는 돌을 나르는 수레의 일종입니다. 지렛대의 원리를 반영하여 짐을 싣고 내리기에 편하다는 강점이 있지요. 사진에는 잘 드러나지 않지만, 유형거 앞의 뾰족한 부분인 어두(輿頭)에 돌부리를 찔러 넣어 쉽게 올릴 수 있고, 수레 손잡이는 끝부분을 점점

녹로 | 화성박물관

유형거 | 화성박물관

녹로와 유형거
녹로(왼쪽 사진)는 무거운 돌을 위로 올리는 도르래의 일종으로 거중기보다 널리 사용되었다. 창덕궁 인정전 재건 시에도 사용된 것으로 알려진다. 유형거(오른쪽 사진)는 돌을 운반하는 수레의 일종으로 지렛대의 원리를 사용해 짐을 싣고 내리기 편리하도록 만들어졌다.

가늘게 하여 한 손으로 잡고 쉽게 조작할 수 있었죠. 또한 언덕을 오를 때는 손잡이를 위로 올리고 내려갈 때는 손잡이를 내려서 더욱 안정적인 조작이 가능한 점도 강점입니다.

화성성역의궤_유형거[81](평차 平車)
| 국립중앙박물관
지렛대를 이용한 유형거의 원리를 평면전도와 함께 게시하였다.

● 실적 중심으로 품삯을 지급하다

신속한 화성 축성이 가능했던 또 다른 이유는 넉넉한 자금 조달입니다. 과거 백성들은 나랏일에 의무 동원되어 푼돈만 겨우 받다가 17세기 중반부터는 의무적인 부역이 사라지고 공사에 응모하여 품삯을 받는 모군 방식이 시행됩니다. 만약 일꾼들에게 지불할 품삯이 제때 조달되지 않으면 일꾼들도 하나둘 떠나는 게 당연하겠죠?

화성 축성 시기에는 나라의 재정도 여유로웠고, 거기에 더해 정조는 품삯 지급 시 실적을 기준으로 두도록 했기에 일꾼들의 동기를 자극하여 공사가 더욱 원활하게 진행될 수 있었던 것입니다. 일을 많이 한 사람일수록 품삯도 더 많이 받으니까요. 그럼에도 최소 시급도 야박하지 않아 힘이 약한 사람이 상대적으로 덜 받긴 해도 먹고 살 만큼은 충분했다는 기록이 있습니다.

....
81. 공공누리 제1유형(국립중앙박물관 홈페이지에서 내려받음)

한글본《뎡니의궤》

유네스코 세계기록유산에 등재된 의궤(儀軌)는 '의식(儀式)의 궤범(軌範)'이라는 뜻으로 의식의 모범이 되는 책을 말한다. 현재 의궤는 우리나라에 총 2,173건 5,016책[82]이며 해외 등에서 계속 발견되고 있다. 프랑스에도 〈의궤〉가 있는데, 강화도 외규장각에 있던 것을 병인양요(1866) 당시 340여 도서와 함께 프랑스 군인들이 약탈해 간 것이다. 1979년 프랑스 국립도서관에 근무하던 박병선 박사가 우연히 발견하게 되고, 발견된 〈의궤〉는 대여의 방법으로 우리나라에 돌아오게 되어 현재 국립중앙도서관에서 보관 중이다.

또 다른 〈의궤〉가 여전히 프랑스에 남아있는데, 1887년 한국의 첫 번째 프랑스 외교관으로 부임한 빅토르 콜랭 드 플랑시[83]가 수집한 《뎡니의궤》로 우리나라에는 없는 한문을 한글로 직역한 것이다. 프랑스에 있는 한글본 《뎡니의궤》는 12책(권29-36, 권40, 권46-48)은 프랑스 국립동양어대학 언어문명 도서관에 보관하고 있고, 나머지 1책(권39·화성성역도본)은 프랑스 국립도서관에 있다. 《뎡니의궤》는 총 48책으로 프랑스에 있는 것만 전해지고 있다.

한글본 〈뎡니의궤〉
겉표지와 속표지[84]
'의식(儀式)의 궤범(軌範)'이라는 뜻으로 의식의 모범이 되는 책이다. 여기서 '뎡니'란 정리(整理)의 옛 한글표현이다.

▌화성 경영에 관한 정조의 원대한 포부

정조 13년(1789) 9월 28일, 드디어 모든 공사를 마무리짓습니다. 수원에 행궁과 객사,[85] 향교가 세워지고 구읍치에 있던 백성들이 이주해 오긴 했지만, 더 많은 백성이 수원으로 찾아오게 하려면 살기 좋은 도시로 만들어야 했죠. 그래서 정조는 다음과 같은 3가지 정책을 추진하여 이주민에게 혜택을 주고자 했습니다.

첫 번째, **수원을 상업 도시로 성장**시킵니다. 상업이 발달하면 인구도 자연스레 모이기 마련이죠. 수원은 교통의 요지에 있다 보니 상업 발달에 유리한 조건이었습니다. 정조는 화성행궁을 중심으로 앞으로는 너른 길을 만들어 시전을 배치하여 국가사업의 일환으로 수원의 상업을 육성합니다. 우선 셈이 밝은 부자들에게 무이자로 돈을 빌려주고 장사를 하도록 했는데 때에 따라서는 관청이 도움을 주어 필요한 물품을 확보해 주기도 했죠. 이윤이 남지 않을 수 없으니 당연히 가게들이 늘어나 상인과 물건들이 모여들었으며, 이주민들의 생활 편의성은 점점 더 좋아졌습니다.

두 번째로는 수원 사람들에게 **조세 면세의 특혜**를 줍니다. 세금을

---

82. 오래된 도서에서 권은 내용에 따른 묶음이고, 책은 여러 장의 종이를 한데 묶어 제본한 형태를 말한다. 예전의 책이 지금의 권의 의미이다.
83. 세계기록유산으로 등재된 〈직지〉 역시 빅토르 콜랭 드 플랑시가 수집한 것을 앙리 베베르가 구입하여 1950년 프랑스국립도서관에 기증됐다.
84. BIBLIOTHÈQUE NATIONALE DE FRANCE(프랑스 국립도서관) 홈페이지에서 내려받음
85 . 지방 수령이 매달 초하루와 보름에 국왕에 대한 의례를 행하던 곳으로 국왕을 상징하는 전패(殿牌)가 모셔져 있다.

화성행궁과 객사 모형　　　　　　　　　　　　　　　| 화성박물관

정조는 화성을 많은 사람들이 모여드는 상업도시로 만들고자 하였다. 수원으로 이주하는 백성들에게는 조세 면세의 특혜를 주고, 자급자족 도시로서 탄탄한 경제적 기반을 마련함으로써 백성들의 안정된 생활을 도모하고자 하였다.

조금이라도 깎아주는 곳에 자연스레 사람이 모이게 마련이죠. 조선왕조실록에 따르면 정조 13년(1789) 10월 11일, 정조는 현륭원을 다녀온 후 사도세자의 영여(靈輿)[86]가 머물렀던 곳이란 이유를 들어 수원과 과천 그리고 광주 백성들의 조세를 탕감해 주도록 조처합니다. 그뿐만이 아니라 남아있는 부역의 의무까지 면제해 주어 토지를 개간하는 데 힘을 쏟도록 지원해 주었습니다.

　세 번째, **자급자족 도시**로서 경제적 기반을 마련해 백성들의 안정된 생활을 꾀하려 했습니다. 화성 공사가 한창이던 정조 18년(1794) 전국을 덮친 가뭄과 흉년으로 백성들은 굶주리게 됩니다. 이에 정

....
86. 영여란 말 그대로 영혼이 타는 수레이다. 여기에는 혼백 및 혼백상자, 신주, 향로, 영정 따위를 싣는다._한국민속대백과사전

조는 축성을 잠시 중단하겠다 했죠. 신하들은 성 쌓는 것은 중차대한 일이고, 품삯을 받는 팔도의 일꾼들이 오히려 곤경에 처할 거라며 극구 반대합니다. 하지만 정조는 축성을 중단하는 대신 민생 대책으로 둔전과 저수지(만석거, 만년제, 축만제)를 만들도록 했죠.

정조는 우선 화성 밖 비어 있는 척박한 땅을 파서 성벽 뒤를 받쳐 성을 튼튼히 합니다. 그리고 흙을 파낸 곳엔 국영농장인 둔전[87]과 농업용 저수지를 마련했죠. 이때 만든 것이 대유둔전과 만석거입니다. 둔전은 백성들에게 나눠주어 정착을 돕는 한편,

둔전 모형 | 화성박물관
화성 밖의 척박한 땅을 파내 둔전과 저수지를 만들었다. 둔전은 국영농장으로 일반백성들에게 나눠주어 정착에 도움을 주는 한편, 군대 주둔에 필요한 비용도 마련하였다.

수원의 장용영[88] 병사들도 교대로 농사를 지어 주둔 비용을 마련할 수 있었죠. 정조 21년(1797)과 22년 전국에 가뭄이 닥쳤을 때도, 수원만은 만석거 덕분에 피해를 입지 않았습니다. 이에 정조 22년 현륭원 아래 만년제[89]를 새로 만들고, 이듬해엔 화성 서쪽에 '천년만년 만석의 생산을 축원'하는 축만제도 만들었죠.

....

87. 변경이나 군사요지에 설치해 군량에 충당한 토지다. 농사도 짓고 전쟁도 수행하는 취지로 군량을 현지 조달하여 국방을 충실히 수행하려 설치되었다._한국민속 대백과사전
88. 1785년 정조가 새로운 금위체제를 위해 창설한 국왕 호위 전담부대. 장용영은 도성 중심 내영과 수원 화성 중심 외영으로 나뉘었다. _한국민족대백과사전
89. 다만 만년제는 농업용 저수지가 아닌 사도세자의 연못이라는 주장도 있다.

▌가장 화려했던 을묘년 원행

정조는 이전에도 아버지의 무
덤을 화성으로 옮기고 매년 방
문하긴 했지만, 을묘년(1795)
원행은 특별했죠. 왜냐하면 을
묘년은 정조가 즉위한 지 20년
이 된 해이자 모친 혜경궁 홍
씨가 회갑을 맞은 해로 원행을
함께하게 된 것입니다. 을묘년
윤2월 9일 새벽, 정조가 혜경궁
홍씨와 함께 창덕궁을 나설 때

화성능행도 | 화성박물관

정조는 사도세자의 무덤을 이장한 후 매년 수
원을 방문했으나, 을묘년의 원행은 좀 더 특별
했다. 어머니 혜경궁 홍씨의 회갑을 맞이한 해
이자, 자신이 즉위한 지 20년을 기념하는 해
였기 때문이다. 이때의 기록을 화성능행도 8
폭 병풍에 담았다.

부터 8일간의 기록이 《원행을묘정리의궤》와 〈화성능행도〉 8폭 병
풍에 남아 있죠(8폭 병풍은 284~285쪽 참조).

《원행을묘정리의궤》에 따르면 정조 일행은 윤2월 9일 한강의 남
쪽에 있는 노량진 용양봉저정(龍驤鳳翥亭)[90]에서 점심을 먹고 시흥
행궁에 묵습니다. 다음날엔 의왕의 사근평행궁에서 점심을 먹고 드
디어 화성행궁에 도착하죠. 혜경궁 홍씨는 정조가 특별히 지은 장
락당(長樂堂)[91]에 머무는데, 이름에서 어머니 혜경궁 홍씨가 오래오
래 즐겁기 살기를 바란 정조의 효심이 묻어납니다.

....
90. 노들강(지금의 한강)에 배다리를 가설하여 건넜는데, 시간이 걸렸으므로 잠시 어가(御駕)를
머물게 하고 쉴 자리가 필요하여 이 정자를 지었다 한다._한국민속대백과사전

원래 일정은 11일에 어머니를 모시고 사도세자를 뵙는 것이었는데, 10일 비가 내리는 바람에 일정이 변경됩니다. 비 온 뒤 스산해진 날씨로 인해 행여 어머니의 건강이라도 해할까 싶어 염려한 정조는 하루 쉬시도록 합니다. 대신 순서를 바꿔 수원향교에서 공자께 참배하고 화성행궁 우화관과 낙남헌에서 문무관 과거시험을 보죠. 향교를 방문했으니, 학문을 장려하려는 취지였던 것 같습니다. 이 을묘년 시험은 수원과 인근 고을 사람만 볼 수 있도록 했는데, 정조의 남다른 수원 사랑이 엿보이죠? 이날 무과 급제자 56명 중 다수는 장용영 소속이었다고 합니다.

12일에 혜경궁 홍씨와 정조는 현륭원을 참배합니다. 사도세자의 죽음 후 한 번도 남편의 무덤을 방문한 적 없던 혜경궁 홍씨의 슬픈 울음소리가 장막 밖까지 크게 들릴 정도였다고 하며, 정조도 함께 목 놓아 울었다고 합니다. 행궁으로 돌아온 정조는 화성 제일 높은 곳인 서장대에 올라 낮과 밤의 군사훈련을 참관하죠.

13일, 봉수당 앞마당에서 이번 원행의 하이라이트인 혜경궁 홍씨의 성대한 회갑 잔치가 열립니다. 이날 혜경궁 홍씨는 정조에게서 두 잔의 술을, 영의정 홍낙성, 맏사위 김기성 등에 다섯 잔의 술잔을 받았다고 합니다. 정조는 신하들에게 취하지 않으면 누구도 돌아갈 수 없다고 흥을 돋우며 혜경궁 홍씨의 회갑연을 축하하는 시도 지어 올리도록 했습니다.

....
91. 을묘년 원행에서 어머니의 침전으로 사용하려고 1794년 8월에 특별히 지었다.

이때의 모습은 〈화성능행도〉 중 제3폭 봉수당진찬도에 담겨있죠 (오른쪽 그림). 봉수당 앞으로 드리운 커다란 차일(천막) 뒤로 장락당이 반쯤 보입니다. 혜경궁 홍씨는 귀갑문(龜甲文)에 가려진 봉수당 안쪽에 자리해 보이지 않는데, 당시 남녀 간 내외하는 관례에 따른 것입니다. 정조는 봉수당을 바라보고 오른편(동쪽)에 자리만 그려놓죠. 화성으로 내려오던 모습을 그린《화성원행의궤도》의 반차도에서도 마찬가지입니다. 정조가 탔던 하얀 말과 햇빛을 가리는 비단 양산인 일산(日傘)을 들고 따르는 사람만 보일 뿐이죠. 원칙적으로 조선시대 행사를 묘사한 그림에

봉수당진찬도[92] | 국립중앙박물관
정조는 을묘년 원행의 하이라이트로 모친 혜경궁 홍씨의 회갑을 축하하는 잔치를 봉수당 앞마당에서 열었다.

임금은 그리지 않았습니다. 임금의 얼굴이 노출될 때의 위험성과 그리지 않음으로써 오히려 존엄과 신비로움을 표현했다고 봅니다.

그림 왼쪽 위로 보이는 가마는 실제 혜경궁 홍씨가 탔던 것과는

....
92. 공공누리 제1유형(e뮤지엄 홈페이지에서 내려받음)

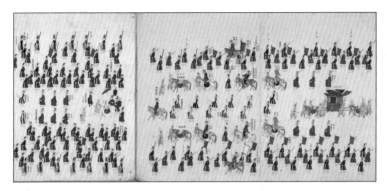

화성원행의궤도[93] 중 반차도 일부 | 국립중앙박물관

그림 앞에는 정조가 탔던 '좌마(坐馬)'라는 글자가 있는 하얀색 말을 볼 수 있고, 뒤쪽에는 혜경궁 홍씨가 탔던 가마인 '가교'가 보인다.

조금 다르게 그렸습니다. 실제로는 '가교(駕轎)'라는 가마로 가마채를 말의 안장에 연결하여 두 마리 말이 앞뒤에서 끌고 가던 것입니다. 국립중앙박물관이 소장한 을묘년 원행을 화첩식으로 기록한 《화성원행의궤도》에 말이 끄는 '가교'의 모습이 정확히 나와 있는데, 위 그림을 보면 가마의 검은색 궁륭형 지붕은 같지만, 처마 아래가 붉은색으로 '봉수당진찬도'의 푸른색과 차이가 있죠.

봉수당과 그 아래 중양문과 좌익문 사이에 혜경궁 홍씨의 친인척들이 둘러앉아 있습니다. 그리고 그 안에서 무희들이 춤을 추었는데, 봉수당진찬도에서는 혜경궁 홍씨에게 3번째 술잔을 올렸을 때 추었던 가운데 북을 놓고 춤을 추는 무고(舞鼓)와 진찬이 끝날 때

....
93. 공공누리 제1유형(국립중앙박물관 홈페이지에서 내려받음)

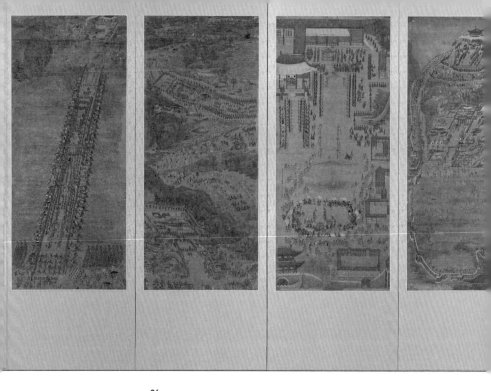

화성능행도 8폭 병풍[94] 오른쪽부터 〈화성성묘전배도〉, 〈낙남헌방방도〉, 〈봉수당진찬도〉, 〈낙남헌양로연도〉, 〈서장대야조도〉, 〈득중정어사도〉, 〈환어행렬도〉, 〈한강주교환어도〉 | 국립중앙박물관

다른 이름으로 수원능행도(水原陵行圖), 화성능행도(華城陵行圖)라고도 한다. 작고한 부친 사도세자와 모친 혜경궁 홍씨의 회갑을 맞아 1795년(정조 19년) 윤 2월 9일부터 동월 17일까지 총 8일간 혜경궁 홍씨와 함께 수원화성의 현륭원(顯隆園)을 참배하며 그 과정에 있었던 주요 행사들을 원행을 그림을 통해 남기게 한 것이다.

배를 가운데 놓고 추는 선유락(船遊樂)이 동시에 그려져 있습니다.
중양문과 좌익문에도 역시 차일을 드리웠는데 그 앞으로는 승지와
사관 등 참석한 신료들이 저마다 상을 앞에 두고 줄을 맞춰 나란히
앉아 있는 모습 등 얼마나 성대한 잔치였는지 짐작됩니다.

....
94. 공공누리 제1유형(e뮤지엄 홈페이지에서 내려받음)

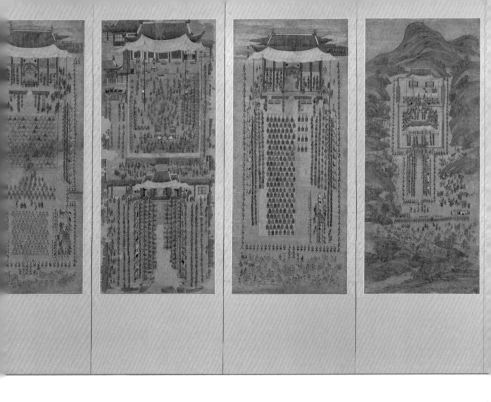

정조의 갑자년 구상과 안타까운 죽음

정조의 포부는 화성 축성에 머물지 않고, 실제 그곳에 머물면서 자신의 꿈을 온전히 펼쳐보고 싶었던 것으로 보입니다. 《한중록》에 따르면 정조는 갑자년(1804)에 열다섯 살 성인이 되는 순조에게 양위하고, 화성에 내려와 살려고 했답니다. 서울은 순조에게 맡기고, 상왕이 된 자신은 수원에서 강력한 군대(장용영 외영)와 여러 개혁을 통해 나라를 더 부흥시키려 했던 거죠. 갑자년은 육십갑자의 첫 번째 해로 새로운 시작을 의미하는 동시에, 혜경궁 홍씨가 칠순이 되

는 해여서 의미가 남달랐을 것입니다. 또한 본인은 할아버지 영조
와의 약조 탓에 사도세자의 추존을 할 수 없었지만, 이를 순조에게
대신 맡겨 효를 다하려는 마음도 있었던 거죠.

화성행궁 전각들의 이름에서도 정조의 마음이 짐작됩니다. 우선
화성행궁 정문인 '신풍루(新豊樓)'는 한나라 고조의 고향인 패현 풍
읍 중양리에서 유래합니다. 나라를 세운 고조가 아버지를 여읍에
모셔왔는데 고향을 너무나 그리워하여 풍읍의 모습과 똑같이 만들
고 풍읍 백성들까지 이주시킨 후 붙인 신풍이라는 이름에는 '새로
운 고향'이란 뜻이 담겨있죠. 또한 노래당(老來堂)의 '노래'는 "늙은
것은 운명에 맡기고 편안히 거처하면 그곳이 고향이다."라는 당나라
시인 백거이의 시에 나온 말로 화성을 자신의 새로운 고향으로 삼으
려던 정조의 의도가 엿보이죠.

화성 곳곳에 어린 정조의 갑자년 구상은 안타깝게도 뜻을 이루지
못합니다. 측근이던 채제공과 조심태 등의 잇따른 죽음으로 인해
개혁의 동력이 꺾이던 참에 정조의 건강마저 나빠졌죠. 특히 정조
24년(1800) 6월 초열흘부터 종기로 힘들어했고, 6월 28일 유시에
결국 영춘헌에서 승하합니다.

정조의 죽음과 함께 개혁의 꿈도 수포로 돌아갑니다. 승하하던
날, 정조가 순조를 부탁하려고 마지막 힘을 짜내 만난 김조순으로
인해 안동김씨 세도정치의 문이 열렸고, 영조의 비였던 정순왕후가
수렴청정하며 화성에 대한 지원을 끊고 모아둔 쌀과 돈도 거둬가는
등 조정에서 대대적인 정조 지우기가 시작되었으니까요. 게다가 정

채제공 초상[95] | 화성박물관

영조 시절 채제공은 목숨을 걸고 사도세자의 죽음을 막고자 애썼고, 영조 사후에는 사도세자의 죽음에 앞장선 이들을 처단하였다. 초상화를 자세히 보면 마치 여자처럼 손가락이 너무 가늘다. 우리나라 초상화는 대개 손을 옷자락에 넣었기 때문에 화가들이 잘 그리지 못했고 그리지도 않았다. 그런데 채제공은 정조가 하사한 부채와 향낭을 꼭 그림에 넣고 싶어해 저렇게 부채를 꼭 잡은 모습으로 그렸다.

조는 죽어서도 효를 다하려는 마음에 현륭원에 갈 때마다 아버지의 발치에 자신의 무덤을 삼으라고 당부했죠. 하지만 순조 21년(1821) 정조의 비인 효의왕후 김씨의 승하 후 합장하며 현륭원[96]보다 살짝 북쪽인 건릉으로 천릉(遷陵)하여 끝내 뜻을 이루지 못합니다.

역사에 '만약'은 없다고 하지만, 만약 정조가 죽지 않았다면 조선의 역사는 어떻게 되었을까요? 화성박물관에서 정조의 원대한 꿈을 목격했다면 분명 안타까운 마음이 몰려올 것입니다. 역사는 돌이킬 수 없지만, 아버지와 조선을 극진히 사랑했던 정조의 마음만은 영원히 기억하고 싶습니다.

....

95. CC BY 라이선스(공유마당 홈페이지에서 내려받음)
96. 혜경궁 홍씨는 승하 후 이듬해인 1816년 현륭원에 합장되었다. 이후 1899년 고종은 장헌세자(사도세자)를 '장조'로 추존하며 현륭원의 명칭을 '융릉(隆陵)'으로 격상시켰다.

궐, 아픔의 공간에서
쉼의 공간으로

▌왕들의 집무 공간이자 생활 공간이던 궁궐

어른, 아이 할 것 없이 바쁘고 스트레스 가득한 삶을 살아가는 요즘,
마음의 여유를 찾아줄 삶의 쉼표가 절실해집니다. 답답한 마음을
잠시나마 시원하게 해줄 그림 하나 소개할까요?

바로 소당 이재관이 그린 〈오수도(午睡圖)〉입니다(289쪽 참조).
여름날 소나무가 파라솔처럼 드리운 기와집 마루에서 한가로이 낮
잠을 즐기는 선비가 보이죠? 마당 한편에는 학 두 마리가 노닐고,
동자가 학들을 바라보면서 선비가 깨면 마실 찻물을 끓이고 있네

요. 바쁜 일상에 지칠 때면 그림 속 선비 자리를 대신 차지해 낮잠 한 숨 달게 자고, 동자가 끓여준 개운한 차 한 잔 마시고 싶다는 상상도 해보게 됩니다.

간혹 궐을 찾아 휴식하기도 합니다. 첨단도시 서울 한가운데 옛 정취를 한가득 느끼며 잠시 유유자적할 수 있는 궐이 있다는 것이 얼마나 큰 행운인지. 그런데 실제 궐에서 살았던 조선 왕들의 일상은 유유자적과는 거리가 한참 멀었지요. 왕은 새벽에 눈을 뜨면 조회를 시작으로 잠들 때까지 그야말로 빽빽한 일정을 이어갔다고 합니다. 왕을 보필하며 궐에서 살아가는 모든 이들의 일상도 당연히 바쁘고 정신없었겠지요.

오수도[97]
이재관, 지본담채(紙本淡彩), 122.3x56.3cm, 리움

마치 낙원에서 시름 하나 없이 한가로이 낮잠을 즐기는 선비의 모습이 담겨있다. 하지만 단잠에서 깨어나 현실로 돌아오면 결코 그림처럼 녹록치 않았을 것이다.

자, 조선의 마지막 이야기는 바로 궐에 관한 것이에요. 특히 이번에는 유독 아픔을 많이 간직한 창경궁을 함께 거닐어보려고 합니다.

....
97. CC BY 라이선스(한국데이터베이스산업진흥원, 공유마당 사이트에서 내려받음)

▌〈동궐도〉와 함께하는 창경궁 답사

서울에는 조선시대에 지어진 다섯 개의 궁궐이 있습니다. 조선의 법궁[98]인 '경복궁', 조선의 임금들이 사랑한 '창덕궁', 대한제국 시기 외교의 중심지였던 '경운궁', 모든 것이 허물어져 지금은 궐인지 알아볼 수도 없는 '경희궁'[99] 그리고 우리가 답사할 '창경궁'이에요.

창경궁(昌慶宮, 성대한 경사)은 창덕궁(昌德宮, 덕의 근본을 밝혀 창성하게 돼라)과 함께 법궁인 경복궁의 동쪽에 있으면서, 담장 하나를 경계로 서로 마주하고 있어 둘을 합쳐 **동궐**이라고 합니다.

먼저 창덕궁은 태종 때 지은 것이에요.[100] 이후 세종이 즉위하며 상왕 태종을 모시려 창덕궁 가까이에 수강궁을 지었는데, 이를 성종 때 할머니 정의왕후 윤씨, 작은어머니 안순왕후 한씨 그리고 어머니 소혜왕후 한씨를 편히 모시려고 중건하면서 성종 15년 창경궁이라는 새이름을 붙였으니 대비를 위해 조성된 것입니다. 하지만 창경궁은 임진왜란 이후로 다른 어떤 궐보다도 조선 국왕의 사랑을 많이 받았죠. 또한 장희빈과 소현세자, 사도세자의 죽음 등과 같은 굵직굵직한 역사적 사건들이 일어난 장소이기도 합니다.

특히 창경궁은 일제강점기에 큰 수난의 아픔을 간직하고 있기도 합니다. 1907년 이후 일제는 순종을 위로한다는 명분으로 창경궁

....
98. 으뜸 궁궐이란 뜻이다.
99. 본래 경덕궁(慶德宮)으로 불렸다.
100. 왕자의 난 때 경복궁에서 워낙 많은 사람이 죽어 나간 터라 그곳에 들어가기를 꺼렸던 태종이 창덕궁을 지었다고 알려진다.

에 동물원과 식물원을 만
들며 많은 건물을 헐어버
렸습니다. 이름도 궁(宮)이
아닌 동산 원(苑)을 붙여
'창경원'으로 고쳐 유원지
처럼 공개하였지요. 1981
년 창경궁 복원 계획을 밝
힌 후 놀이기구를 철거하고
동물원을 과천으로 옮겼고,

동궐도[101]

도화서 화원들이 동궐인 창덕궁과 창경궁의 전각
과 궁궐 전경을 그린 조감도다. 현재 2점이 전해지
는데, 국보로 등록되었다.

전각과 편전들을 복원한 끝에 1986년에 다시 일반에 공개됩니다.

창경궁 답사 전 준비할 것이 있습니다. 바로 〈동궐도(東闕圖)〉[102]
인데, 현재는 두 점이 전해지고 있지요. 하나는 16권의 화첩으로 만
들어진 고려대학교 소장본, 다른 하나는 (근래에) 병풍 형태로 바뀐
동아대학교 소장본이며, 모두 국보로 지정되었죠. 〈동궐도〉가 언
제 그려졌는지는 불분명하지만, 1828년에 세워진 창덕궁 연경당
과 1830년 화재로 사라진 창경궁 환경전과 경춘전이 그려진 데서
1828~1830년 사이로 짐작됩니다. 〈동궐도〉를 보면 지금의 모습과
사뭇 달라진 점을 금방 발견할 수 있을 거예요. 많은 전각이 사라져
버린 지금, '동궐' 속 역사의 아픔도 함께 따라가 볼까요?

....
101. 부감법(위에서 아래를 내려다보는 것처럼 그리는 전통 방법)으로 그려서 동궐의 전체적인
    모습을 볼 수 있는데 전각과 나무 등을 자세하게 그렸다.
102. 이 〈동궐도〉는 창덕궁 내 뮤지엄샵에서 구매할 수 있다.

▌ 홍화문을 들어서면…

창경궁의 정문은 홍화문(弘化門)으로 "덕을 행하여 백성을 감화시키고 널리 떨친다."라는 뜻이 있지요. 임진왜란 때 불탔던 것을 (창덕궁의 돈화문보다 조금 늦은) 1616년에 다시 지었고, 수차례 수리했습니다. 창덕궁의 정문인 돈화문(敦化門, 교화를 돈독하게 한다는 뜻)과 함께 17세기를 대표하는 건물이며, 보물로 지정되어 있습니다.

이름에 걸맞게 국왕이 백성을 직접 만나는 장소로도 사용되었지요. 영조는 균역법에 대한 백성의 의견을 듣기도 하였고, 정조는 1795년 혜경궁 홍씨의 회갑을 맞아 홍화문에 친히 임하여 가난한 백성들에게 쌀을 나눠주는 사미(賜米) 행사를 열기도 했습니다.

홍화문은 정면 5칸인 돈화문에 비해 정면 3칸으로 조금 작고, 처마 끝이 살짝 올라가 날렵해 보입니다. 돈화문과 마찬가지로 2층 누각과 사다리꼴 모양의 우진각 지붕을 올려 위엄을 더했는데, 2층은 마루를 깔고 앞뒤 벽면에 조그만 널빤지 문을 달아 여닫을 수 있습니다. 지붕에 올린 용두, 취두, 잡상은 재앙과 악귀를 막아주는 액막이인 동시에 멋도 살렸습니다. 지붕의 추녀마루 끝에는 '토수'라고 하는 용머리 모양의 기와가 있습니다. 추녀[103]나 사래[104] 끝에 끼워 비바람에 나무가 썩는 것을 막는 용도이지요.

다만 홍화문은 조금 이상한 점이 있는데, 남쪽을 향한 다른 궁

....
103. 지붕 모서리에서 45도 방향으로 걸린 네모난 모양의 재료다.
104. 추녀 끝에 설치하여 겹처마를 이루게 하는 재료다.

궐 문과 달리 동쪽을 향한 점입니다. 정전인 명정전도 동쪽을 향하고 있죠. 임금은 항상 남쪽을 바라보고 앉는 것이 《주례》〈고공기〉[105]의 전통 예법인데, 왜 창경궁은 이를 따르지 않은 걸까요?

창경궁 홍화문[106]

그 이유에 관한 뚜렷한 기록은 남지 않았습니다. 다만 효종 때 김육이 창덕궁 안에 대비전 세우는 것을 반대하며 올린 상소[107]에 창경궁을 거론했는데, 대비들을 위해 수강궁 터에 창경궁을 세운 것이 중국에서 태후가 거처하는

창덕궁 돈화문

홍화문(위)과 돈화문(아래)
홍화문과 돈화문은 17세기를 대표하는 건물이다. 다만 홍화문의 경우 남쪽이 아닌 동쪽을 향하는 점에서 다른 궁궐문과 다르다.

곳이 궁궐의 동쪽에 있었기 때문이라는 지적에서 동향으로 지은 이유를 짐작해 볼 뿐이죠.

....
105. 중국 고대 도시계획의 원칙을 언급하고 있는 중요한 문헌
106. 공공누리 제1유형(국가유산포털에서 내려받음)
107. 효종 6년 12월 4일 갑인 4번째 기사

▌옥천교를 건너 명정전으로 들어가 보자

홍화문으로 들어서면 옥천교가 보입니다. 창경궁뿐만 아니라 다른 궐들도 정문을 들어서면 이렇게 명당수(明堂水)인 금천(禁川) 위에 다리를 놓음으로써 궐 내부와의 경계로 삼은 거죠.[108]

옥천교를 건너며 관리들은 미리 옷맵시와 마음가짐을 바르게 하라는 의미, 일상의 공간과 지배로서의 공간을 구분하고자 하는 의미, 액운을 막고자 하는 의미 등입니다. 지금의 창경궁 옥천교 아래로는 물이 흐르지 않지만, 원래는 산에서 내려온 계곡물이 자연스레 흘렀다고 합니다. 지금도 조금 위쪽으로 올라가면 숲 안쪽으로 물이 흐르는 것을 볼 수 있죠. 또 옥천교에는 액운을 막으려 홍예[109] 사이에 도깨비 문양을 넣거나, 난간 양쪽 끝에 크게 세운 기둥에 동물 조각을 얹기도 했습니다. 얼굴 하나가 깨져 있어 아쉽긴 하지만, 저마다 다른 동물들의 표정에 눈길이 갑니다. 무심코 따라 하다 보면 어느새 웃고 있는 자기 자신을 마주할지 모릅니다.

옥천교를 건너면 명정문과 명정전을 마주하는데, 여기도 뭔가 다릅니다. 예컨대 경복궁은 광화문을 지나 홍례문, 근정문을 지나야 정전인 근정전이 나오고, 창덕궁은 돈화문을 지나 진선문, 인정문을 지나야 정전인 인정전이 나옵니다. 이는 고대 중국의 제도를 기록한 《주례》의 〈고공기〉에서 제후국의 궐을 지을 때 3문 3조[110]로

....
108. 경복궁의 영제교, 창덕궁, 경희궁, 경운궁은 모두 금천교(錦川橋)라 부른다.
109. 무지개 모양의 아치.

옥천교 위 동물 조각상
나쁜 기운이 궁으로 들어오지 못하도록 다리 위에 세운 것이다. 하나는 얼굴이 깨져 있다.

함을 따른 것이지요. 그래서 다른 궐들은 정전(명정전)까지 3개의 문을 지나야 하고, 정전과 편전 그리고 침전을 차례로 배치했는데, 창경궁만 2문 3조를 취한 것입니다. 본디 대비들을 위한 공간으로 조성된 것이라 굳이 따르지 않았던 것 같습니다.

'명정전'은 창경궁의 정전[111]인데, 웅장하다기보다는 작고 소박한 편입니다. 창덕궁과 경복궁의 정전인 인정전, 근정전이 2층으로 지어진 것과 달리 창경궁의 명정전은 1층으로 지어졌지요. 그럼에도 외국 사신을 맞이하고 신하들과 조회를 여는 등 여러 행사를 치름

....
110. 3조란 외조, 치조, 연조를 말한다. 외조란 외국 사신을 맞이하고 신하들과 조회를 여는 공간으로 정전을 말하며, 치조는 왕이 업무를 보는 공간을 말하며 편전이라고 한다. 연조는 왕과 왕비의 생활 공간으로 침전이다.
111. 정전이란 왕이 나와 벼슬아치들을 내려다보며 조회(朝會)를 하던 장소.

보개   천장

창경궁 명정전의 보개와 천장

창경궁의 인정전이나 경복궁의 근정전에 비해 화려함은 덜하지만 소박하고 편안한 아름다움이 있다. 그럼에도 용상 위로 만들어 단 보개, 천창의 봉황 장식 등을 통해 정전으로서의 위엄도 놓치지 않았다.

에 있어 결코 초라하지 않은 품격과 위엄을 갖추고 있습니다. 명정전은 2층으로 이루어진 월대 위에 지어졌고, 답도[112]에는 봉황을 새겼으며, 마당엔 품계석을 설치하는 등 정전으로서 손색이 없습니다. 오히려 단층이라 다른 궐에 비해 편안함과 소박한 아름다움을 느끼기에는 가장 좋지 않았나 생각됩니다.

명정전 실내 정중앙에는 임금이 앉는 용상이 놓여 있고, 그 위에는 보개[113]가, 뒤로는 일월오봉도가 있지요. 또 천장 한가운데 조각된 봉황 두 마리 중 한 마리는 꼬리가 두 갈래 정도로 갈라지고, 다른 한 마리는 둥글게 말려 있습니다. 인정전의 봉황에 비해 화려함은 덜하지만, 오랜 세월을 꿋꿋이 버텨낸 낡은 것 특유의 아름다움과 역동적인 모습이 자유롭고 편안함을 줍니다.

....
112. 궁궐에서 임금이 가마를 타고 지나가는 계단. 주로 층계 가운데를 돌로 장식한다.
113. 불교에서는 닫집이라고도 한다.

왕이라면 마음대로?

명정전에서 왼쪽으로 천랑[114]을 따라 열 걸음 정도 가면 편전(便殿)인 문정전이 있습니다. 지금이야 누구나 지나다니는 이 길은 본디 함부로 지날 수 없었죠. 문정전으로 가려면 명정전 마당 왼쪽에 있는 광정문을 지나 다시 위쪽의 문정문을 통해야 했습니다. 문정전은 1483년 창경궁을 중건할 때 지었고, 임진왜란 때 불탄 것을 광해군이 다시 지었고, 일제강점기에 '창경원'으로 만들면서 헐렸던 것을 1986년에 복원하였습니다.

명정전과 홍화문은 동향이지만, 문정전부터는 주요 건물 대부분이 남향입니다. 경복궁과 창덕궁의 편전은 모두 둥근 기둥에 건물

문정전
동향인 명정전과 달리 남향이다. 창경궁에 온 임금이 업무를 보기 위한 편전 용도로 지어졌기 때문인 듯하다.

....
114. 지붕이 있는 복도.

도 크게 지었는데, 문정전은 기둥도 네모난 모양에 다소 작습니다. 사실 광해군은 문정전을 법전(法殿)[115]이라 하며 둥근 기둥을 세우고 크게 다시 짓고 싶어 했다는 기록도 있지요.[116]

그런데 둥근 기둥으로 바꾸려면 주춧돌의 위치를 다시 배치해야 합니다. 당연히 공사비도 많이 들겠죠. 비용도 비용이지만, 지금은 백성들의 힘을 수고롭게 할 때가 아니라는 사간원의 반발이 빗발쳤습니다. 이에 광해군은 결국 자신의 생각을 접었다고 합니다. 조선시대에 임금이 마음먹은 일에 감히 토를 다는 사람은 없었을 것 같지만, 이처럼 임금이 하려는 일에 문제점이 있을 때 사간들이 반대 의견을 거침없이 말할 수 있었다는 사실이 새삼 놀랍지 않은가요? 무엇보다 백성들의 수고를 헤아리려 했던 조선시대의 선비 정신에 대해 박수를 보내지 않을 수 없습니다.

문정전은 편전이라는 본래의 용도에 맞게 왕이 정사를 돌보거나 신하들과 경연을 벌이기도 했지만, 국왕이 집무를 보기보다는 다른 용도로 더 많이 사용되었습니다. 예컨대 대비나 왕후 등이 돌아가셨을 때 빈전(殯殿)[117]이나 혼전(魂殿)[118]으로 사용할 때가 많았다고 합니다. 또 연산군 때에는 기생이나 광대를 불러들여 여러 신하와 연회를 즐기기도 했다고 합니다.

....

115. 정전의 다른 말. 궁궐은 외전과 내전으로 구분하기도 하는데, 법전과 편전을 외전이라 하고 왕과 왕비의 침전을 내전이라 한다. (편전을 내전에 넣기도 한다.)
116. 광해 7년(1615) 11월 8일 경진 2번째기사
117. 국상(國喪) 때, 상여가 나갈 때까지 왕이나 왕비의 관을 모시던 전각.
118. 왕과 왕비의 영혼이 자리하도록 죽은 사람의 위패인 신주를 임시로 모셔두는 곳으로 위패에는 죽은 사람의 이름과 죽은 날짜를 적어놓는다.

▌ 누구는 죽고, 누구는 태어나고

우리나라 궐은 사계절마다 다른 멋을 뽐내지만, 뙤약볕 아래를 걷는 여름 답사는 조금 힘겨운 것이 사실입니다. 그럼에도 창경궁은 그늘과 쉴 곳이 많은 편이라 여름 답사도 해볼 만하지요.

● 쉼표 같은 공간, 함인정

숭문당에서 통명전 방향으로 가다 보면 빈터에 보이는 정자가 바로 함인정입니다. 이곳에서 잠시 쉬면서 〈동궐도〉를 펼쳐 보면 좋습니다. 정자 앞으로 너른 마당이 보이고, 옆으로는 작은 문이 있는 월랑

함인정
창경궁은 함인정과 같이 다른 궐에 비해 쉴 곳이 많아 여름 답사도 추천할 만하다.

(담장), 뒤로는 환경전과 경춘전 등 내전의 주요 건물들이 있고 사라진 건물도 보입니다. 함인정 자리엔 본래 인양전이 있었는데 '이괄의 난' 때 내전의 여러 전각과 함께 소실되었죠. 1633년 창경궁 재건 때 인양전을 복구하는 대신 함인정을 세웠다는데 그 이유는 알 수 없지만, 정치만 가득할 것 같은 궐에 마치 쉼표를 하나 찍듯 여유로운 공간이 생긴 듯 기분은 좋습니다. 함인정 앞마당에서 유생들이 과거시험을 치르거나, 왕이 연회를 베풀기도 했답니다. 또 함인정 천장 아래 현판에 한 구씩 적힌 오언절구도 놓칠 수 없죠.

춘수만사택(春水滿四澤 봄 물은 사방 연못에 가득하고)

하운다기봉(夏雲多奇峯 여름 구름에는 기이한 봉우리도 많도다)

추월양명휘(秋月揚明輝 가을 달은 밝은 빛을 드날리고)

동령수고송(冬嶺秀孤松 겨울 산마루엔 한 그루 소나무가 빼어나도다)

이는 중국 진(晉)나라[119]의 화가 고개지[120]가 지은 〈사시(四時)〉입니다. 사계절을 노래한 것이니 어느 계절에 방문하건 멋지게 읊조리면 좋을 듯싶습니다. 혹시 좋아하는 이와 동행했다면 잘 외워두었다가 폼 한 번 잡아 봐도 좋지 않을까요? 여름이라면 정자에 누워 '하운다기봉(夏雲多奇峯)'을 읊으며 하늘 한 번 쳐다본다면 바쁜 일상의 근심을 잠시 잊을지도 모르겠군요. 왕도 바쁜 한때를 보내다가 이곳 함인정에서 신하들과 함께 시를 한 수씩 읊으며 무더위를 잊은 채 잠깐의 풍류를 즐겼을 거라 상상해 봅니다.

● 부질없지만, '만약에…'를 떠올리게 되는 환경전

함인정을 지나면 이제부터는 그늘 하나 찾아볼 수 없는 내전 공간입니다. 함인정에서 통명전[121]으로 가다 보면 정면으론 임금의 침전인 '기쁘고 경사스럽다'라는 의미의 환경전이, 왼쪽엔 이름도 아름다운 장수의 의미를 담은 '햇볕 따뜻한 봄'이란 경춘전이 있습니

....
119. 사마염(司馬炎)이 위(魏)의 마지막 황제를 폐위시키고 세운 중국의 왕조로 진시황이 세운 진나라와는 다르다. 서진(西晉 : 265~317)과 동진(東晉 : 317~420)의 두 시기로 나뉜다.
120. 중국 최초의 화가로 전해지며 시와 그림 등 여러 방면에서 재주가 뛰어났다.
121. 예전에는 건 통명전에서 땡볕을 피해 마루에 앉을 수도 있고 안으로 들어갈 수도 있었다.

환경전

기쁘고 경사스럽다는 이름을 가진 왕의
침전이다. 하지만 이곳은 왕뿐 아니라
소현세자가 머물렀던 공간이기도 하다.

다. 환경전은 왕(대표적으로 의녀 대장금에게 치료를 받던 중종이 있다)
뿐만 아니라 왕세자(정조의 친형인 의소세손)가 머물기도 했습니다.

지금의 환경전은 홀로 외롭게 뚝 떨어져 있지만, 〈동궐도〉에는
동서남북으로 월랑에 둘러싸여 침전의 아늑함이 느껴지는 공간이
었죠. 또한 이곳은 청나라에 볼모로 잡혀갔던 소현세자가 돌아와
머문 곳이기도 합니다. 지금도 소현세자의 의문스러운 죽음에 아버
지 인조가 관련되었다는 독살설이 회자되다 보니, 영화나 드라마로
종종 접한 적이 있을 것입니다. 조선왕조실록을 봐도 어쩐지 독살
가능성에 무게를 싣게 됩니다.

> [전략] 세자는 본국에 돌아온 지 얼마 안 되어 병을 얻었고 병이 난 지
> 수일 만에 죽었는데, 온몸이 전부 검은 빛이었고 이목구비의 일곱 구멍
> 에서는 모두 선혈(鮮血)이 흘러나오므로, 검은 멱목(幎目)으로 그 얼굴
> 반쪽만 덮어 놓았으나, 곁에 있는 사람도 그 얼굴빛을 분변할 수 없어
> 서 마치 약물(藥物)에 중독되어 죽은 사람과 같았다. 그런데 이 사실을
> 외인(外人)들은 아는 자가 없었고, 상도 알지 못하였다.
>
> — 인조 23년 6월 27일(1645년) 중

오랜 볼모 생활 후 귀국한 소현세자는 인조와 갈등을 겪습니다. 인조는 아비의 치욕보다 계몽군주로서 자신의 뜻을 펼치고 싶어하는 듯한 아들이 곱게 보이지 않았겠죠. 또 자신의 의중을 헤아린 봉림대군(훗날 효종)이 있기에 가슴 아프지만(?)**¹²²**, 소현세자를 죽여 자신의 권위를 세우려 하지 않았나 싶기도 합니다. 역사에서 '만약에'만큼 부질없는 말도 없겠지만, 그럼에도 만약 소현세자가 왕위에 올랐다면 혹시 조선 후기 '진경시대'라는 문화적 르네상스가 조금은 일찍 오지 않았을까 자꾸 아쉬워지는 건 왜일까요?

● 아름다운 화계를 뽐내는 경춘전

환경전과 함께 1834년에 다시 세워진 경춘전은 대비의 침실 또는 왕비의 산실청으로 쓰였다고 합니다. 처음에는 성종이 모친 인수대비를 위해 지은 건물입니다. 이곳에서 인수대비, 인현왕후, 혜경궁홍씨가 세상을 떠났고, 의소세손과 정조 그리고 헌종이 태어나기도 했습니다. 경춘전은 여성을 위한 공간이었기 때문에 뒤편으로는 화계가(꽃 계단) 예쁘게 마련되어 있습니다. 화계의 아름다움과 그 실용성에 대해서 유홍준 교수는 "화계는 우리나라 건축과 조원의 독특한 형식이자 큰 자랑"이라고 하였습니다. 특히 집이 산자락을 등질 때 생기는 비탈에 꽃 계단을 만들면 사태도 막을 수 있다고 설명

---

122. 인조는 소현세자가 죽자 손자들을 제주도로 귀양보냈고, 세자빈 강씨는 역모를 꾸몄다 하여 여러 신하 반대에도 불구하고 사사하였다. 강빈이 죽을 때 한몫을 한 인물로 인조의 후궁인 조숙원을 꼽는다. 인조 23년 7월 실록에는 '조씨가 상의 총애를 받음에 미쳐서는 강빈과 서로 불화하자'라는 원색적인 비판 기록이 남아있다.

했죠. 실제 꽃이 화창하게 핀 봄날에 찾아가 보면 화계의 아름다움에 연신 탄복하게 됩니다. 다만 '구중궁궐(九重宮闕)'이란 말에서 볼 수 있듯이 어떻게 보면 화계 너머를 도무지 볼 수 없으니 '담'처럼 느껴졌을 수도 있겠다 싶습니다.

● 장희빈과 인현왕후의 이야기가 담긴 통명전

경춘전을 나오면 자연스럽게 통명전(보물)으로 발길이 이어집니다. 조금 이상한 점이라면 이곳이 〈동궐도(東闕圖)〉에는 묘사되지 않은 것이에요. 《궁궐지[123]》에 따르면 1575년(선조 8)에 이 전각에서 인순왕후가 승하했고, 1790년(정조 14)에 화재로 소실된 것을 1834년(순조 34)에 복원했다고 합니다.

통명전은 내명부의 수장인 왕비가 거처하는 침전답게 정면 7칸, 측면 4칸의 모두 28칸 큰 규모로 높은 기단 위에 지어진 모습이 위

통명전
왕비의 침전인 통명전은 동궐도에는 나오지 않는다. 왜냐하면 이곳은 화재로 소실되었다가 순조 34년인 1834년에 복권되었기 때문이다.

....
123. 조선 궁궐의 소재(所在), 건축, 전각의 위치, 명칭, 연혁 따위를 수록한 책. 순조 때에 편찬하기 시작하여 왕이 죽은 후에 펴낸 것으로 추측된다.

엄을 풍깁니다. 내부에는 대청마루가 있는데, 정면 3칸과 측면 2칸을 모두 사용하고 있습니다. 정면에는 너른 월대가 있는데, 양쪽 끝에는 드므[124]가 있어 그 격을 높였고, 다른 궁궐의 왕비 침전과 마찬가지로 용마루가 없는 무량각을 하고 있습니다.

통명전은 인현왕후와 장희빈의 일화에 등장하는 곳이기도 합니다. 1689년 5월 인현왕후가 폐서인되며 장희빈은 중전에 오릅니다. 그런데 1694년 4월 인현왕후가 복위하며 다시 희빈으로 강등되었죠. 그래서 취선당에 무당을 불러 굿을 하기도 하고, 대조전과 인현왕후의 처소인 통명전에는 죽은 새, 쥐, 붕어 등을 묻어놓기도 하는 등 인현왕후를 질투하고 원망하는 주술적 행동을 했다고 합니다. 인현왕후는 1701년 8월 1년여의 투병 생활 끝에 숨을 거두었고, 장희빈은 그간 해온 일들이 발각되어 결국 10월 18일 자신이 머물던 취선당에서 자진합니다.[125]

통명전은 신발을 벗으면 들어갈 수 있으니[126] 찬찬히 내부를 관찰해 보세요. 더운 여름날이면 통명전 마루에 걸터앉아 부채질하며 찬찬히 '과거의 나'를 만나보는 시간을 가져 보는 것도 추천합니다. 통명전까지 답사를 마치면 창경궁에서 보아야 할 전각들은 모두 살펴본 셈입니다.

....

124. 높이가 낮고 넓적하게 생긴 독. 주로 물을 담아 놓는 데 쓴다. 불귀신이 돌아다니다 우연히 자신의 흉측한 모습을 보고 달아날 것을 기대하는 마음으로 월대 위에 놓여있다는 이야기가 있다.
125. 장희빈은 벌을 받아 죽긴 했지만, 세자(훗날 경종)의 생모인 관계로 국가에서 장례를 치렀는데 장지를 결정하는 데만 (3개월 규정을 어기고) 4개월이 걸릴 만큼 예우했다.
126. 단, 방문 시기에 따라 전각 내부 진입이 제한될 수 있다.

▌온실이 왜 여기서 나와?

창경궁의 제일 안쪽에는 대
온실이 있습니다. 일제강점
기인 1909년에 창경궁을 식
물원으로 바꾸면서 만든 유
리온실입니다. 당시 유럽에
서 유행하던 철골과 유리로
만든 수정궁(水晶宮)의 모
습을 하고 있지요. 다만 철

대온실
창경궁 가장 안쪽에 위치한 이 온실은 일제강점기
에 조성된 것으로, 수정궁의 모습을 하고 있으나
철골 대신 새하얀 나무 뼈대로 만들어졌다.

골 대신 나무로 만든 새하얀 뼈대에 모든 면을 유리로 끼웠습니다.
백여 년 전에 만들어졌지만 빼어난 모습입니다. 그러나 일제의 잔
재로 남아있는 온실이라 마냥 좋게 보이지는 않습니다.

특이하게도 온실의 용마루에는 조선 왕조를 상징하는 오얏꽃 문
양을 연속해서 꽂아두었습니다. 창덕궁의 인정전 용마루에도 오얏
꽃이 새겨져 있는데, 항간에는 조선 왕조를 이왕가로 격하하며 궁
궐 곳곳에 오얏꽃을 새겼다는 말도 있지만, 근거는 없습니다. 그보
다는 대한제국 선포 후 근대 국가의 모습을 선보이기 위해 국가를
상징하는 문양으로 오얏꽃을 선택하여 이를 곳곳에 새겨놓았다고
보는 편이 합당할 것입니다. 아무튼 따뜻한 온실 속 꽃과 나무들 틈
에서 잠시 쉬어갈 수도 있고, 대온실 앞에 조성된 르네상스풍의 분
수와 작은 미로 정원도 이국적인 아름다움이 있습니다.

창경궁의 또 다른 볼거리

전각 말고도 창경궁은 볼거리가 풍성하다. 앞서 조선의 천문학에 관해 얘기했는데, 창경궁에서도 천문 및 기상 관련 유물을 볼 수 있다. 기회가 된다면 통명전 뒤편 언덕도 가보자. 이곳은 정조가 어머니 혜경궁 홍씨로 하여금 사도세자의 사당인 경모궁을 바라볼 수 있게 만든 자경궁 자리다. 언덕을 올라 오른쪽 끝에서 풍향을 측정하는 풍기대를 볼 수 있다.

관상감 관천대[127]

창경궁 일영대

동궐도 일성정시도

◀ 풍기대(보물 제846호)

◀ 앙부일구

창경궁 속 과학 유물들
창경궁에 가면 조선의 천문학 수준을 엿볼 수 있는 과학 유물들도 놓치지 말았으면 한다.

풍기대에서 왼쪽으로 길을 따라 올라가다 보면 성종의 태실도 있다. 태실이란 태와 태반을 넣어 봉안한 것을 말한다. 일제강점기인 1928년, 전국에 있는 태실을 서삼릉으로 모았는데, 그중에서도 형태가 온전한 성종대왕태실을 연구 목적으로 이곳에 옮겨놓은 것이라 궐과 잘 어울리진 않는다. 여기서 더 아래로 내려와 유리온실 방향으로 가면 대춘당지와 소춘당지 사이에도 궐에 있어서는 안 될 낯선 탑이 보인다. 바로 '창경궁 팔각칠층석탑'으로 이왕가박물관[128]이 만주에서 구매한 것으로 전해진다.

성종의 태실과 태실비

왕자와 공주 등이 태어나면 그 태를 명당자리에 봉안하였는데, 이를 태실이라 한다. 전국의 태실 중 형태가 온전한 성종대왕태실을 연구목적으로 창경궁에 옮겨놓았다.

창경궁 팔각칠층석탑 (보물 제1119호)

우리나라에서 드문 중국식 석탑. 이 왕가박물관이 만주에서 구매해 온 것으로 전해진다.

....

127. 관천대(觀天臺)라고 안내하고 있으나 이는 생김새가 비슷하고 옛 자료를 잘못 해석하는 데 기인한다.

128. 1909년 대한제국기 황실에서 우리나라 최초로 설립한 박물관. 창경궁의 여러 전각을 전시실로 이용했고, 광복 후 소장품은 국립박물관으로 이관되었다.

▌쉼의 공간에서 발견한 일제강점기의 불편한 흔적

〈동궐도〉를 길잡이 삼아 창경궁을 꼼꼼히 답사해 보았습니다. 궐 곳곳에 잠시 쉬어갈 만한 공간도 비교적 많은 편입니다. 서울에 남은 다른 궁궐들을 가 보면 쉴 곳은 그리 마땅치 않습니다. 경복궁의 경우엔 경회루 앞이나 향원정 연못가에서, 창덕궁에선 숙장문을 지나 위치한 카페에서나 겨우 쉴 수 있지요. 그것도 오래도록 앉아 있긴 그렇고 잠깐 앉았다가 이내 답사를 시작해야 합니다.

하지만 창경궁은 조금 다릅니다. 다른 궁궐에 비해 숲이 울창한 편이라 초록빛 자연이 주는 싱그러움이 가득하죠. 걷다가 다리가 아픈가 싶으면 쉴 만한 곳이 나옵니다. 이러한 '쉼'이 있어서인지 창경궁에서라면 온종일도 머물 수 있죠. 다만 창경궁 속 몇몇 '쉼'의 공간이 일제강점기의 뼈 아픈 흔적인 점은 역사의 아이러니입니다. 또 다른 아쉬움이라면 〈동궐도〉에 있는 많은 전각이 지금은 없다는 것, 궁궐과는 어울리지 않은 석탑과 태실 그리고 유리온실이 자리하게 된 이유를 떠올리면 마음이 무거워집니다. 이처럼 창경궁은 다른 궁궐에서 느낄 수 없는 우리 역사의 아픔과 교훈을 함께 아로새기고 있습니다.

바쁜 일상 속 잠깐의 쉼이 필요한 순간, 창경궁에 들러보면 어떨까요? 몸은 숲과 정자에 내려놓은 채 정신만은 곧추세워 창경궁의 아름다움과 우리 역사의 아쉬움을 오롯이 느꼈으면 싶습니다. 물론 한 손에 〈동궐도〉가 들려있으면 금상첨화가 아닐까요?

▌박물관 답사여행을 마치며

지금까지 문화유산을 길잡이 삼아 떠난 박물관 답사여행이 즐거웠나요? 부디 앞으로 박물관을 찾게 된다면 전시된 유물들을 새로운 눈으로 볼 수 있기를 바랍니다. 그저 형식적으로 휘리릭 지나친다면 '도장 깨기' 이상의 의미는 가질 수 없죠. 하지만 조금만 여유를 갖고 유물과 유물에 대한 설명을 찬찬히 들여다본다면 분명 흥미진진한 이야기들을 한가득 안고 돌아올 수 있을 것입니다.

또 경주나 서울처럼 도시 전체가 박물관이기도 합니다. 이 책에는 담지 못했지만, 서울은 곳곳에 조선 근대의 역사적 흔적도 간직하고 있어요. 특히 정동에서 광화문으로 코스를 잡으면 덕수궁, 서울특별시의회, 대한성공회서울주교좌성당, 유월민주항쟁표지석, 환구단, 경운궁 등 일제강점기부터 현대를 관통하는 기나긴 시간을 꿋꿋이 지켜온 유물들의 이야기가 큰 감동을 안겨줄 것입니다. 그 과정에서 평생 기억될 살아있는 역사 공부도 경험할 것입니다.

덕수궁과 정동 전경[129]
우리나라 근대문화유산을 보고자 한다면 서울의 정동을 추천한다. 정동이야말로 근대문화유산의 상징적 공간이다.

....
129. 공공누리 제1유형(국가유산청 홈페이지에서 내려받음)

1부

■ 01 문자가 없다고 예술을 모를쏘냐?

국외소재문화재재단,《오구라 컬렉션 일본에 있는 우리 문화재》, 사회평론, 2014.

김찬곤,《한국미술의 기원 빗살무늬토기의 비밀》, 뒤란, 2021.

유홍준,《한국미술사강의1》, 눌와, 2010.

이한상,《국립중앙박물관에는 어떤 보물이 있을까》, 토토북, 2010.

한국고고학회,《한국 고고학 강의》, 사회평론, 2007.

황윤,《일상이 고고학 나 혼자 국립중앙박물관》, 책읽는고양이, 2022.

에른스트 곰브리치,《서양미술사》(백승길·이종승 옮김), 예경, 2013.

김윤주, 2022, 〈선사시대 암각화를 통한 고구려 고분벽화 미의식의 기원에 관한 연구〉,
   《인문과 예술》제13호, pp.291-310.

■ 02 누가 살았는지가 뭣이 중헌디?

국립문화재연구소,《나주 복암리 3호분》, 문화재청 국립문화재연구소, 2001.(p.45,
   p.148(96돌방무덤)

전용호,《다시 태어난 옹관: 대형 옹관 제작 기술의 기록》, 국립나주문화재연구소, 2018.

박순발, 2016, 〈마한사의 전개와 익산〉,《마한백제문화》, vol.28, pp.41-57.

임영진, 2003, 〈한국 분주토기의 기원과 변천〉,《호남고고학보》, vol.17, pp.83-111.

임영진, 2020, 〈광주·전남지역 마한역사문화권 설정의 당위성〉, 국립나주문화연구소, p.12

조유전, 2006, 〈나주 복암리고분 발굴조사와 그 의의〉, 국립나주문화재연구소, p.12

신형준, 〈고흥 고분서 5세기 유물 출토… 무덤 주인 논란〉,《조선일보》, 2006.03.25.
   (https://www.chosun.com/site/data/html_dir/2006/03/25/2006032570032.html)

이기환, 〈이기환의 흔적의 역사: 30년전 '쉬쉬'하며 감췄던 일본식 고분…이제는 말할 수 있다〉,《경향신문》, 2021.08.24.(https://m.khan.co.kr/culture/culture-general/article/202108240500001)

김남돈,〈불멸의 안식처 강화 고인돌과 쌍둥이처럼 닮은 아일랜드 고인돌〉, 국가유산사랑 문화재청, 2020(https://www.cha.go.kr/cop/bbs/selectBoardArticle.do?nttId=76195&bbsId=BBSMSTR_1008&mn=NS_01_09_01)

2부

■ 03 무령왕릉이 간직해온 비밀 이야기

권오영,《무령왕릉》, 돌베개, 2005.

강원표, 2021,〈무령왕릉(武寧王陵) 장례과정(葬禮過程)에서〈설치식(設置式) 관(棺)〉의 검토(檢討)〉,《백제학보》, vol.38, pp.59~88.

윤용혁, 2008,〈공주 송산리 6호분의 사신도 벽화에 대하여〉,《한국사학보(韓國史學報)》 vol.,no.33. pp.479~508.

윤용혁, 2014,〈백제의 대왜 항로와 가카라시마〉,《백제문화》 Vol.1, No.51, pp.139-156.

김영관, 2018,〈무령왕릉 출토 지석과 매지권 재고〉, 국립공주박물관 무령왕릉 지석 학술 심포지엄.

강혜란,〈귀신 홀린 듯 가마니에 퍼담았다…1박2일 아수라장 무령왕릉〉,《중앙일보》, 2021.02.24.(https://www.joongang.co.kr/article/23998863)

■ 04 치열하게 싸우고, 깊이 애도하다

길기태, 2009,〈百濟 威德王의 陵山里寺院 創建과 祭儀〉,《백제문화》, vol.,no.41, pp.5-34.

김자림, 2006,〈박산향로를 통해 본 백제금동대향로의 양식적 위치 고찰〉,《미술사학연구》 Vol 249, pp.141-162.

김종만, 2016,〈부여 능산리사지 발견 新要素〉,《선사와 고대》 vol.,no.48, pp.29-52.

서현주, 2020,〈능산리고분군과 백제 사비기 능묘·능원〉,《백제학보》, vol.,no.33, pp.99-123.

양기석, 2009,〈백제(百濟) 왕흥사(王興寺)의 창건(創建)과 변천(變遷)〉,《백제문화》 vol.2, no.41, pp.35-61.

이남석, 2000, 〈능산리 고분군과 백제왕릉〉, 《백제문화》』 no.29, pp.1-24.

이병호, 2018, 〈「웅진·사비기 백제 왕실의 조상 제사 변천〉, 《선사와 고대》 vol. ,no.55, pp.5-38.

주보돈, 2012, 〈백제 성왕의 죽음과 신라의 '국법'〉, 《백제문화》 Vol.1. NO.47, pp.129-152.

우리역사넷_사료로 본 한국사_성왕의 죽음 (http://contents.history.go.kr/front/hm/view. do?levelId=hm_010_0050)

3부

■ 05 천년의 역사를 품은 왕릉의 미스터리

유홍준, 《유홍준의 한국미술사강의2》, 눌와, 2012.

이근직, 《신라왕릉연구》, 학연문화사, 2012.

김용성·강재현, 2012, 〈신라 왕릉의 새로운 비정〉, 《야외고고학》 제15호., pp.175-207.

윤경진, 2023, 〈『김유신행록』의 찬술 배경과 경위〉, 《동국사학》 vol. no.77, pp.73-120.

■ 06 찬란하게 꽃피운 불교문화

유홍준, 《한국미술사강의2》, 눌와, 2010.

이상훈, 《나당전쟁 연구》, 주류성, 2012.

최완수, 《한국 불상의 원류를 찾아서1》, 대원사, 2002.

김석현·이중현, 2017, 〈신라 대종의 맥놀이 조절〉, 《한국음향학회지》 vol.36,no.3, pp.194-201.

김춘실, 2001, 〈7세기 전반 신라 불상양식의 전개와 특징〉, 《미술자료》 Vol. ,no.67, pp1-34.

김태형, 2011, 〈이차돈의 순교유적과 유물에 대한 고찰〉, 《불교미술사학》 제11집, pp.41-70.

문명대, 2012, 〈신라 사천왕사 사천왕·팔부중상의 성립문제와 석굴암 사천왕·팔부중상 의 도상 변화〉, 《강좌미술사》 Vol. ,no.39, pp.9-50.

배재호, 2016, 〈경주 남산 장창곡 출토 석조미륵불의좌상과 선관 수행〉, 《미술사학연구》, Vol.289,no.289, pp.35-64.

유근자, 2015, 〈토함산 석굴 금강역사의 도상 연구〉, 《강좌미술사》, Vol. ,no.44, pp.149-181.

이주형, 2023, 〈붓다는 왜 머리를 깎지 않았는가?—인도 초기 불상의 머리 조형에 관하여),《불교학연구》제76권, pp.1-34.

차윤정, 2023,〈석굴암 팔부중상 연구〉,《미술사와 시각문화》Vol.,no.31, pp.36-65.

도재기,〈(13)에밀레… 1000년을 넘어 마음을 울리는 소리엔 비밀이 있다〉,《경향신문》, 2018.07.20.(https://www.khan.co.kr/article/201807201708005)

이기환,〈이기환의 흔적의 역사: 빛비췄더니 '염촉=이차돈의 본명' 보였다… 순교비서 79자 새로 읽었다〉,《경향신문》, 2023.08.29.(https://www.khan.co.kr/article/202308290500001)

4부

■ 07 불상을 바라보며 마음챙김의 시간

권보경, 2022,〈신라 하대·고려 철불 연구〉, 동국대학교 박사학위논문.

권보경, 2023,〈원주 학성동 철불의 流轉과 시대 인식〉,《사림》제84호, pp.189-227.

김윤이, 2021,〈한송사지 석조보살좌상의 근·현대기 존명 변화 과정과 그 의미〉,《미술사학연구》vol.312, no.312, pp.141-173.

양수미, 2016,〈보주를 든 편단우견 불상에 대한 몇 가지 문제〉,《동원학술논문집》, vol.17, pp.31-44.

어창선, 2011,〈충주 제철유적 현황과 성격〉,《선사와 고대》Vol.35, pp.279-308.

이병희, 2016,〈신라말 고려 초 철의 소비와 사원〉,《청람사학》Vol 25, pp.29-74.

강삼혜, 2020,〈고려시대 영월 창령사 터 오백나한상 연구〉,《동원학술논문집》, Vol.21.,pp.22-52.

신광희, 2023,〈고려-조선전기 나한신앙과 나한상의 특성에 대한 일고찰〉,《불교학보》제101호, pp.219-249.

윤석인, 2002,〈영월 창령사지〉, 강원문화재연구소.

■ 08 세계를 사로잡은 원조 K-컬처를 만나다

국립중앙박물관,《도자기에 담긴 동서교류 600년(장남원: 동서 교류에서 도자기의 의미)》, 국립중앙박물관, 2020.

유홍준,《한국미술사2》, 눌와, 2012.

윤용이,《우리 옛 도자기의 아름다움》, 돌베개, 2007.

임영주,《한국의 전통 문양》, 대원사, 2004.

강성곤, 2016, 〈고려청자에 나타난 중국자기의 특징과 상관성에 관한 연구〉,《한국도자학연구》vol.13, no.3, 통권 25호 pp.7-25.

나성철, 2020, 〈한중 상감기법의 종류와 기술적 차이〉,《역사와 담론》, vol.,no.93, pp.311-354.

방병선, 2012, 〈고려청자의 중국 전래와 도자사적 영향〉,《강좌미술사》vol.,no.40, pp.13-38.

오승진, 2015, 〈조선백자의 흰색을 통해 본 한국인의 원형적 심상연구〉,《예술심리치료연구》vol.11,no.3, 통권 32호 pp.223-244.

방병선, 〈흙과 돌-닮은 듯 다른 '도기와 자기'〉,《문화재청 소식지》, 2017.04.04.(https://www.nzine.co.kr/local/detail?idx=2931)

차병섭, 〈'고려청자가 아니네'… 독일서 中 북송시대 희귀 자기 확인〉,《연합뉴스》, 2021.02.15. (https://www.yna.co.kr/view/AKR20210215074300097)

5부

▪ 09 말은 제주로, 사람은 서울로!

문동석,《한양, 경성 그리고 서울》, 상상박물관, 2013.

송기호,《과거보고 벼슬하고》, 서울대학교출판문화원, 2014.

유홍준,《나의 문화유산답사기 10》, 창비, 2017.

이근호 외,《한양의 중심 육조거리》, 서울역사박물관, 2020.

유슬기·김경민, 2017, 〈조선시대 한양도성 안 동부지역의 상업 도시화 과정〉,《서울학연구》Vol, no.67, pp.239-264.

윤진영, 2004, 〈조선시대 관료사회의 신참례와 계회도〉,《역사민속학》Vol.,no.18, pp.135-164.

임부연, 2022, 〈유교 군왕의 '기로(耆老)' 정치: 영조(英祖)의 전략적인 실천들을 중심으로〉,《종교와 문화》vol., no.43, pp.61-102.

정은주, 2016, 〈한양 도성의 동문, 홍인지문과 주변 이야기〉, 《미술사와 문화유산》 Vol5(특
별호), pp.79-109.

■ 10 하늘의 뜻을 받들어 나라를 다스리다

李王職編, 《初版緖言, 이왕가박물관소장품사진첩(李王家博物館所藏品寫眞帖)》, 日本京
都, 1929.

김아란, 2023, 〈이왕가 박물관 설립 과정에 대한 재검토〉, 《서울과역사》 no.113, pp.221-
259.

김찬송, 2018, 〈창경궁박물관의 설립과 변천과정 연구〉, 《고궁문화》, vol.,no.11, pp.87-
129.

윤용현·김상혁·민병희·오경택, 2021, 〈조선 전기 자동물시계의 주전(籌箭) 연구〉, 《천문학
논총》, vol.36, no.3, 통권 73호, pp.65-78.

이석재, 〈인검의 벽사원리와 기능에 관한 연구〉, 《한국민속학》, vol.71, pp.213-242.

이용삼, 2005, 〈조선의 천문도를 활용한 천문의기와 혼천시계의 천상운행 재현〉, 고천문
연구센터.

■ 11 화성에서 발견한 조선 부흥의 원대한 꿈

김동욱, 《실학 정신으로 세운 조선의 신도시 수원화성》, 돌베개, 2002.

김선희, 《정조시대 화성행궁 연구》, 신구문화사, 2022.

정해득·이현진, 《왕의 행차: 조선 후기 국왕의 융릉, 건릉 행행과 의례》, 화성시, 2014.

혜경궁 홍씨, 《한중록》(정병설 옮김), 문학동네, 2010.

강문식, 2010, 〈규장각 소장 의궤(儀軌)의 현황과 특징〉, 《규장각》 Vol.,no.37, pp.131-156.

김인숙·이은주, 2021, 〈을묘년(1795) 화성 원행 시 정조의 군용복식 고증〉, 《한국복식》
Vol.,no.46, pp.25-53.

옥영정, 2008, 〈한글본 「뎡니의궤」의 서지적 분석〉, 《서지학연구》 Vol.,no.39, pp. 139-
168.

수원시사편찬위원회, 2014, 〈수원화성〉, 수원시.

■ 12 궐, 아픔의 공간에서 쉼의 공간으로

국가유산청,《궁궐의 현판과 주련2》, 수류산방, 2007.

역사건축기술연구소,《우리 궁궐을 아는 사전》, 돌베개, 2015.

유홍준,《나의 문화유산답사기》, 창비, 2017.

한영우,《조선의 집 동궐에 들다》, 효형출판, 2006.

허균,《서울의 고궁 산책》, 새벽숲, 2010.

김윤정, 2022,〈장희빈(張禧嬪) 상례와 추보(追報) 논의의 성격〉,《국학연구》vol. ,no. 48,, pp. 149-185.

정연식, 2010,〈조선시대 관천대와 일영대의 연혁-창경궁 일영대와 관련하여〉,《한국문화》vol. ,no. 51, pp. 265-298.

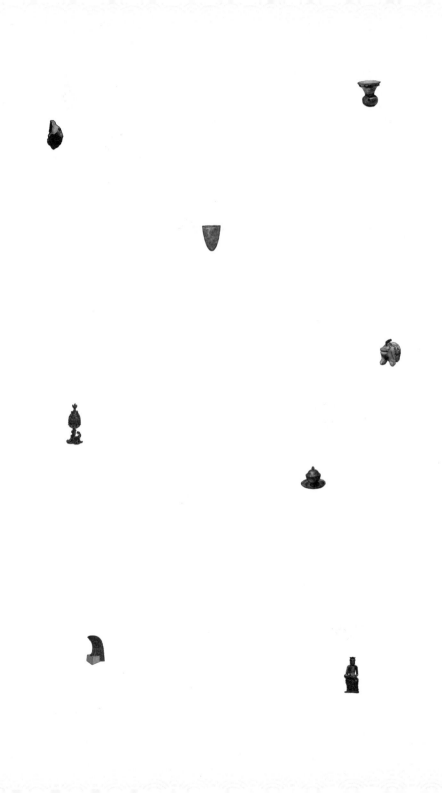

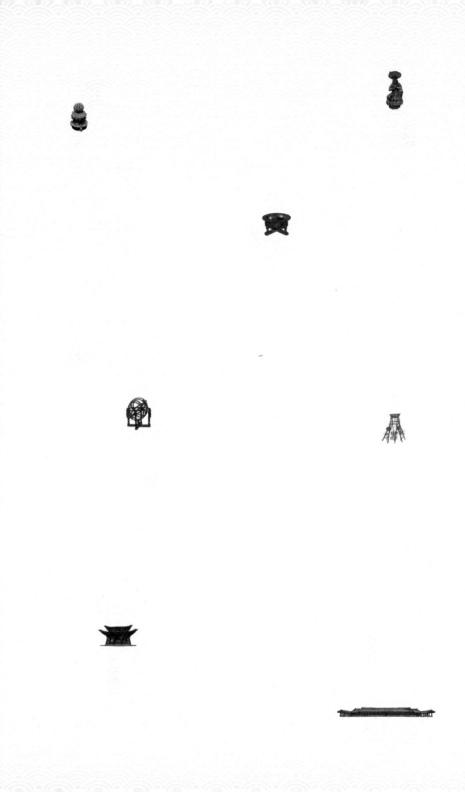